I0156227

INDONÉSIEN

VOCABULAIRE

POUR L'AUTOFORMATION

FRANÇAIS
INDONÉSIEN

Les mots les plus utiles
Pour enrichir votre vocabulaire et aiguiser
vos compétences linguistiques

9000 mots

Vocabulaire Français-Indonésien pour l'autoformation. 9000 mots
Dictionnaire thématique

Par Andrey Taranov

Les dictionnaires T&P Books ont pour but de vous aider à apprendre, à mémoriser et à réviser votre vocabulaire en langue étrangère. Ce dictionnaire thématique couvre tous les grands domaines du quotidien: l'économie, les sciences, la culture, etc ...

Acquérir du vocabulaire avec les dictionnaires thématiques T&P Books vous offre les avantages suivants:

- Les données d'origine sont regroupées de manière cohérente, ce qui vous permet une mémorisation lexicale optimale
- La présentation conjointe de mots ayant la même racine vous permet de mémoriser des groupes sémantiques entiers (plutôt que des mots isolés)
- Les sous-groupes sémantiques vous permettent d'associer les mots entre eux de manière logique, ce qui facilite votre consolidation du vocabulaire
- Votre maîtrise de la langue peut être évaluée en fonction du nombre de mots acquis

Copyright © 2016 T&P Books Publishing

T&P Books Publishing
www.tpbooks.com

ISBN: 978-1-78616-480-3

Ce livre existe également en format électronique.
Pour plus d'informations, veuillez consulter notre site: www.tpbooks.com ou rendez-vous sur ceux des grandes librairies en ligne.

VOCABULAIRE INDONÉSIEN POUR L'AUTOFORMATION
Dictionnaire thématique

Les dictionnaires T&P Books ont pour but de vous aider à apprendre, à mémoriser et à réviser votre vocabulaire en langue étrangère. Ce lexique présente, de façon thématique, plus de 9000 mots les plus fréquents de la langue.

- Ce livre comporte les mots les plus couramment utilisés
- Son usage est recommandé en complément de l'étude de toute autre méthode de langue
- Il répond à la fois aux besoins des débutants et à ceux des étudiants en langues étrangères de niveau avancé
- Il est idéal pour un usage quotidien, des séances de révision ponctuelles et des tests d'auto-évaluation
- Il vous permet de tester votre niveau de vocabulaire

Spécificités de ce dictionnaire thématique:

- Les mots sont présentés de manière sémantique, et non alphabétique
- Ils sont répartis en trois colonnes pour faciliter la révision et l'auto-évaluation
- Les groupes sémantiques sont divisés en sous-groupes pour favoriser l'apprentissage
- Ce lexique donne une transcription simple et pratique de chaque mot en langue étrangère

Ce dictionnaire comporte 256 thèmes, dont:

les notions fondamentales, les nombres, les couleurs, les mois et les saisons, les unités de mesure, les vêtements et les accessoires, les aliments et la nutrition, le restaurant, la famille et les liens de parenté, le caractère et la personnalité, les sentiments et les émotions, les maladies, la ville et la cité, le tourisme, le shopping, l'argent, la maison, le foyer, le bureau, la vie de bureau, l'import-export, le marketing, la recherche d'emploi, les sports, l'éducation, l'informatique, l'Internet, les outils, la nature, les différents pays du monde, les nationalités, et bien d'autres encore ...

TABLE DES MATIÈRES

GUIDE DE PRONONCIATION

Lettre	Exemple en indonésien	Alphabet phonétique T&P	Exemple en français
Aa	zaman	[a]	classe
Bb	besar	[b]	bureau
Cc	kecil, cepat	[ʧ]	match
Dd	dugaan	[d]	document
Ee	segera, mencium	[e], [ə]	vers
Ff	berfungsi	[f]	formule
Gg	juga, lagi	[g]	gris
Hh	hanya, bahwa	[h]	[h] aspiré
Ii	izin, sebagai ganti	[i], [j]	stylo, maillot
Jj	setuju, ijin	[ʤ]	tadjik
Kk	kemudian, tidak	[k], [']	bocal, coup de glotte
Ll	dilarang	[l]	vélo
Mm	melihat	[m]	minéral
Nn	berenang	[n], [ŋ]	ananas, parking
Oo	toko roti	[o:]	tableau
Pp	peribahasa	[p]	panama
Qq	Aquarius	[k]	bocal
Rr	ratu, riang	[r]	rouge
Ss	sendok, syarat	[s], [ʃ]	syndicat, chariot
Tt	tamu, adat	[t]	tennis
Uu	ambulans	[u]	boulevard
Vv	renovasi	[v]	rivière
Ww	pariwisata	[w]	iguane
Xx	boxer	[ks]	taxi
Yy	banyak, syarat	[j]	maillot
Zz	zamrud	[z]	gazeuse

Combinaisons de lettres

aa	maaf	[aˀa]	a+coup de glotte
kh	khawatir	[h]	[h] aspiré
th	Gereja Lutheran	[t]	tennis
-k	tidak	[']	coup de glotte

ABRÉVIATIONS
employées dans ce livre

Abréviations en français

adj	-	adjective
adv	-	adverbe
anim.	-	animé
conj	-	conjonction
dénombr.	-	dénombrable
etc.	-	et cetera
f	-	nom féminin
f pl	-	féminin pluriel
fam.	-	familiar
fem.	-	féminin
form.	-	formal
inanim.	-	inanimé
indénombr.	-	indénombrable
m	-	nom masculin
m pl	-	masculin pluriel
m, f	-	masculin, féminin
masc.	-	masculin
math	-	mathematics
mil.	-	militaire
pl	-	pluriel
prep	-	préposition
pron	-	pronom
qch	-	quelque chose
qn	-	quelqu'un
sing.	-	singulier
v aux	-	verbe auxiliaire
v imp	-	verbe impersonnel
vi	-	verbe intransitif
vi, vt	-	verbe intransitif, transitif
vp	-	verbe pronominal
vt	-	verbe transitif

CONCEPTS DE BASE

Concepts de base. Partie 1

1. Les pronoms

je	saya, aku	[saja], [aku]
tu	engkau, kamu	[eŋkau], [kamu]
il, elle, ça	beliau, dia, ia	[beliau], [dia], [ia]
nous	kami, kita	[kami], [kita]
vous	kalian	[kalian]
vous (form., sing.)	Anda	[anda]
vous (form., pl)	Anda sekalian	[anda sekalian]
ils, elles	mereka	[mereka]

2. Adresser des vœux. Se dire bonjour. Se dire au revoir

Bonjour! (fam.)	Halo!	[halo!]
Bonjour! (form.)	Halo!	[halo!]
Bonjour! (le matin)	Selamat pagi!	[slamat pagi!]
Bonjour! (après-midi)	Selamat siang!	[slamat siaŋ!]
Bonsoir!	Selamat sore!	[slamat sore!]
dire bonjour	menyapa	[mənjapa]
Salut!	Hai!	[hey!]
salut (m)	sambutan, salam	[sambutan], [salam]
saluer (vt)	menyambut	[mənjambut]
Comment ça va?	Apa kabar?	[apa kabar?]
Quoi de neuf?	Apa yang baru?	[apa yaŋ baru?]
Au revoir! (form.)	Selamat tinggal! Selamat jalan!	[slamat tiŋgal!], [slamat dʒ'alan!]
Au revoir! (fam.)	Dadah!	[dadah!]
À bientôt!	Sampai bertemu lagi!	[sampaj bərtemu lagi!]
Adieu! (fam.)	Sampai jumpa!	[sampaj dʒ'umpa!]
Adieu! (form.)	Selamat tinggal!	[slamat tiŋgal!]
dire au revoir	berpamitan	[bərpamitan]
Salut! (À bientôt!)	Sampai nanti!	[sampaj nanti!]
Merci!	Terima kasih!	[tərima kasih!]
Merci beaucoup!	Terima kasih banyak!	[tərima kasih banja'!]
Je vous en prie	Kembali! Sama-sama!	[kembali!], [sama-sama!]
Il n'y a pas de quoi	Kembali!	[kembali!]
Pas de quoi	Kembali!	[kembali!]
Excuse-moi! Excusez-moi!	Maaf, ...	[ma'af, ...]
excuser (vt)	memaafkan	[mema'afkan]

s'excuser (vp)	**meminta maaf**	[meminta ma'af]
Mes excuses	**Maafkan saya**	[ma'afkan saja]
Pardonnez-moi!	**Maaf!**	[ma'af!]
pardonner (vt)	**memaafkan**	[mema'afkan]
C'est pas grave	**Tidak apa-apa!**	[tida' apa-apa!]
s'il vous plaît	**tolong**	[toloŋ]
N'oubliez pas!	**Jangan lupa!**	[dʒ'aŋan lupa!]
Bien sûr!	**Tentu!**	[tentu!]
Bien sûr que non!	**Tentu tidak!**	[tentu tida'!]
D'accord!	**Baiklah! Baik!**	[bajklah!], [baj'!]
Ça suffit!	**Cukuplah!**	[tʃukuplah!]

3. Comment s'adresser à quelqu'un

Excusez-moi!	**Maaf, ...**	[ma'af, ...]
monsieur	**tuan**	[tuan]
madame	**nyonya**	[nenja]
madame (mademoiselle)	**nona**	[nona]
jeune homme	**nak**	[na']
petit garçon	**nak, bocah**	[nak], [botʃah]
petite fille	**nak**	[na']

4. Les nombres cardinaux. Partie 1

zéro	**nol**	[nol]
un	**satu**	[satu]
deux	**dua**	[dua]
trois	**tiga**	[tiga]
quatre	**empat**	[empat]
cinq	**lima**	[lima]
six	**enam**	[enam]
sept	**tujuh**	[tudʒ'uh]
huit	**delapan**	[delapan]
neuf	**sembilan**	[sembilan]
dix	**sepuluh**	[sepuluh]
onze	**sebelas**	[sebelas]
douze	**dua belas**	[dua belas]
treize	**tiga belas**	[tiga belas]
quatorze	**empat belas**	[empat belas]
quinze	**lima belas**	[lima belas]
seize	**enam belas**	[enam belas]
dix-sept	**tujuh belas**	[tudʒ'uh belas]
dix-huit	**delapan belas**	[delapan belas]
dix-neuf	**sembilan belas**	[sembilan belas]
vingt	**dua puluh**	[dua puluh]
vingt et un	**dua puluh satu**	[dua puluh satu]
vingt-deux	**dua puluh dua**	[dua puluh dua]

vingt-trois	**dua puluh tiga**	[dua puluh tiga]
trente	**tiga puluh**	[tiga puluh]
trente et un	**tiga puluh satu**	[tiga puluh satu]
trente-deux	**tiga puluh dua**	[tiga puluh dua]
trente-trois	**tiga puluh tiga**	[tiga puluh tiga]
quarante	**empat puluh**	[empat puluh]
quarante et un	**empat puluh satu**	[empat puluh satu]
quarante-deux	**empat puluh dua**	[empat puluh dua]
quarante-trois	**empat puluh tiga**	[empat puluh tiga]
cinquante	**lima puluh**	[lima puluh]
cinquante et un	**lima puluh satu**	[lima puluh satu]
cinquante-deux	**lima puluh dua**	[lima puluh dua]
cinquante-trois	**lima puluh tiga**	[lima puluh tiga]
soixante	**enam puluh**	[enam puluh]
soixante et un	**enam puluh satu**	[enam puluh satu]
soixante-deux	**enam puluh dua**	[enam puluh dua]
soixante-trois	**enam puluh tiga**	[enam puluh tiga]
soixante-dix	**tujuh puluh**	[tuʤʲuh puluh]
soixante et onze	**tujuh puluh satu**	[tuʤʲuh puluh satu]
soixante-douze	**tujuh puluh dua**	[tuʤʲuh puluh dua]
soixante-treize	**tujuh puluh tiga**	[tuʤʲuh puluh tiga]
quatre-vingts	**delapan puluh**	[delapan puluh]
quatre-vingt et un	**delapan puluh satu**	[delapan puluh satu]
quatre-vingt deux	**delapan puluh dua**	[delapan puluh dua]
quatre-vingt trois	**delapan puluh tiga**	[delapan puluh tiga]
quatre-vingt-dix	**sembilan puluh**	[sembilan puluh]
quatre-vingt et onze	**sembulan puluh satu**	[sembulan puluh satu]
quatre-vingt-douze	**sembilan puluh dua**	[sembilan puluh dua]
quatre-vingt-treize	**sembilan puluh tiga**	[sembilan puluh tiga]

5. Les nombres cardinaux. Partie 2

cent	**seratus**	[seratus]
deux cents	**dua ratus**	[dua ratus]
trois cents	**tiga ratus**	[tiga ratus]
quatre cents	**empat ratus**	[empat ratus]
cinq cents	**lima ratus**	[lima ratus]
six cents	**enam ratus**	[enam ratus]
sept cents	**tujuh ratus**	[tuʤʲuh ratus]
huit cents	**delapan ratus**	[delapan ratus]
neuf cents	**sembilan ratus**	[sembilan ratus]
mille	**seribu**	[seribu]
deux mille	**dua ribu**	[dua ribu]
trois mille	**tiga ribu**	[tiga ribu]
dix mille	**sepuluh ribu**	[sepuluh ribu]
cent mille	**seratus ribu**	[seratus ribu]

| million (m) | juta | [dʒʲuta] |
| milliard (m) | miliar | [miliar] |

6. Les nombres ordinaux

premier (adj)	pertama	[pərtama]
deuxième (adj)	kedua	[kedua]
troisième (adj)	ketiga	[ketiga]
quatrième (adj)	keempat	[keempat]
cinquième (adj)	kelima	[kelima]

sixième (adj)	keenam	[keenam]
septième (adj)	ketujuh	[ketudʒʲuh]
huitième (adj)	kedelapan	[kedelapan]
neuvième (adj)	kesembilan	[kesembilan]
dixième (adj)	kesepuluh	[kesepuluh]

7. Nombres. Fractions

fraction (f)	pecahan	[petʃahan]
un demi	seperdua	[seperdua]
un tiers	sepertiga	[sepertiga]
un quart	seperempat	[seperempat]

un huitième	seperdelapan	[seperdelapan]
un dixième	sepersepuluh	[sepersepuluh]
deux tiers	dua pertiga	[dua pərtiga]
trois quarts	tiga perempat	[tiga pərempat]

8. Les nombres. Opérations mathématiques

soustraction (f)	pengurangan	[peŋuraŋan]
soustraire (vt)	mengurangkan	[məŋuraŋkan]
division (f)	pembagian	[pembagian]
diviser (vt)	membagi	[membagi]

addition (f)	penambahan	[penambahan]
additionner (vt)	menambahkan	[mənambahkan]
ajouter (vt)	menambahkan	[mənambahkan]
multiplication (f)	pengalian	[peŋalian]
multiplier (vt)	mengalikan	[məŋalikan]

9. Les nombres. Divers

chiffre (m)	angka	[aŋka]
nombre (m)	nomor	[nomor]
adjectif (m) numéral	kata bilangan	[kata bilaŋan]
moins (m)	minus	[minus]

plus (m)	plus	[plus]
formule (f)	rumus	[rumus]

calcul (m)	perhitungan	[pərhituŋan]
compter (vt)	menghitung	[məŋhituŋ]
calculer (vt)	menghitung	[məŋhituŋ]
comparer (vt)	membandingkan	[membandiŋkan]

Combien?	Berapa?	[bərapa?]
somme (f)	jumlah	[dʒ'umlah]
résultat (m)	hasil	[hasil]
reste (m)	sisa, baki	[sisa], [baki]

quelques ...	beberapa	[beberapa]
peu de ...	sedikit	[sedikit]
reste (m)	selebihnya, sisanya	[selebihnja], [sisanja]
un et demi	satu setengah	[satu seteŋah]
douzaine (f)	lusin	[lusin]

en deux (adv)	dua bagian	[dua bagian]
en parties égales	rata	[rata]
moitié (f)	setengah	[seteŋah]
fois (f)	kali	[kali]

10. Les verbes les plus importants. Partie 1

aider (vt)	membantu	[membantu]
aimer (qn)	mencintai	[mentʃintaj]
aller (à pied)	berjalan	[bərdʒ'alan]
apercevoir (vt)	memperhatikan	[memperhatikan]
appartenir à ...	kepunyaan ...	[kepunja'an ...]

appeler (au secours)	memanggil	[memaŋgil]
attendre (vt)	menunggu	[mənuŋgu]
attraper (vt)	menangkap	[mənaŋkap]
avertir (vt)	memperingatkan	[memperiŋatkan]

avoir (vt)	mempunyai	[mempunjaj]
avoir confiance	mempercayai	[mempertʃajaj]
avoir faim	lapar	[lapar]

avoir peur	takut	[takut]
avoir soif	haus	[haus]
cacher (vt)	menyembunyikan	[mənjembunjikan]
casser (briser)	memecahkan	[memetʃahkan]
cesser (vt)	menghentikan	[məŋhentikan]

changer (vt)	mengubah	[məŋubah]
chasser (animaux)	berburu	[bərburu]
chercher (vt)	mencari ...	[mentʃari ...]
choisir (vt)	memilih	[memilih]
commander (~ le menu)	memesan	[memesan]
commencer (vt)	memulai, membuka	[memulaj], [membuka]
comparer (vt)	membandingkan	[membandiŋkan]

comprendre (vt)	mengerti	[məŋerti]
compter (dénombrer)	menghitung	[məŋhituŋ]
compter sur ...	mengharapkan ...	[məŋharapkan ...]

confondre (vt)	bingung membedakan	[biŋuŋ membedakan]
connaître (qn)	kenal	[kenal]
conseiller (vt)	menasihati	[mənasihati]
continuer (vt)	meneruskan	[məneruskan]
contrôler (vt)	mengontrol	[məŋontrol]

courir (vi)	lari	[lari]
coûter (vt)	berharga	[bərharga]
créer (vt)	menciptakan	[məntʃiptakan]
creuser (vt)	menggali	[məŋgali]
crier (vi)	berteriak	[bərteriaʔ]

11. Les verbes les plus importants. Partie 2

décorer (~ la maison)	menghiasi	[məŋhiasi]
défendre (vt)	membela	[membela]
déjeuner (vi)	makan siang	[makan siaŋ]
demander (~ l'heure)	bertanya	[bərtanja]
demander (de faire qch)	meminta	[meminta]

descendre (vi)	turun	[turun]
deviner (vt)	menerka	[mənerka]
dîner (vi)	makan malam	[makan malam]
dire (vt)	berkata	[bərkata]
diriger (~ une usine)	memimpin	[memimpin]
discuter (vt)	membicarakan	[membitʃarakan]

donner (vt)	memberi	[memberi]
donner un indice	memberi petunjuk	[memberi petundʒʲuʔ]
douter (vt)	ragu-ragu	[ragu-ragu]
écrire (vt)	menulis	[mənulis]
entendre (bruit, etc.)	mendengar	[məndeŋar]

entrer (vi)	masuk, memasuki	[masuk], [memasuki]
envoyer (vt)	mengirim	[məŋirim]
espérer (vi)	berharap	[bərharap]
essayer (vt)	mencoba	[məntʃoba]
être (~ fatigué)	sedang	[sedaŋ]

être (~ médecin)	ialah, adalah	[ialah], [adalah]
être d'accord	setuju	[setudʒʲu]
être nécessaire	dibutuhkan	[dibutuhkan]
être pressé	tergesa-gesa	[tərgesa-gesa]

étudier (vt)	mempelajari	[mempeladʒʲari]
excuser (vt)	memaafkan	[memaʔafkan]
exiger (vt)	menuntut	[mənuntut]
exister (vi)	ada	[ada]
expliquer (vt)	menjelaskan	[məndʒʲelaskan]
faire (vt)	membuat	[membuat]

faire tomber	tercecer	[tərtʃetʃer]
finir (vt)	mengakhiri	[məŋahiri]
garder (conserver)	menyimpan	[mənjimpan]
gronder, réprimander (vt)	memarahi, menegur	[memarahi], [menegur]

informer (vt)	menginformasikan	[məŋinformasikan]
insister (vi)	mendesak	[məndesaʔ]
insulter (vt)	menghina	[məŋhina]
inviter (vt)	mengundang	[məŋundaŋ]
jouer (s'amuser)	bermain	[bərmajn]

12. Les verbes les plus importants. Partie 3

libérer (ville, etc.)	membebaskan	[membebaskan]
lire (vi, vt)	membaca	[membatʃa]
louer (prendre en location)	menyewa	[mənjewa]
manquer (l'école)	absen	[absen]
menacer (vt)	mengancam	[məŋantʃam]

mentionner (vt)	menyebut	[mənjebut]
montrer (vt)	menunjukkan	[mənundʒʲuʔkan]
nager (vi)	berenang	[bərenaŋ]
objecter (vt)	keberatan	[keberatan]
observer (vt)	mengamati	[məŋamati]

ordonner (mil.)	memerintahkan	[memerintahkan]
oublier (vt)	melupakan	[melupakan]
ouvrir (vt)	membuka	[membuka]
pardonner (vt)	memaafkan	[memaʔafkan]
parler (vi, vt)	berbicara	[bərbitʃara]
participer à ...	turut serta	[turut serta]
payer (régler)	membayar	[membajar]
penser (vi, vt)	berpikir	[bərpikir]
permettre (vt)	mengizinkan	[məŋizinkan]
plaire (être apprécié)	suka	[suka]

plaisanter (vi)	bergurau	[bərgurau]
planifier (vt)	merencanakan	[merentʃanakan]
pleurer (vi)	menangis	[mənaɲis]
posséder (vt)	memiliki	[memiliki]
pouvoir (v aux)	bisa	[bisa]
préférer (vt)	lebih suka	[lebih suka]

prendre (vt)	mengambil	[məŋambil]
prendre en note	mencatat	[məntʃatat]
prendre le petit déjeuner	sarapan	[sarapan]
préparer (le dîner)	memasak	[memasaʔ]
prévoir (vt)	menduga	[mənduga]

prier (~ Dieu)	bersembahyang, berdoa	[bərsembahjaŋ], [bərdoa]
promettre (vt)	berjanji	[bərdʒʲandʒi]
prononcer (vt)	melafalkan	[melafalkan]
proposer (vt)	mengusulkan	[məŋusulkan]
punir (vt)	menghukum	[məŋhukum]

13. Les verbes les plus importants. Partie 4

recommander (vt)	merekomendasi	[merekomendasi]
regretter (vt)	menyesal	[mənjesal]
répéter (dire encore)	mengulangi	[mənulaŋi]
répondre (vi, vt)	menjawab	[məndʒʲawab]
réserver (une chambre)	memesan	[memesan]
rester silencieux	diam	[diam]
réunir (regrouper)	menyatukan	[mənjatukan]
rire (vi)	tertawa	[tərtawa]
s'arrêter (vp)	berhenti	[bərhenti]
s'asseoir (vp)	duduk	[duduʔ]
sauver (la vie à qn)	menyelamatkan	[mənjelamatkan]
savoir (qch)	tahu	[tahu]
se baigner (vp)	berenang	[bərenaŋ]
se plaindre (vp)	mengeluh	[məneluh]
se refuser (vp)	menolak	[mənolaʔ]
se tromper (vp)	salah	[salah]
se vanter (vp)	membual	[membual]
s'étonner (vp)	heran	[heran]
s'excuser (vp)	meminta maaf	[meminta maʼaf]
signer (vt)	menandatangani	[mənandataŋani]
signifier (vt)	berarti	[bərarti]
s'intéresser (vp)	menaruh minat pada ...	[mənaruh minat pada ...]
sortir (aller dehors)	keluar	[keluar]
sourire (vi)	tersenyum	[tərsenyum]
sous-estimer (vt)	meremehkan	[meremehkan]
suivre ... (suivez-moi)	mengikuti ...	[mənikuti ...]
tirer (vi)	menembak	[mənembaʔ]
tomber (vi)	jatuh	[dʒʲatuh]
toucher (avec les mains)	menyentuh	[mənjentuh]
tourner (~ à gauche)	membelok	[membeloʔ]
traduire (vt)	menerjemahkan	[mənerdʒʲemahkan]
travailler (vi)	bekerja	[bekerdʒʲa]
tromper (vt)	menipu	[mənipu]
trouver (vt)	menemukan	[mənemukan]
tuer (vt)	membunuh	[membunuh]
vendre (vt)	menjual	[məndʒʲual]
venir (vi)	datang	[dataŋ]
voir (vt)	melihat	[melihat]
voler (avion, oiseau)	terbang	[tərbaŋ]
voler (qch à qn)	mencuri	[mənʧuri]
vouloir (vt)	mau, ingin	[mau], [iŋin]

14. Les couleurs

couleur (f)	warna	[warna]
teinte (f)	nuansa	[nuansa]

| ton (m) | warna | [warna] |
| arc-en-ciel (m) | pelangi | [pelaɲi] |

blanc (adj)	putih	[putih]
noir (adj)	hitam	[hitam]
gris (adj)	kelabu	[kelabu]

vert (adj)	hijau	[hidʒʲau]
jaune (adj)	kuning	[kuniŋ]
rouge (adj)	merah	[merah]

bleu (adj)	biru	[biru]
bleu clair (adj)	biru muda	[biru muda]
rose (adj)	pink	[pinˀ]
orange (adj)	oranye, jingga	[oranje], [dʒiŋga]
violet (adj)	violet, ungu muda	[violet], [uɲu muda]
brun (adj)	cokelat	[tʃokelat]
d'or (adj)	keemasan	[keemasan]
argenté (adj)	keperakan	[keperakan]

beige (adj)	abu-abu kecokelatan	[abu-abu ketʃokelatan]
crème (adj)	krem	[krem]
turquoise (adj)	pirus	[pirus]
rouge cerise (adj)	merah tua	[merah tua]
lilas (adj)	ungu	[uɲu]
framboise (adj)	merah lembayung	[merah lembajuŋ]

clair (adj)	terang	[teraŋ]
foncé (adj)	gelap	[gelap]
vif (adj)	terang	[teraŋ]

de couleur (adj)	berwarna	[bərwarna]
en couleurs (adj)	warna	[warna]
noir et blanc (adj)	hitam-putih	[hitam-putih]
unicolore (adj)	polos, satu warna	[polos], [satu warna]
multicolore (adj)	berwarna-warni	[bərwarna-warni]

15. Les questions

Qui?	Siapa?	[siapa?]
Quoi?	Apa?	[apa?]
Où? (~ es-tu?)	Di mana?	[di mana?]
Où? (~ vas-tu?)	Ke mana?	[ke mana?]
D'où?	Dari mana?	[dari mana?]

Quand?	Kapan?	[kapan?]
Pourquoi? (~ es-tu venu?)	Mengapa?	[məɲapa?]
Pourquoi? (~ t'es pâle?)	Mengapa?	[məɲapa?]
À quoi bon?	Untuk apa?	[untuˀ apa?]
Comment?	Bagaimana?	[bagajmana?]
Quel? (à ~ prix?)	Apa? Yang mana?	[apa?], [yaŋ mana?]
Lequel?	Yang mana?	[yaŋ mana?]
À qui? (pour qui?)	Kepada siapa?	[kepada siapa?],
	Untuk siapa?	[untuˀ siapa?]

De qui?	Tentang siapa?	[tentaŋ siapa?]
De quoi?	Tentang apa?	[tentaŋ apa?]
Avec qui?	Dengan siapa?	[deŋan siapa?]

| Combien? | Berapa? | [bərapa?] |
| À qui? | Milik siapa? | [miliˀ siapa?] |

16. Les prépositions

avec (~ toi)	dengan	[deŋan]
sans (~ sucre)	tanpa	[tanpa]
à (aller ~ ...)	ke	[ke]
de (au sujet de)	tentang ...	[tentaŋ ...]
avant (~ midi)	sebelum	[sebelum]
devant (~ la maison)	di depan ...	[di depan ...]

sous (~ la commode)	di bawah	[di bawah]
au-dessus de ...	di atas	[di atas]
sur (dessus)	di atas	[di atas]
de (venir ~ Paris)	dari	[dari]
en (en bois, etc.)	dari	[dari]

| dans (~ deux heures) | dalam | [dalam] |
| par dessus | melalui | [melalui] |

17. Les mots-outils. Les adverbes. Partie 1

Où? (~ es-tu?)	Di mana?	[di mana?]
ici (c'est ~)	di sini	[di sini]
là-bas (c'est ~)	di sana	[di sana]

| quelque part (être) | di suatu tempat | [di suatu tempat] |
| nulle part (adv) | tak ada di mana pun | [taˀ ada di mana pun] |

| près de ... | dekat | [dekat] |
| près de la fenêtre | dekat jendela | [dekat dʒˈendela] |

Où? (~ vas-tu?)	Ke mana?	[ke mana?]
ici (Venez ~)	ke sini	[ke sini]
là-bas (j'irai ~)	ke sana	[ke sana]
d'ici (adv)	dari sini	[dari sini]
de là-bas (adv)	dari sana	[dari sana]

| près (pas loin) | dekat | [dekat] |
| loin (adv) | jauh | [dʒˈauh] |

près de (~ Paris)	dekat	[dekat]
tout près (adv)	dekat	[dekat]
pas loin (adv)	tidak jauh	[tidaˀ dʒˈauh]

| gauche (adj) | kiri | [kiri] |
| à gauche (être ~) | di kiri | [di kiri] |

à gauche (tournez ~)	ke kiri	[ke kiri]
droit (adj)	kanan	[kanan]
à droite (être ~)	di kanan	[di kanan]
à droite (tournez ~)	ke kanan	[ke kanan]
devant (adv)	di depan	[di depan]
de devant (adj)	depan	[depan]
en avant (adv)	ke depan	[ke depan]
derrière (adv)	di belakang	[di belakaŋ]
par derrière (adv)	dari belakang	[dari belakaŋ]
en arrière (regarder ~)	mundur	[mundur]
milieu (m)	tengah	[teŋah]
au milieu (adv)	di tengah	[di teŋah]
de côté (vue ~)	di sisi, di samping	[di sisi], [di sampiŋ]
partout (adv)	di mana-mana	[di mana-mana]
autour (adv)	di sekitar	[di sekitar]
de l'intérieur	dari dalam	[dari dalam]
quelque part (aller)	ke suatu tempat	[ke suatu tempat]
tout droit (adv)	terus	[terus]
en arrière (revenir ~)	kembali	[kembali]
de quelque part (n'import d'où)	dari mana pun	[dari mana pun]
de quelque part (on ne sait pas d'où)	dari suatu tempat	[dari suatu tempat]
premièrement (adv)	pertama	[pertama]
deuxièmement (adv)	kedua	[kedua]
troisièmement (adv)	ketiga	[ketiga]
soudain (adv)	tiba-tiba	[tiba-tiba]
au début (adv)	mula-mula	[mula-mula]
pour la première fois	untuk pertama kalinya	[untu' pertama kalinja]
bien avant …	jauh sebelum …	[dʒʲauh sebelum …]
de nouveau (adv)	kembali	[kembali]
pour toujours (adv)	untuk selama-lamanya	[untu' selama-lamanja]
jamais (adv)	tidak pernah	[tida' pernah]
de nouveau, encore (adv)	lagi, kembali	[lagi], [kembali]
maintenant (adv)	sekarang	[sekaraŋ]
souvent (adv)	sering, seringkali	[seriŋ], [seriŋkali]
alors (adv)	ketika itu	[ketika itu]
d'urgence (adv)	segera	[segera]
d'habitude (adv)	biasanya	[biasanja]
à propos, …	ngomong-ngomong …	[ŋomoŋ-ŋomoŋ …]
c'est possible	mungkin	[muŋkin]
probablement (adv)	mungkin	[muŋkin]
peut-être (adv)	mungkin	[muŋkin]
en plus, …	selain itu …	[selajn itu …]
c'est pourquoi …	karena itu …	[karena itu …]
malgré …	meskipun …	[meskipun …]

grâce à ...	berkat ...	[berkat ...]
quoi (pron)	apa	[apa]
que (conj)	bahwa	[bahwa]
quelque chose (Il m'est arrivé ~)	sesuatu	[sesuatu]
quelque chose (peut-on faire ~)	sesuatu	[sesuatu]
rien (m)	tidak sesuatu pun	[tida' sesuatu pun]

qui (pron)	siapa	[siapa]
quelqu'un (on ne sait pas qui)	seseorang	[seseoraŋ]
quelqu'un (n'importe qui)	seseorang	[seseoraŋ]

personne (pron)	tidak seorang pun	[tida' seoraŋ pun]
nulle part (aller ~)	tidak ke mana pun	[tida' ke mana pun]
de personne	tidak milik siapa pun	[tida' mili' siapa pun]
de n'importe qui	milik seseorang	[mili' seseoraŋ]

comme ça (adv)	sangat	[saŋat]
également (adv)	juga	[dʒʲuga]
aussi (adv)	juga	[dʒʲuga]

18. Les mots-outils. Les adverbes. Partie 2

Pourquoi?	Mengapa?	[məŋapa?]
pour une certaine raison	entah mengapa	[entah məŋapa]
parce que ...	karena ...	[karena ...]
pour une raison quelconque	untuk tujuan tertentu	[untu' tudʒʲuan tərtentu]

et (conj)	dan	[dan]
ou (conj)	atau	[atau]
mais (conj)	tetapi, namun	[tetapi], [namun]
pour ... (prep)	untuk	[untu']

trop (adv)	terlalu	[tərlalu]
seulement (adv)	hanya	[hanja]
précisément (adv)	tepat	[tepat]
près de ... (prep)	sekitar	[sekitar]

approximativement	kira-kira	[kira-kira]
approximatif (adj)	kira-kira	[kira-kira]
presque (adv)	hampir	[hampir]
reste (m)	selebihnya, sisanya	[selebihnja], [sisanja]

l'autre (adj)	kedua	[kedua]
autre (adj)	lain	[lain]
chaque (adj)	setiap	[setiap]
n'importe quel (adj)	sebarang	[sebaraŋ]
beaucoup (adv)	banyak	[banja']
plusieurs (pron)	banyak orang	[banja' oraŋ]
tous	semua	[semua]

| en échange de ... | sebagai ganti ... | [sebagaj ganti ...] |
| en échange (adv) | sebagai gantinya | [sebagaj gantinja] |

| à la main (adv) | dengan tangan | [deŋan taŋan] |
| peu probable (adj) | hampir tidak | [hampir tidaʔ] |

probablement (adv)	mungkin	[muŋkin]
exprès (adv)	sengaja	[seŋadʒˈa]
par accident (adv)	tidak sengaja	[tidaʔ seŋadʒˈa]

très (adv)	sangat	[saŋat]
par exemple (adv)	misalnya	[misalnja]
entre (prep)	antara	[antara]
parmi (prep)	di antara	[di antara]
autant (adv)	banyak sekali	[banjaʔ sekali]
surtout (adv)	terutama	[terutama]

Concepts de base. Partie 2

19. Les jours de la semaine

lundi (m)	Hari Senin	[hari senin]
mardi (m)	Hari Selasa	[hari selasa]
mercredi (m)	Hari Rabu	[hari rabu]
jeudi (m)	Hari Kamis	[hari kamis]
vendredi (m)	Hari Jumat	[hari dʒʲumat]
samedi (m)	Hari Sabtu	[hari sabtu]
dimanche (m)	Hari Minggu	[hari miŋgu]
aujourd'hui (adv)	hari ini	[hari ini]
demain (adv)	besok	[beso’]
après-demain (adv)	besok lusa	[beso’ lusa]
hier (adv)	kemarin	[kemarin]
avant-hier (adv)	kemarin dulu	[kemarin dulu]
jour (m)	hari	[hari]
jour (m) ouvrable	hari kerja	[hari kerdʒʲa]
jour (m) férié	hari libur	[hari libur]
jour (m) de repos	hari libur	[hari libur]
week-end (m)	akhir pekan	[ahir pekan]
toute la journée	seharian	[seharian]
le lendemain	hari berikutnya	[hari bərikutnja]
il y a 2 jours	dua hari lalu	[dua hari lalu]
la veille	hari sebelumnya	[hari sebelumnja]
quotidien (adj)	harian	[harian]
tous les jours	tiap hari	[tiap hari]
semaine (f)	minggu	[miŋgu]
la semaine dernière	minggu lalu	[miŋgu lalu]
la semaine prochaine	minggu berikutnya	[miŋgu bərikutnja]
hebdomadaire (adj)	mingguan	[miŋguan]
chaque semaine	tiap minggu	[tiap miŋgu]
2 fois par semaine	dua kali seminggu	[dua kali semiŋgu]
tous les mardis	tiap Hari Selasa	[tiap hari selasa]

20. Les heures. Le jour et la nuit

matin (m)	pagi	[pagi]
le matin	pada pagi hari	[pada pagi hari]
midi (m)	tengah hari	[teŋah hari]
dans l'après-midi	pada sore hari	[pada sore hari]
soir (m)	sore, malam	[sore], [malam]
le soir	waktu sore	[waktu sore]

nuit (f)	malam	[malam]
la nuit	pada malam hari	[pada malam hari]
minuit (f)	tengah malam	[teŋah malam]

seconde (f)	detik	[deti']
minute (f)	menit	[menit]
heure (f)	jam	[dʒʲam]
demi-heure (f)	setengah jam	[seteŋah dʒʲam]
un quart d'heure	seperempat jam	[seperempat dʒʲam]
quinze minutes	lima belas menit	[lima belas menit]
vingt-quatre heures	siang-malam	[siaŋ-malam]

lever (m) du soleil	matahari terbit	[matahari tərbit]
aube (f)	subuh	[subuh]
point (m) du jour	dini pagi	[dini pagi]
coucher (m) du soleil	matahari terbenam	[matahari tərbenam]

tôt le matin	pagi-pagi	[pagi-pagi]
ce matin	pagi ini	[pagi ini]
demain matin	besok pagi	[beso' pagi]
cet après-midi	sore ini	[sore ini]
dans l'après-midi	pada sore hari	[pada sore hari]
demain après-midi	besok sore	[beso' sore]
ce soir	sore ini	[sore ini]
demain soir	besok malam	[beso' malam]

à 3 heures précises	pukul 3 tepat	[pukul tiga tepat]
autour de 4 heures	sekitar pukul 4	[sekitar pukul empat]
vers midi	pada pukul 12	[pada pukul belas]

dans 20 minutes	dalam 20 menit	[dalam dua puluh menit]
dans une heure	dalam satu jam	[dalam satu dʒʲam]
à temps	tepat waktu	[tepat waktu]

… moins le quart	… kurang seperempat	[… kuraŋ seperempat]
en une heure	selama sejam	[selama sedʒʲam]
tous les quarts d'heure	tiap 15 menit	[tiap lima belas menit]
24 heures sur 24	siang-malam	[siaŋ-malam]

21. Les mois. Les saisons

janvier (m)	Januari	[dʒʲanuari]
février (m)	Februari	[februari]
mars (m)	Maret	[maret]
avril (m)	April	[april]
mai (m)	Mei	[mei]
juin (m)	Juni	[dʒʲuni]

juillet (m)	Juli	[dʒʲuli]
août (m)	Augustus	[augustus]
septembre (m)	September	[september]
octobre (m)	Oktober	[oktober]
novembre (m)	November	[november]
décembre (m)	Desember	[desember]

printemps (m)	**musim semi**	[musim semi]
au printemps	**pada musim semi**	[pada musim semi]
de printemps (adj)	**musim semi**	[musim semi]
été (m)	**musim panas**	[musim panas]
en été	**pada musim panas**	[pada musim panas]
d'été (adj)	**musim panas**	[musim panas]
automne (m)	**musim gugur**	[musim gugur]
en automne	**pada musim gugur**	[pada musim gugur]
d'automne (adj)	**musim gugur**	[musim gugur]
hiver (m)	**musim dingin**	[musim diŋin]
en hiver	**pada musim dingin**	[pada musim diŋin]
d'hiver (adj)	**musim dingin**	[musim diŋin]
mois (m)	**bulan**	[bulan]
ce mois	**bulan ini**	[bulan ini]
le mois prochain	**bulan depan**	[bulan depan]
le mois dernier	**bulan lalu**	[bulan lalu]
il y a un mois	**sebulan lalu**	[sebulan lalu]
dans un mois	**dalam satu bulan**	[dalam satu bulan]
dans 2 mois	**dalam 2 bulan**	[dalam dua bulan]
tout le mois	**sepanjang bulan**	[sepandʒ¦aŋ bulan]
tout un mois	**sebulan penuh**	[sebulan penuh]
mensuel (adj)	**bulanan**	[bulanan]
mensuellement	**tiap bulan**	[tiap bulan]
chaque mois	**tiap bulan**	[tiap bulan]
2 fois par mois	**dua kali sebulan**	[dua kali sebulan]
année (f)	**tahun**	[tahun]
cette année	**tahun ini**	[tahun ini]
l'année prochaine	**tahun depan**	[tahun depan]
l'année dernière	**tahun lalu**	[tahun lalu]
il y a un an	**setahun lalu**	[setahun lalu]
dans un an	**dalam satu tahun**	[dalam satu tahun]
dans 2 ans	**dalam 2 tahun**	[dalam dua tahun]
toute l'année	**sepanjang tahun**	[sepandʒ¦aŋ tahun]
toute une année	**setahun penuh**	[setahun penuh]
chaque année	**tiap tahun**	[tiap tahun]
annuel (adj)	**tahunan**	[tahunan]
annuellement	**tiap tahun**	[tiap tahun]
4 fois par an	**empat kali setahun**	[empat kali setahun]
date (f) (jour du mois)	**tanggal**	[taŋgal]
date (f) (~ mémorable)	**tanggal**	[taŋgal]
calendrier (m)	**kalender**	[kalender]
six mois	**setengah tahun**	[seteŋah tahun]
semestre (m)	**enam bulan**	[enam bulan]
saison (f)	**musim**	[musim]
siècle (m)	**abad**	[abad]

22. La notion de temps. Divers

temps (m)	waktu	[waktu]
moment (m)	sekejap	[sekedʒʲap]
instant (m)	saat, waktu	[saʔat], [waktu]
instantané (adj)	seketika	[seketika]
laps (m) de temps	jangka waktu	[dʒʲaŋka waktu]
vie (f)	kehidupan, hidup	[kehidupan], [hidup]
éternité (f)	keabadiaan	[keabadiaʔan]
époque (f)	zaman	[zaman]
ère (f)	era	[era]
cycle (m)	siklus	[siklus]
période (f)	periode, kurun waktu	[periode], [kurun waktu]
délai (m)	jangka waktu	[dʒʲaŋka waktu]
avenir (m)	masa depan	[masa depan]
prochain (adj)	yang akan datang	[yaŋ akan dataŋ]
la fois prochaine	lain kali	[lain kali]
passé (m)	masa lalu	[masa lalu]
passé (adj)	lalu	[lalu]
la fois passée	terakhir kali	[terahir kali]
plus tard (adv)	kemudian	[kemudian]
après (prep)	sesudah	[sesudah]
à présent (adv)	sekarang	[sekaraŋ]
maintenant (adv)	saat ini	[saʔat ini]
immédiatement	segera	[segera]
bientôt (adv)	segera	[segera]
d'avance (adv)	sebelumnya	[sebelumnja]
il y a longtemps	dahulu kala	[dahulu kala]
récemment (adv)	baru-baru ini	[baru-baru ini]
destin (m)	nasib	[nasib]
souvenirs (m pl)	kenang-kenangan	[kenaŋ-kenaŋan]
archives (f pl)	arsip	[arsip]
pendant ... (prep)	selama ...	[selama ...]
longtemps (adv)	lama	[lama]
pas longtemps (adv)	tidak lama	[tidaʔ lama]
tôt (adv)	pagi-pagi	[pagi-pagi]
tard (adv)	terlambat	[terlambat]
pour toujours (adv)	untuk selama-lamanya	[untuʔ selama-lamanja]
commencer (vt)	memulai	[memulaj]
reporter (retarder)	menunda	[menunda]
en même temps (adv)	serentak	[serentaʔ]
en permanence (adv)	tetap	[tetap]
constant (bruit, etc.)	terus menerus	[terus menerus]
temporaire (adj)	sementara	[sementara]
parfois (adv)	kadang-kadang	[kadaŋ-kadaŋ]
rarement (adv)	jarang	[dʒʲaraŋ]
souvent (adv)	sering, seringkali	[seriŋ], [seriŋkali]

23. Les contraires

riche (adj)	kaya	[kaja]
pauvre (adj)	miskin	[miskin]
malade (adj)	sakit	[sakit]
en bonne santé	sehat	[sehat]
grand (adj)	besar	[besar]
petit (adj)	kecil	[ketʃil]
vite (adv)	cepat	[tʃepat]
lentement (adv)	perlahan-lahan	[pərlahan-lahan]
rapide (adj)	cepat	[tʃepat]
lent (adj)	lambat	[lambat]
joyeux (adj)	riang	[riaŋ]
triste (adj)	sedih	[sedih]
ensemble (adv)	bersama	[bərsama]
séparément (adv)	terpisah	[tərpisah]
à haute voix	dengan keras	[deŋan keras]
en silence	dalam hati	[dalam hati]
haut (adj)	tinggi	[tiŋgi]
bas (adj)	rendah	[rendah]
profond (adj)	dalam	[dalam]
peu profond (adj)	dangkal	[daŋkal]
oui (adv)	ya	[ya]
non (adv)	tidak	[tidaʔ]
lointain (adj)	jauh	[dʒ'auh]
proche (adj)	dekat	[dekat]
loin (adv)	jauh	[dʒ'auh]
près (adv)	dekat	[dekat]
long (adj)	panjang	[pandʒ'aŋ]
court (adj)	pendek	[pendeʔ]
bon (au bon cœur)	baik hati	[bajʔ hati]
méchant (adj)	jahat	[dʒ'ahat]
marié (adj)	menikah	[mənikah]
célibataire (adj)	bujang	[budʒ'aŋ]
interdire (vt)	melarang	[melaraŋ]
permettre (vt)	mengizinkan	[məŋizinkan]
fin (f)	akhir	[ahir]
début (m)	permulaan	[pərmulaʔan]

gauche (adj)	kiri	[kiri]
droit (adj)	kanan	[kanan]
premier (adj)	pertama	[pertama]
dernier (adj)	terakhir	[tərahir]
crime (m)	kejahatan	[kedʒahatan]
punition (f)	hukuman	[hukuman]
ordonner (vt)	memerintahkan	[memerintahkan]
obéir (vt)	mematuhi	[mematuhi]
droit (adj)	lurus	[lurus]
courbé (adj)	melengkung	[meleŋkuŋ]
paradis (m)	surga	[surga]
enfer (m)	neraka	[neraka]
naître (vi)	lahir	[lahir]
mourir (vi)	mati, meninggal	[mati], [meniŋgal]
fort (adj)	kuat	[kuat]
faible (adj)	lemah	[lemah]
vieux (adj)	tua	[tua]
jeune (adj)	muda	[muda]
vieux (adj)	tua	[tua]
neuf (adj)	baru	[baru]
dur (adj)	keras	[keras]
mou (adj)	lunak	[lunaʔ]
chaud (tiède)	hangat	[haŋat]
froid (adj)	dingin	[diŋin]
gros (adj)	gemuk	[gemuʔ]
maigre (adj)	kurus	[kurus]
étroit (adj)	sempit	[sempit]
large (adj)	lebar	[lebar]
bon (adj)	baik	[bajʔ]
mauvais (adj)	buruk	[buruʔ]
vaillant (adj)	pemberani	[pemberani]
peureux (adj)	penakut	[penakut]

24. Les lignes et les formes

carré (m)	bujur sangkar	[budʒur saŋkar]
carré (adj)	persegi	[persegi]
cercle (m)	lingkaran	[liŋkaran]
rond (adj)	bundar	[bundar]

| triangle (m) | segi tiga | [segi tiga] |
| triangulaire (adj) | segi tiga | [segi tiga] |

ovale (m)	oval	[oval]
ovale (adj)	oval	[oval]
rectangle (m)	segi empat	[segi empat]
rectangulaire (adj)	siku-siku	[siku-siku]

pyramide (f)	piramida	[piramida]
losange (m)	rombus	[rombus]
trapèze (m)	trapesium	[trapesium]
cube (m)	kubus	[kubus]
prisme (m)	prisma	[prisma]

circonférence (f)	lingkar	[liŋkar]
sphère (f)	bulatan	[bulatan]
globe (m)	bola	[bola]

diamètre (m)	diameter	[diameter]
rayon (m)	radius, jari-jari	[radius], [ʤ'ari-ʤ'ari]
périmètre (m)	perimeter	[perimeter]
centre (m)	pusat	[pusat]

horizontal (adj)	horizontal, mendatar	[horizontal], [mendatar]
vertical (adj)	vertikal, tegak lurus	[vertikal], [tega' lurus]
parallèle (f)	sejajar	[seʤ'aʤ'ar]
parallèle (adj)	sejajar	[seʤ'aʤ'ar]

ligne (f)	garis	[garis]
trait (m)	garis	[garis]
ligne (f) droite	garis lurus	[garis lurus]
courbe (f)	garis lengkung	[garis leŋkuŋ]
fin (une ~ ligne)	tipis	[tipis]
contour (m)	kontur	[kontur]

intersection (f)	titik potong	[titi' potoŋ]
angle (m) droit	sudut siku-siku	[sudut siku-siku]
segment (m)	segmen	[segmen]
secteur (m)	sektor	[sektor]
côté (m)	segi	[segi]
angle (m)	sudut	[sudut]

25. Les unités de mesure

poids (m)	berat	[berat]
longueur (f)	panjang	[panʤ'aŋ]
largeur (f)	lebar	[lebar]
hauteur (f)	ketinggian	[ketiŋgian]
profondeur (f)	kedalaman	[kedalaman]
volume (m)	volume, isi	[volume], [isi]
aire (f)	luas	[luas]

| gramme (m) | gram | [gram] |
| milligramme (m) | miligram | [miligram] |

kilogramme (m)	kilogram	[kilogram]
tonne (f)	ton	[ton]
livre (f)	pon	[pon]
once (f)	ons	[ons]
mètre (m)	meter	[meter]
millimètre (m)	milimeter	[milimeter]
centimètre (m)	sentimeter	[sentimeter]
kilomètre (m)	kilometer	[kilometer]
mille (m)	mil	[mil]
pouce (m)	inci	[intʃi]
pied (m)	kaki	[kaki]
yard (m)	yard	[yard]
mètre (m) carré	meter persegi	[meter persegi]
hectare (m)	hektar	[hektar]
litre (m)	liter	[liter]
degré (m)	derajat	[deradʒ'at]
volt (m)	volt	[volt]
ampère (m)	ampere	[ampere]
cheval-vapeur (m)	tenaga kuda	[tenaga kuda]
quantité (f)	kuantitas	[kuantitas]
un peu de ...	sedikit ...	[sedikit ...]
moitié (f)	setengah	[seteŋah]
douzaine (f)	lusin	[lusin]
pièce (f)	buah	[buah]
dimension (f)	ukuran	[ukuran]
échelle (f) (de la carte)	skala	[skala]
minimal (adj)	minimal	[minimal]
le plus petit (adj)	terkecil	[tərketʃil]
moyen (adj)	sedang	[sedaŋ]
maximal (adj)	maksimal	[maksimal]
le plus grand (adj)	terbesar	[tərbesar]

26. Les récipients

bocal (m) en verre	gelas	[gelas]
boîte, canette (f)	kaleng	[kaleŋ]
seau (m)	ember	[ember]
tonneau (m)	tong	[toŋ]
bassine, cuvette (f)	baskom	[baskom]
cuve (f)	tangki	[taŋki]
flasque (f)	pelples	[pelples]
jerrican (m)	jeriken	[dʒ'eriken]
citerne (f)	tangki	[taŋki]
tasse (f), mug (m)	mangkuk	[maŋkuʔ]
tasse (f)	cangkir	[tʃaŋkir]

soucoupe (f)	alas cangkir	[alas ʧaŋkir]
verre (m) (~ d'eau)	gelas	[gelas]
verre (m) à vin	gelas anggur	[gelas aŋgur]
faitout (m)	panci	[panʧi]

bouteille (f)	botol	[botol]
goulot (m)	leher	[leher]

carafe (f)	karaf	[karaf]
pichet (m)	kendi	[kendi]
récipient (m)	wadah	[wadah]
pot (m)	pot	[pot]
vase (m)	vas	[vas]

flacon (m)	botol	[botol]
fiole (f)	botol kecil	[botol ketʃil]
tube (m)	tabung	[tabuŋ]

sac (m) (grand ~)	karung	[karuŋ]
sac (m) (~ en plastique)	kantong	[kantoŋ]
paquet (m) (~ de cigarettes)	bungkus	[buŋkus]

boîte (f)	kotak, kardus	[kotak], [kardus]
caisse (f)	kotak	[kotaʔ]
panier (m)	bakul	[bakul]

27. Les matériaux

matériau (m)	bahan	[bahan]
bois (m)	kayu	[kaju]
en bois (adj)	kayu	[kaju]

verre (m)	kaca	[katʃa]
en verre (adj)	kaca	[katʃa]

pierre (f)	batu	[batu]
en pierre (adj)	batu	[batu]

plastique (m)	plastik	[plastiʔ]
en plastique (adj)	plastik	[plastiʔ]

caoutchouc (m)	karet	[karet]
en caoutchouc (adj)	karet	[karet]

tissu (m)	kain	[kain]
en tissu (adj)	kain	[kain]

papier (m)	kertas	[kertas]
de papier (adj)	kertas	[kertas]

carton (m)	karton	[karton]
en carton (adj)	karton	[karton]
polyéthylène (m)	polietilena	[polietilena]
cellophane (f)	selofana	[selofana]

| linoléum (m) | linoleum | [linoleum] |
| contreplaqué (m) | kayu lapis | [kaju lapis] |

porcelaine (f)	porselen	[porselen]
de porcelaine (adj)	porselen	[porselen]
argile (f)	tanah liat	[tanah liat]
de terre cuite (adj)	gerabah	[gerabah]
céramique (f)	keramik	[keramiʔ]
en céramique (adj)	keramik	[keramiʔ]

28. Les métaux

métal (m)	logam	[logam]
métallique (adj)	logam	[logam]
alliage (m)	aloi, lakur	[aloy], [lakur]

or (m)	emas	[emas]
en or (adj)	emas	[emas]
argent (m)	perak	[peraʔ]
en argent (adj)	perak	[peraʔ]

fer (m)	besi	[besi]
en fer (adj)	besi	[besi]
acier (m)	baja	[badʒⁱa]
en acier (adj)	baja	[badʒⁱa]
cuivre (m)	tembaga	[tembaga]
en cuivre (adj)	tembaga	[tembaga]

aluminium (m)	aluminium	[aluminium]
en aluminium (adj)	aluminium	[aluminium]
bronze (m)	perunggu	[pəruŋgu]
en bronze (adj)	perunggu	[pəruŋgu]

laiton (m)	kuningan	[kuniŋan]
nickel (m)	nikel	[nikel]
platine (f)	platinum	[platinum]
mercure (m)	air raksa	[air raksa]
étain (m)	timah	[timah]
plomb (m)	timbal	[timbal]
zinc (m)	seng	[seŋ]

L'HOMME

L'homme. Le corps humain

29. L'homme. Notions fondamentales

être (m) humain	manusia	[manusia]
homme (m)	laki-laki, pria	[laki-laki], [pria]
femme (f)	perempuan, wanita	[pərempuan], [wanita]
enfant (m, f)	anak	[anaʔ]
fille (f)	anak perempuan	[anaʔ pərempuan]
garçon (m)	anak laki-laki	[anaʔ laki-laki]
adolescent (m)	remaja	[remadʒ¡a]
vieillard (m)	lelaki tua	[lelaki tua]
vieille femme (f)	perempuan tua	[pərempuan tua]

30. L'anatomie humaine

organisme (m)	organisme	[organisme]
cœur (m)	jantung	[dʒ¡antuŋ]
sang (m)	darah	[darah]
artère (f)	arteri, pembuluh darah	[arteri], [pembuluh darah]
veine (f)	vena	[vena]
cerveau (m)	otak	[otaʔ]
nerf (m)	saraf	[saraf]
nerfs (m pl)	saraf	[saraf]
vertèbre (f)	ruas	[ruas]
colonne (f) vertébrale	tulang belakang	[tulaŋ belakaŋ]
estomac (m)	lambung	[lambuŋ]
intestins (m pl)	usus	[usus]
intestin (m)	usus	[usus]
foie (m)	hati	[hati]
rein (m)	ginjal	[gindʒ¡al]
os (m)	tulang	[tulaŋ]
squelette (f)	skelet, rangka	[skelet], [raŋka]
côte (f)	tulang rusuk	[tulaŋ rusuʔ]
crâne (m)	tengkorak	[teŋkoraʔ]
muscle (m)	otot	[otot]
biceps (m)	bisep	[bisep]
triceps (m)	trisep	[trisep]
tendon (m)	tendon	[tendon]
articulation (f)	sendi	[sendi]

poumons (m pl)	paru-paru	[paru-paru]
organes (m pl) génitaux	kemaluan	[kemaluan]
peau (f)	kulit	[kulit]

31. La tête

tête (f)	kepala	[kepala]
visage (m)	wajah	[wadʒi̯ah]
nez (m)	hidung	[hiduŋ]
bouche (f)	mulut	[mulut]

œil (m)	mata	[mata]
les yeux	mata	[mata]
pupille (f)	pupil, biji mata	[pupil], [bidʒi mata]
sourcil (m)	alis	[alis]
cil (m)	bulu mata	[bulu mata]
paupière (f)	kelopak mata	[kelopaʔ mata]

langue (f)	lidah	[lidah]
dent (f)	gigi	[gigi]
lèvres (f pl)	bibir	[bibir]
pommettes (f pl)	tulang pipi	[tulaŋ pipi]
gencive (f)	gusi	[gusi]
palais (m)	langit-langit mulut	[laŋit-laŋit mulut]

narines (f pl)	lubang hidung	[lubaŋ hiduŋ]
menton (m)	dagu	[dagu]
mâchoire (f)	rahang	[rahaŋ]
joue (f)	pipi	[pipi]

front (m)	dahi	[dahi]
tempe (f)	pelipis	[pelipis]
oreille (f)	telinga	[teliŋa]
nuque (f)	tengkuk	[teŋkuʔ]
cou (m)	leher	[leher]
gorge (f)	tenggorok	[teŋgoroʔ]

cheveux (m pl)	rambut	[rambut]
coiffure (f)	tatanan rambut	[tatanan rambut]
coupe (f)	potongan rambut	[potoŋan rambut]
perruque (f)	wig, rambut palsu	[wig], [rambut palsu]

moustache (f)	kumis	[kumis]
barbe (f)	janggut	[dʒi̯aŋgut]
porter (~ la barbe)	memelihara	[memelihara]
tresse (f)	kepang	[kepaŋ]
favoris (m pl)	brewok	[brewoʔ]

roux (adj)	merah pirang	[merah piraŋ]
gris, grisonnant (adj)	beruban	[bəruban]
chauve (adj)	botak, plontos	[botak], [plontos]
calvitie (f)	botak	[botaʔ]
queue (f) de cheval	ekor kuda	[ekor kuda]
frange (f)	poni rambut	[poni rambut]

32. Le corps humain

main (f)	**tangan**	[taŋan]
bras (m)	**lengan**	[leŋan]
doigt (m)	**jari**	[dʒ¡ari]
orteil (m)	**jari**	[dʒ¡ari]
pouce (m)	**jempol**	[dʒ¡empol]
petit doigt (m)	**jari kelingking**	[dʒ¡ari keliŋkiŋ]
ongle (m)	**kuku**	[kuku]
poing (m)	**kepalan tangan**	[kepalan taŋan]
paume (f)	**telapak**	[telapaʔ]
poignet (m)	**pergelangan**	[pərgelaŋan]
avant-bras (m)	**lengan bawah**	[leŋan bawah]
coude (m)	**siku**	[siku]
épaule (f)	**bahu**	[bahu]
jambe (f)	**kaki**	[kaki]
pied (m)	**telapak kaki**	[telapaʔ kaki]
genou (m)	**lutut**	[lutut]
mollet (m)	**betis**	[betis]
hanche (f)	**paha**	[paha]
talon (m)	**tumit**	[tumit]
corps (m)	**tubuh**	[tubuh]
ventre (m)	**perut**	[perut]
poitrine (f)	**dada**	[dada]
sein (m)	**payudara**	[pajudara]
côté (m)	**rusuk**	[rusuʔ]
dos (m)	**punggung**	[puŋguŋ]
reins (région lombaire)	**pinggang bawah**	[piŋgaŋ bawah]
taille (f) (~ de guêpe)	**pinggang**	[piŋgaŋ]
nombril (m)	**pusar**	[pusar]
fesses (f pl)	**pantat**	[pantat]
derrière (m)	**pantat**	[pantat]
grain (m) de beauté	**tanda lahir**	[tanda lahir]
tache (f) de vin	**tanda lahir**	[tanda lahir]
tatouage (m)	**tato**	[tato]
cicatrice (f)	**parut luka**	[parut luka]

Les vêtements & les accessoires

33. Les vêtements d'extérieur

vêtement (m)	pakaian	[pakajan]
survêtement (m)	pakaian luar	[pakajan luar]
vêtement (m) d'hiver	pakaian musim dingin	[pakajan musim diŋin]
manteau (m)	mantel	[mantel]
manteau (m) de fourrure	mantel bulu	[mantel bulu]
veste (f) de fourrure	jaket bulu	[dʒ'aket bulu]
manteau (m) de duvet	jaket bulu halus	[dʒ'aket bulu halus]
veste (f) (~ en cuir)	jaket	[dʒ'aket]
imperméable (m)	jas hujan	[dʒ'as hudʒ'an]
imperméable (adj)	kedap air	[kedap air]

34. Les vêtements

chemise (f)	kemeja	[kemedʒ'a]
pantalon (m)	celana	[tʃelana]
jean (m)	celana jins	[tʃelana dʒins]
veston (m)	jas	[dʒ'as]
complet (m)	setelan	[setelan]
robe (f)	gaun	[gaun]
jupe (f)	rok	[ro']
chemisette (f)	blus	[blus]
veste (f) en laine	jaket wol	[dʒ'aket wol]
jaquette (f), blazer (m)	jaket	[dʒ'aket]
tee-shirt (m)	baju kaus	[badʒ'u kaus]
short (m)	celana pendek	[tʃelana pende']
costume (m) de sport	pakaian olahraga	[pakajan olahraga]
peignoir (m) de bain	jubah mandi	[dʒ'ubah mandi]
pyjama (m)	piyama	[piyama]
chandail (m)	sweter	[sweter]
pull-over (m)	pulover	[pulover]
gilet (m)	rompi	[rompi]
queue-de-pie (f)	jas berbuntut	[dʒ'as berbuntut]
smoking (m)	jas malam	[dʒ'as malam]
uniforme (m)	seragam	[seragam]
tenue (f) de travail	pakaian kerja	[pakajan kerdʒ'a]
salopette (f)	baju monyet	[badʒ'u monjet]
blouse (f) (d'un médecin)	jas	[dʒ'as]

35. Les sous-vêtements

sous-vêtements (m pl)	pakaian dalam	[pakajan dalam]
boxer (m)	celana dalam lelaki	[tʃelana dalam lelaki]
slip (m) de femme	celana dalam wanita	[tʃelana dalam wanita]
maillot (m) de corps	singlet	[siŋlet]
chaussettes (f pl)	kaus kaki	[kaus kaki]
chemise (f) de nuit	baju tidur	[badʒʲu tidur]
soutien-gorge (m)	beha	[beha]
chaussettes (f pl) hautes	kaus kaki selutut	[kaus kaki selutut]
collants (m pl)	pantihos	[pantihos]
bas (m pl)	kaus kaki panjang	[kaus kaki pandʒʲaŋ]
maillot (m) de bain	baju renang	[badʒʲu renaŋ]

36. Les chapeaux

chapeau (m)	topi	[topi]
chapeau (m) feutre	topi bulat	[topi bulat]
casquette (f) de base-ball	topi bisbol	[topi bisbol]
casquette (f)	topi pet	[topi pet]
béret (m)	baret	[baret]
capuche (f)	kerudung kepala	[keruduŋ kepala]
panama (m)	topi panama	[topi panama]
bonnet (m) de laine	topi rajut	[topi radʒʲut]
foulard (m)	tudung kepala	[tuduŋ kepala]
chapeau (m) de femme	topi wanita	[topi wanita]
casque (m) (d'ouvriers)	topi baja	[topi badʒʲa]
calot (m)	topi lipat	[topi lipat]
casque (m) (~ de moto)	helm	[helm]
melon (m)	topi bulat	[topi bulat]
haut-de-forme (m)	topi tinggi	[topi tiŋgi]

37. Les chaussures

chaussures (f pl)	sepatu	[sepatu]
bottines (f pl)	sepatu bot	[sepatu bot]
souliers (m pl) (~ plats)	sepatu wanita	[sepatu wanita]
bottes (f pl)	sepatu lars	[sepatu lars]
chaussons (m pl)	pantofel	[pantofel]
tennis (m pl)	sepatu tenis	[sepatu tenis]
baskets (f pl)	sepatu kets	[sepatu kets]
sandales (f pl)	sandal	[sandal]
cordonnier (m)	tukang sepatu	[tukaŋ sepatu]
talon (m)	tumit	[tumit]

paire (f)	sepasang	[sepasaŋ]
lacet (m)	tali sepatu	[tali sepatu]
lacer (vt)	mengikat tali	[məŋikat tali]
chausse-pied (m)	sendok sepatu	[sendoʔ sepatu]
cirage (m)	semir sepatu	[semir sepatu]

38. Le textile. Les tissus

coton (m)	katun	[katun]
de coton (adj)	katun	[katun]
lin (m)	linen	[linen]
de lin (adj)	linen	[linen]

soie (f)	sutra	[sutra]
de soie (adj)	sutra	[sutra]
laine (f)	wol	[wol]
en laine (adj)	wol	[wol]

velours (m)	beledu	[beledu]
chamois (m)	suede	[suede]
velours (m) côtelé	korduroi	[korduroy]

nylon (m)	nilon	[nilon]
en nylon (adj)	nilon	[nilon]
polyester (m)	poliester	[poliester]
en polyester (adj)	poliester	[poliester]

cuir (m)	kulit	[kulit]
en cuir (adj)	kulit	[kulit]
fourrure (f)	kulit berbulu	[kulit bərbulu]
en fourrure (adj)	bulu	[bulu]

39. Les accessoires personnels

gants (m pl)	sarung tangan	[saruŋ taŋan]
moufles (f pl)	sarung tangan	[saruŋ taŋan]
écharpe (f)	selendang	[selendaŋ]

lunettes (f pl)	kacamata	[katʃamata]
monture (f)	bingkai	[biŋkaj]
parapluie (m)	payung	[pajuŋ]
canne (f)	tongkat jalan	[toŋkat dʒˈalan]
brosse (f) â cheveux	sikat rambut	[sikat rambut]
éventail (m)	kipas	[kipas]

cravate (f)	dasi	[dasi]
nœud papillon (m)	dasi kupu-kupu	[dasi kupu-kupu]
bretelles (f pl)	bretel	[bretel]
mouchoir (m)	sapu tangan	[sapu taŋan]

peigne (m)	sisir	[sisir]
barrette (f)	jepit rambut	[dʒˈepit rambut]

| épingle (f) à cheveux | harnal | [harnal] |
| boucle (f) | gesper | [gesper] |

| ceinture (f) | sabuk | [sabuʔ] |
| bandoulière (f) | tali tas | [tali tas] |

sac (m)	tas	[tas]
sac (m) à main	tas tangan	[tas taŋan]
sac (m) à dos	ransel	[ransel]

40. Les vêtements. Divers

mode (f)	mode	[mode]
à la mode (adj)	modis	[modis]
couturier, créateur de mode	perancang busana	[pərantʃaŋ busana]

col (m)	kerah	[kerah]
poche (f)	saku	[saku]
de poche (adj)	saku	[saku]
manche (f)	lengan	[leŋan]
bride (f)	tali kait	[tali kait]
braguette (f)	golbi	[golbi]

fermeture (f) à glissière	ritsleting	[ritsletiŋ]
agrafe (f)	kancing	[kantʃiŋ]
bouton (m)	kancing	[kantʃiŋ]
boutonnière (f)	lubang kancing	[lubaŋ kantʃiŋ]
s'arracher (bouton)	terlepas	[tərlepas]

coudre (vi, vt)	menjahit	[məndʒʲahit]
broder (vt)	membordir	[membordir]
broderie (f)	bordiran	[bordiran]
aiguille (f)	jarum	[dʒʲarum]
fil (m)	benang	[benaŋ]
couture (f)	setik	[setiʔ]

se salir (vp)	kena kotor	[kena kotor]
tache (f)	bercak	[bertʃaʔ]
se froisser (vp)	kumal	[kumal]
déchirer (vt)	merobek	[merobeʔ]
mite (f)	ngengat	[ŋeŋat]

41. L'hygiène corporelle. Les cosmétiques

dentifrice (m)	pasta gigi	[pasta gigi]
brosse (f) à dents	sikat gigi	[sikat gigi]
se brosser les dents	menggosok gigi	[məŋgosoʔ gigi]

rasoir (m)	pisau cukur	[pisau tʃukur]
crème (f) à raser	krim cukur	[krim tʃukur]
se raser (vp)	bercukur	[bərtʃukur]
savon (m)	sabun	[sabun]

shampooing (m)	sampo	[sampo]
ciseaux (m pl)	gunting	[guntiŋ]
lime (f) à ongles	kikir kuku	[kikir kuku]
pinces (f pl) à ongles	pemotong kuku	[pemotoŋ kuku]
pince (f) à épiler	pinset	[pinset]
produits (m pl) de beauté	kosmetik	[kosmetiʔ]
masque (m) de beauté	masker	[masker]
manucure (f)	manikur	[manikur]
se faire les ongles	melakukan manikur	[melakukan manikur]
pédicurie (f)	pedi	[pedi]
trousse (f) de toilette	tas kosmetik	[tas kosmetiʔ]
poudre (f)	bedak	[bedaʔ]
poudrier (m)	kotak bedak	[kotaʔ bedaʔ]
fard (m) à joues	perona pipi	[perona pipi]
parfum (m)	parfum	[parfum]
eau (f) de toilette	minyak wangi	[minjaʔ waŋi]
lotion (f)	losion	[losjon]
eau de Cologne (f)	kolonye	[kolone]
fard (m) à paupières	pewarna mata	[pewarna mata]
crayon (m) à paupières	pensil alis	[pensil alis]
mascara (m)	celak	[tʃelaʔ]
rouge (m) à lèvres	lipstik	[lipstiʔ]
vernis (m) à ongles	kuteks, cat kuku	[kuteks], [tʃat kuku]
laque (f) pour les cheveux	semprotan rambut	[semprotan rambut]
déodorant (m)	deodoran	[deodoran]
crème (f)	krim	[krim]
crème (f) pour le visage	krim wajah	[krim wadʒʲah]
crème (f) pour les mains	krim tangan	[krim taŋan]
crème (f) anti-rides	krim antikerut	[krim antikerut]
crème (f) de jour	krim siang	[krim siaŋ]
crème (f) de nuit	krim malam	[krim malam]
de jour (adj)	siang	[siaŋ]
de nuit (adj)	malam	[malam]
tampon (m)	tampon	[tampon]
papier (m) de toilette	kertas toilet	[kertas toylet]
sèche-cheveux (m)	pengering rambut	[peŋeriŋ rambut]

42. Les bijoux. La bijouterie

bijoux (m pl)	perhiasan	[perhiasan]
précieux (adj)	mulia, berharga	[mulia], [berharga]
poinçon (m)	tanda kadar	[tanda kadar]
bague (f)	cincin	[tʃintʃin]
alliance (f)	cincin kawin	[tʃintʃin kawin]
bracelet (m)	gelang	[gelaŋ]
boucles (f pl) d'oreille	anting-anting	[antiŋ-antiŋ]

collier (m) (de perles)	kalung	[kaluŋ]
couronne (f)	mahkota	[mahkota]
collier (m) (en verre, etc.)	kalung manik-manik	[kaluŋ maniʔ-maniʔ]

diamant (m)	berlian	[bərlian]
émeraude (f)	zamrud	[zamrud]
rubis (m)	batu mirah delima	[batu mirah delima]
saphir (m)	nilakandi	[nilakandi]
perle (f)	mutiara	[mutiara]
ambre (m)	batu amber	[batu amber]

43. Les montres. Les horloges

montre (f)	arloji	[arloʤi]
cadran (m)	piringan jam	[piriŋan ʤʲam]
aiguille (f)	jarum	[ʤʲarum]
bracelet (m)	rantai arloji	[rantaj arloʤi]
bracelet (m) (en cuir)	tali arloji	[tali arloʤi]

pile (f)	baterai	[bateraj]
être déchargé	mati	[mati]
changer de pile	mengganti baterai	[məŋganti bateraj]
avancer (vi)	cepat	[ʧepat]
retarder (vi)	terlambat	[tərlambat]

pendule (f)	jam dinding	[ʤʲam dindiŋ]
sablier (m)	jam pasir	[ʤʲam pasir]
cadran (m) solaire	jam matahari	[ʤʲam matahari]
réveil (m)	weker	[weker]
horloger (m)	tukang jam	[tukaŋ ʤʲam]
réparer (vt)	mereparasi, memperbaiki	[mereparasi], [memperbajki]

Les aliments. L'alimentation

44. Les aliments

viande (f)	daging	[dagiŋ]
poulet (m)	ayam	[ajam]
poulet (m) (poussin)	anak ayam	[ana' ajam]
canard (m)	bebek	[bebe']
oie (f)	angsa	[aŋsa]
gibier (m)	binatang buruan	[binataŋ buruan]
dinde (f)	kalkun	[kalkun]
du porc	daging babi	[dagiŋ babi]
du veau	daging anak sapi	[dagiŋ ana' sapi]
du mouton	daging domba	[dagiŋ domba]
du bœuf	daging sapi	[dagiŋ sapi]
lapin (m)	kelinci	[kelintʃi]
saucisson (m)	sosis	[sosis]
saucisse (f)	sosis	[sosis]
bacon (m)	bakon	[beykon]
jambon (m)	ham, daging kornet	[ham], [dagiŋ kornet]
cuisse (f)	ham	[ham]
pâté (m)	pasta	[pasta]
foie (m)	hati	[hati]
farce (f)	daging giling	[dagiŋ giliŋ]
langue (f)	lidah	[lidah]
œuf (m)	telur	[telur]
les œufs	telur	[telur]
blanc (m) d'œuf	putih telur	[putih telur]
jaune (m) d'œuf	kuning telur	[kuniŋ telur]
poisson (m)	ikan	[ikan]
fruits (m pl) de mer	makanan laut	[makanan laut]
crustacés (m pl)	krustasea	[krustasea]
caviar (m)	caviar	[kaviar]
crabe (m)	kepiting	[kepitiŋ]
crevette (f)	udang	[udaŋ]
huître (f)	tiram	[tiram]
langoustine (f)	lobster berduri	[lobster berduri]
poulpe (m)	gurita	[gurita]
calamar (m)	cumi-cumi	[tʃumi-tʃumi]
esturgeon (m)	ikan sturgeon	[ikan sturdʒien]
saumon (m)	salmon	[salmon]
flétan (m)	ikan turbot	[ikan turbot]
morue (f)	ikan kod	[ikan kod]

maquereau (m)	ikan kembung	[ikan kembuŋ]
thon (m)	tuna	[tuna]
anguille (f)	belut	[belut]

truite (f)	ikan forel	[ikan forel]
sardine (f)	sarden	[sarden]
brochet (m)	ikan pike	[ikan paik]
hareng (m)	ikan haring	[ikan hariŋ]

pain (m)	roti	[roti]
fromage (m)	keju	[kedʒʲu]
sucre (m)	gula	[gula]
sel (m)	garam	[garam]

riz (m)	beras, nasi	[beras], [nasi]
pâtes (m pl)	makaroni	[makaroni]
nouilles (f pl)	mi	[mi]

beurre (m)	mentega	[məntega]
huile (f) végétale	minyak nabati	[minjaʔ nabati]
huile (f) de tournesol	minyak bunga matahari	[minjaʔ buŋa matahari]
margarine (f)	margarin	[margarin]

| olives (f pl) | buah zaitun | [buah zajtun] |
| huile (f) d'olive | minyak zaitun | [minjaʔ zajtun] |

lait (m)	susu	[susu]
lait (m) condensé	susu kental	[susu kental]
yogourt (m)	yogurt	[yogurt]
crème (f) aigre	krim asam	[krim asam]
crème (f) (de lait)	krim, kepala susu	[krim], [kepala susu]

| sauce (f) mayonnaise | mayones | [majones] |
| crème (f) au beurre | krim | [krim] |

gruau (m)	menir	[menir]
farine (f)	tepung	[tepuŋ]
conserves (f pl)	makanan kalengan	[makanan kaleŋan]

pétales (m pl) de maïs	emping jagung	[empiŋ dʒʲaguŋ]
miel (m)	madu	[madu]
confiture (f)	selai	[selaj]
gomme (f) à mâcher	permen karet	[pərmen karet]

45. Les boissons

eau (f)	air	[air]
eau (f) potable	air minum	[air minum]
eau (f) minérale	air mineral	[air mineral]

plate (adj)	tanpa gas	[tanpa gas]
gazeuse (l'eau ~)	berkarbonasi	[bərkarbonasi]
pétillante (adj)	bergas	[bərgas]
glace (f)	es	[es]

avec de la glace	**dengan es**	[deŋan es]
sans alcool	**tanpa alkohol**	[tanpa alkohol]
boisson (f) non alcoolisée	**minuman ringan**	[minuman riŋan]
rafraîchissement (m)	**minuman penygar**	[minuman penigar]
limonade (f)	**limun**	[limun]

boissons (f pl) alcoolisées	**minoman beralkohol**	[minoman beralkohol]
vin (m)	**anggur**	[aŋgur]
vin (m) blanc	**anggur putih**	[aŋgur putih]
vin (m) rouge	**anggur merah**	[aŋgur merah]

liqueur (f)	**likeur**	[likeur]
champagne (m)	**sampanye**	[sampanje]
vermouth (m)	**vermouth**	[vermut]

whisky (m)	**wiski**	[wiski]
vodka (f)	**vodka**	[vodka]
gin (m)	**jin, jenewer**	[dʒin], [dʒʲenewer]
cognac (m)	**konyak**	[konjaʔ]
rhum (m)	**rum**	[rum]

café (m)	**kopi**	[kopi]
café (m) noir	**kopi pahit**	[kopi pahit]
café (m) au lait	**kopi susu**	[kopi susu]
cappuccino (m)	**cappuccino**	[kaputʃino]
café (m) soluble	**kopi instan**	[kopi instan]

lait (m)	**susu**	[susu]
cocktail (m)	**koktail**	[koktajl]
cocktail (m) au lait	**susu kocok**	[susu kotʃoʔ]

jus (m)	**jus**	[dʒʲus]
jus (m) de tomate	**jus tomat**	[dʒʲus tomat]
jus (m) d'orange	**jus jeruk**	[dʒʲus dʒʲeruʔ]
jus (m) pressé	**jus peras**	[dʒʲus peras]

bière (f)	**bir**	[bir]
bière (f) blonde	**bir putih**	[bir putih]
bière (f) brune	**bir hitam**	[bir hitam]

thé (m)	**teh**	[teh]
thé (m) noir	**teh hitam**	[teh hitam]
thé (m) vert	**teh hijau**	[teh hidʒʲau]

46. Les lêgumes

légumes (m pl)	**sayuran**	[sajuran]
verdure (f)	**sayuran hijau**	[sajuran hidʒʲau]

tomate (f)	**tomat**	[tomat]
concombre (m)	**mentimun, ketimun**	[məntimun], [ketimun]
carotte (f)	**wortel**	[wortel]
pomme (f) de terre	**kentang**	[kentaŋ]
oignon (m)	**bawang**	[bawaŋ]

ail (m)	bawang putih	[bawaŋ putih]
chou (m)	kol	[kol]
chou-fleur (m)	kembang kol	[kembaŋ kol]
chou (m) de Bruxelles	kol Brussels	[kol brusels]
brocoli (m)	brokoli	[brokoli]

betterave (f)	ubi bit merah	[ubi bit merah]
aubergine (f)	terung, terong	[teruŋ], [teroŋ]
courgette (f)	labu siam	[labu siam]
potiron (m)	labu	[labu]
navet (m)	turnip	[turnip]

persil (m)	peterseli	[peterseli]
fenouil (m)	adas sowa	[adas sowa]
laitue (f) (salade)	selada	[selada]
céleri (m)	seledri	[seledri]
asperge (f)	asparagus	[asparagus]
épinard (m)	bayam	[bajam]

pois (m)	kacang polong	[katʃaŋ poloŋ]
fèves (f pl)	kacang-kacangan	[katʃaŋ-katʃaŋan]
maïs (m)	jagung	[dʒ¡aguŋ]
haricot (m)	kacang buncis	[katʃaŋ buntʃis]

poivron (m)	cabai	[tʃabaj]
radis (m)	radis	[radis]
artichaut (m)	artisyok	[artiʃoʼ]

47. Les fruits. Les noix

fruit (m)	buah	[buah]
pomme (f)	apel	[apel]
poire (f)	pir	[pir]
citron (m)	jeruk sitrun	[dʒ¡eruʼ sitrun]
orange (f)	jeruk manis	[dʒ¡eruʼ manis]
fraise (f)	stroberi	[stroberi]

mandarine (f)	jeruk mandarin	[dʒ¡eruʼ mandarin]
prune (f)	plum	[plum]
pêche (f)	persik	[persiʼ]
abricot (m)	aprikot	[aprikot]
framboise (f)	buah frambus	[buah frambus]
ananas (m)	nanas	[nanas]

banane (f)	pisang	[pisaŋ]
pastèque (f)	semangka	[semaŋka]
raisin (m)	buah anggur	[buah aŋgur]
cerise (f)	buah ceri asam	[buah tʃeri asam]
merise (f)	buah ceri manis	[buah tʃeri manis]
melon (m)	melon	[melon]

pamplemousse (m)	jeruk Bali	[dʒ¡eruʼ bali]
avocat (m)	avokad	[avokad]
papaye (f)	pepaya	[pepaja]

| mangue (f) | mangga | [maŋga] |
| grenade (f) | buah delima | [buah delima] |

groseille (f) rouge	redcurrant	[redkaren]
cassis (m)	blackcurrant	[ble'karen]
groseille (f) verte	buah arbei hijau	[buah arbei hidʒ'au]
myrtille (f)	buah bilberi	[buah bilberi]
mûre (f)	beri hitam	[beri hitam]

raisin (m) sec	kismis	[kismis]
figue (f)	buah ara	[buah ara]
datte (f)	buah kurma	[buah kurma]

cacahuète (f)	kacang tanah	[katʃaŋ tanah]
amande (f)	badam	[badam]
noix (f)	buah walnut	[buah walnut]
noisette (f)	kacang hazel	[katʃaŋ hazel]
noix (f) de coco	buah kelapa	[buah kelapa]
pistaches (f pl)	badam hijau	[badam hidʒ'au]

48. Le pain. Les confiseries

confiserie (f)	kue-mue	[kue-mue]
pain (m)	roti	[roti]
biscuit (m)	biskuit	[biskuit]

chocolat (m)	cokelat	[tʃokelat]
en chocolat (adj)	cokelat	[tʃokelat]
bonbon (m)	permen	[pərmen]
gâteau (m), pâtisserie (f)	kue	[kue]
tarte (f)	kue tar	[kue tar]

| gâteau (m) | pai | [pai] |
| garniture (f) | inti | [inti] |

confiture (f)	selai buah utuh	[selaj buah utuh]
marmelade (f)	marmelade	[marmelade]
gaufre (f)	wafel	[wafel]
glace (f)	es krim	[es krim]
pudding (m)	puding	[pudiŋ]

49. Les plats cuisinês

plat (m)	masakan, hidangan	[masakan], [hidaŋan]
cuisine (f)	masakan	[masakan]
recette (f)	resep	[resep]
portion (f)	porsi	[porsi]

salade (f)	salada	[salada]
soupe (f)	sup	[sup]
bouillon (m)	kaldu	[kaldu]
sandwich (m)	roti lapis	[roti lapis]

les œufs brouillés	telur mata sapi	[telur mata sapi]
hamburger (m)	hamburger	[hamburger]
steak (m)	bistik	[bisti']

garniture (f)	lauk	[lau']
spaghettis (m pl)	spageti	[spageti]
purée (f)	kentang tumbuk	[kentaŋ tumbu']
pizza (f)	piza	[piza]
bouillie (f)	bubur	[bubur]
omelette (f)	telur dadar	[telur dadar]

cuit à l'eau (adj)	rebus	[rebus]
fumé (adj)	asap	[asap]
frit (adj)	goreng	[goreŋ]
sec (adj)	kering	[keriŋ]
congelé (adj)	beku	[beku]
mariné (adj)	marinade	[marinade]

sucré (adj)	manis	[manis]
salé (adj)	asin	[asin]
froid (adj)	dingin	[diŋin]
chaud (adj)	panas	[panas]
amer (adj)	pahit	[pahit]
bon (savoureux)	enak	[ena']

cuire à l'eau	merebus	[merebus]
préparer (le dîner)	memasak	[memasa']
faire frire	menggoreng	[məŋgoreŋ]
réchauffer (vt)	memanaskan	[memanaskan]

saler (vt)	menggarami	[məŋgarami]
poivrer (vt)	membubuh merica	[membubuh meritʃa]
râper (vt)	memarut	[memarut]
peau (f)	kulit	[kulit]
éplucher (vt)	mengupas	[məŋupas]

50. Les épices

sel (m)	garam	[garam]
salé (adj)	asin	[asin]
saler (vt)	menggarami	[məŋgarami]

poivre (m) noir	merica	[meritʃa]
poivre (m) rouge	cabai merah	[tʃabaj merah]
moutarde (f)	mustar	[mustar]
raifort (m)	lobak pedas	[loba' pedas]

condiment (m)	bumbu	[bumbu]
épice (f)	rempah-rempah	[rempah-rempah]
sauce (f)	saus	[saus]
vinaigre (m)	cuka	[tʃuka]

| anis (m) | adas manis | [adas manis] |
| basilic (m) | selasih | [selasih] |

clou (m) de girofle	cengkih	[t∫eŋkih]
gingembre (m)	jahe	[dʒ¦ahe]
coriandre (m)	ketumbar	[ketumbar]
cannelle (f)	kayu manis	[kaju manis]
sésame (m)	wijen	[widʒ¦en]
feuille (f) de laurier	daun salam	[daun salam]
paprika (m)	cabai	[t∫abaj]
cumin (m)	jintan	[dʒintan]
safran (m)	kuma-kuma	[kuma-kuma]

51. Les repas

nourriture (f)	makanan	[makanan]
manger (vi, vt)	makan	[makan]
petit déjeuner (m)	makan pagi, sarapan	[makan pagi], [sarapan]
prendre le petit déjeuner	sarapan	[sarapan]
déjeuner (m)	makan siang	[makan siaŋ]
déjeuner (vi)	makan siang	[makan siaŋ]
dîner (m)	makan malam	[makan malam]
dîner (vi)	makan malam	[makan malam]
appétit (m)	nafsu makan	[nafsu makan]
Bon appétit!	Selamat makan!	[selamat makan!]
ouvrir (vt)	membuka	[membuka]
renverser (liquide)	menumpahkan	[mənumpahkan]
bouillir (vi)	mendidih	[məndidih]
faire bouillir	mendidihkan	[məndidihkan]
bouilli (l'eau ~e)	masak	[masaʔ]
refroidir (vt)	mendinginkan	[məndiŋinkan]
se refroidir (vp)	mendingin	[məndiŋin]
goût (m)	rasa	[rasa]
arrière-goût (m)	nuansa rasa	[nuansa rasa]
suivre un régime	berdiet	[berdiet]
régime (m)	diet, pola makan	[diet], [pola makan]
vitamine (f)	vitamin	[vitamin]
calorie (f)	kalori	[kalori]
végétarien (m)	vegetarian	[vegetarian]
végétarien (adj)	vegetarian	[vegetarian]
lipides (m pl)	lemak	[lemaʔ]
protéines (f pl)	protein	[protein]
glucides (m pl)	karbohidrat	[karbohidrat]
tranche (f)	irisan	[irisan]
morceau (m)	potongan	[potoŋan]
miette (f)	remah	[remah]

52. Le dressage de la table

cuillère (f)	sendok	[sendo']
couteau (m)	pisau	[pisau]
fourchette (f)	garpu	[garpu]
tasse (f)	cangkir	[tʃaŋkir]
assiette (f)	piring	[piriŋ]
soucoupe (f)	alas cangkir	[alas tʃaŋkir]
serviette (f)	serbet	[serbet]
cure-dent (m)	tusuk gigi	[tusu' gigi]

53. Le restaurant

restaurant (m)	restoran	[restoran]
salon (m) de café	warung kopi	[waruŋ kopi]
bar (m)	bar	[bar]
salon (m) de thé	warung teh	[waruŋ teh]
serveur (m)	pelayan lelaki	[pelajan lelaki]
serveuse (f)	pelayan perempuan	[pelajan perempuan]
barman (m)	pelayan bar	[pelajan bar]
carte (f)	menu	[menu]
carte (f) des vins	daftar anggur	[daftar aŋgur]
réserver une table	memesan meja	[memesan medʒ'a]
plat (m)	masakan, hidangan	[masakan], [hidaŋan]
commander (vt)	memesan	[memesan]
faire la commande	memesan	[memesan]
apéritif (m)	aperitif	[aperitif]
hors-d'œuvre (m)	makanan ringan	[makanan riŋan]
dessert (m)	hidangan penutup	[hidaŋan penutup]
addition (f)	bon	[bon]
régler l'addition	membayar bon	[membajar bon]
rendre la monnaie	memberikan uang kembalian	[memberikan uaŋ kembalian]
pourboire (m)	tip	[tip]

La famille. Les parents. Les amis

54. Les données personnelles. Les formulaires

prénom (m)	nama, nama depan	[nama], [nama depan]
nom (m) de famille	nama keluarga	[nama keluarga]
date (f) de naissance	tanggal lahir	[taŋgal lahir]
lieu (m) de naissance	tempat lahir	[tempat lahir]
nationalité (f)	kebangsaan	[kebaŋsa'an]
domicile (m)	tempat tinggal	[tempat tiŋgal]
pays (m)	negara, negeri	[negara], [negeri]
profession (f)	profesi	[profesi]
sexe (m)	jenis kelamin	[ʤˡenis kelamin]
taille (f)	tinggi badan	[tiŋgi badan]
poids (m)	berat	[berat]

55. La famille. Les liens de parenté

mère (f)	ibu	[ibu]
père (m)	ayah	[ajah]
fils (m)	anak lelaki	[ana' lelaki]
fille (f)	anak perempuan	[ana' perempuan]
fille (f) cadette	anak perempuan bungsu	[ana' perempuan buŋsu]
fils (m) cadet	anak lelaki bungsu	[ana' lelaki buŋsu]
fille (f) aînée	anak perempuan sulung	[ana' perempuan suluŋ]
fils (m) aîné	anak lelaki sulung	[ana' lelaki suluŋ]
frère (m)	saudara lelaki	[saudara lelaki]
frère (m) aîné	kakak lelaki	[kaka' lelaki]
frère (m) cadet	adik lelaki	[adi' lelaki]
sœur (f)	saudara perempuan	[saudara perempuan]
sœur (f) aînée	kakak perempuan	[kaka' perempuan]
sœur (f) cadette	adik perempuan	[adi' perempuan]
cousin (m)	sepupu lelaki	[sepupu lelaki]
cousine (f)	sepupu perempuan	[sepupu perempuan]
maman (f)	mama, ibu	[mama], [ibu]
papa (m)	papa, ayah	[papa], [ajah]
parents (m pl)	orang tua	[oraŋ tua]
enfant (m, f)	anak	[ana']
enfants (pl)	anak-anak	[ana'-ana']
grand-mère (f)	nenek	[nene']
grand-père (m)	kakek	[kake']

petit-fils (m)	cucu laki-laki	[ʧuʧu laki-laki]
petite-fille (f)	cucu perempuan	[ʧuʧu pərempuan]
petits-enfants (pl)	cucu	[ʧuʧu]

oncle (m)	paman	[paman]
tante (f)	bibi	[bibi]
neveu (m)	keponakan laki-laki	[keponakan laki-laki]
nièce (f)	keponakan perempuan	[keponakan pərempuan]

belle-mère (f)	ibu mertua	[ibu mertua]
beau-père (m)	ayah mertua	[ajah mertua]
gendre (m)	menantu laki-laki	[mənantu laki-laki]
belle-mère (f)	ibu tiri	[ibu tiri]
beau-père (m)	ayah tiri	[ajah tiri]

nourrisson (m)	bayi	[baji]
bébé (m)	bayi	[baji]
petit (m)	bocah cilik	[boʧah ʧili']

femme (f)	istri	[istri]
mari (m)	suami	[suami]
époux (m)	suami	[suami]
épouse (f)	istri	[istri]

marié (adj)	menikah, beristri	[mənikah], [bəristri]
mariée (adj)	menikah, bersuami	[mənikah], [bərsuami]
célibataire (adj)	bujang	[budʒʲaŋ]
célibataire (m)	bujang	[budʒʲaŋ]
divorcé (adj)	bercerai	[bərʧeraj]
veuve (f)	janda	[dʒʲanda]
veuf (m)	duda	[duda]

parent (m)	kerabat	[kerabat]
parent (m) proche	kerabat dekat	[kerabat dekat]
parent (m) éloigné	kerabat jauh	[kerabat dʒʲauh]
parents (m pl)	kerabat, sanak saudara	[kerabat], [sana' saudara]

orphelin (m), orpheline (f)	yatim piatu	[yatim piatu]
tuteur (m)	wali	[wali]
adopter (un garçon)	mengadopsi	[məŋadopsi]
adopter (une fille)	mengadopsi	[məŋadopsi]

56. Les amis. Les collègues

ami (m)	sahabat	[sahabat]
amie (f)	sahabat	[sahabat]
amitié (f)	persahabatan	[pərsahabatan]
être ami	bersahabat	[bərsahabat]

copain (m)	teman	[teman]
copine (f)	teman	[teman]
partenaire (m)	mitra	[mitra]
chef (m)	atasan	[atasan]
supérieur (m)	atasan	[atasan]

propriétaire (m)	pemilik	[pemili']
subordonné (m)	bawahan	[bawahan]
collègue (m, f)	kolega	[kolega]

connaissance (f)	kenalan	[kenalan]
compagnon (m) de route	rekan seperjalanan	[rekan seperʤalanan]
copain (m) de classe	teman sekelas	[teman sekelas]

voisin (m)	tetangga	[tetaŋga]
voisine (f)	tetangga	[tetaŋga]
voisins (m pl)	para tetangga	[para tetaŋga]

57. L'homme. La femme

femme (f)	perempuan, wanita	[perempuan], [wanita]
jeune fille (f)	gadis	[gadis]
fiancée (f)	mempelai perempuan	[mempelaj perempuan]

belle (adj)	cantik	[ʧanti']
de grande taille	tinggi	[tiŋgi]
svelte (adj)	ramping	[rampiŋ]
de petite taille	pendek	[pende']

| blonde (f) | orang berambut pirang | [oraŋ berambut piraŋ] |
| brune (f) | orang berambut cokelat | [oraŋ berambut ʧokelat] |

de femme (adj)	wanita	[wanita]
vierge (f)	perawan	[perawan]
enceinte (adj)	hamil	[hamil]

homme (m)	laki-laki, pria	[laki-laki], [pria]
blond (m)	orang berambut pirang	[oraŋ berambut piraŋ]
brun (m)	orang berambut cokelat	[oraŋ berambut ʧokelat]
de grande taille	tinggi	[tiŋgi]
de petite taille	pendek	[pende']

rude (adj)	kasar	[kasar]
trapu (adj)	kekar	[kekar]
robuste (adj)	tegap	[tegap]
fort (adj)	kuat	[kuat]
force (f)	kekuatan	[kekuatan]

gros (adj)	gemuk	[gemu']
basané (adj)	berkulit hitam	[berkulit hitam]
svelte (adj)	ramping	[rampiŋ]
élégant (adj)	anggun	[aŋgun]

58. L'age

âge (m)	umur	[umur]
jeunesse (f)	usia muda	[usia muda]
jeune (adj)	muda	[muda]

| plus jeune (adj) | lebih muda | [lebih muda] |
| plus âgé (adj) | lebih tua | [lebih tua] |

jeune homme (m)	pemuda	[pemuda]
adolescent (m)	remaja	[remadʒʲa]
gars (m)	cowok	[tʃowoʔ]

| vieillard (m) | lelaki tua | [lelaki tua] |
| vieille femme (f) | perempuan tua | [pərempuan tua] |

adulte (m)	dewasa	[dewasa]
d'âge moyen (adj)	paruh baya	[paruh baja]
âgé (adj)	lansia	[lansia]
vieux (adj)	tua	[tua]

retraite (f)	pensiun	[pensiun]
prendre sa retraite	pensiun	[pensiun]
retraité (m)	pensiunan	[pensiunan]

59. Les enfants. Les adolescents

enfant (m, f)	anak	[anaʔ]
enfants (pl)	anak-anak	[anaʔ-anaʔ]
jumeaux (m pl)	kembar	[kembar]

berceau (m)	buaian	[buajan]
hochet (m)	ocehan	[otʃehan]
couche (f)	popok	[popoʔ]

tétine (f)	dot	[dot]
poussette (m)	kereta bayi	[kereta baji]
école (f) maternelle	taman kanak-kanak	[taman kanaʔ-kanaʔ]
baby-sitter (m, f)	pengasuh anak	[peɲasuh anaʔ]

enfance (f)	masa kanak-kanak	[masa kanaʔ-kanaʔ]
poupée (f)	boneka	[boneka]
jouet (m)	mainan	[majnan]
jeu (m) de construction	alat permainan bongkah	[alat permajnan boŋkah]

bien élevé (adj)	beradab	[beradab]
mal élevé (adj)	biadab	[biadab]
gâté (adj)	manja	[mandʒʲa]

faire le vilain	nakal	[nakal]
vilain (adj)	nakal	[nakal]
espièglerie (f)	kenakalan	[kenakalan]
vilain (m)	anak nakal	[anaʔ nakal]

| obéissant (adj) | patuh | [patuh] |
| désobéissant (adj) | tidak patuh | [tidaʔ patuh] |

sage (adj)	penurut	[penurut]
intelligent (adj)	pandai, pintar	[pandaj], [pintar]
l'enfant prodige	anak ajaib	[anaʔ adʒʲajb]

60. Les couples mariés. La vie de famille

embrasser (sur les lèvres)	mencium	[mənʧium]
s'embrasser (vp)	berciuman	[bərʧiuman]
famille (f)	keluarga	[keluarga]
familial (adj)	keluarga	[keluarga]
couple (m)	pasangan	[pasaŋan]
mariage (m) (~ civil)	pernikahan	[pərnikahan]
foyer (m) familial	rumah tangga	[rumah taŋga]
dynastie (f)	dinasti	[dinasti]

rendez-vous (m)	kencan	[kenʧan]
baiser (m)	ciuman	[ʧiuman]

amour (m)	cinta	[ʧinta]
aimer (qn)	mencintai	[mənʧintaj]
aimé (adj)	kekasih	[kekasih]

tendresse (f)	kelembutan	[kelembutan]
tendre (affectueux)	lembut	[lembut]
fidélité (f)	kesetiaan	[kesetia'an]
fidèle (adj)	setia	[setia]
soin (m) (~ de qn)	perhatian	[pərhatian]
attentionné (adj)	penuh perhatian	[penuh pərhatian]

jeunes mariés (pl)	pengantin baru	[peŋantin baru]
lune (f) de miel	bulan madu	[bulan madu]
se marier (prendre pour époux)	menikah, bersuami	[mənikah], [bərsuami]
se marier (prendre pour épouse)	menikah, beristri	[mənikah], [bəristri]

mariage (m)	pernikahan	[pərnikahan]
les noces d'or	pernikahan emas	[pərnikahan emas]
anniversaire (m)	hari jadi, HUT	[hari dʒjadi], [ha-u-te]

amant (m)	pria idaman lain	[pria idaman lajn]
maîtresse (f)	wanita idaman lain	[wanita idaman lajn]

adultère (m)	perselingkuhan	[pərseliŋkuhan]
commettre l'adultère	berselingkuh dari …	[bərseliŋkuh dari …]
jaloux (adj)	cemburu	[ʧemburu]
être jaloux	cemburu	[ʧemburu]
divorce (m)	perceraian	[pərʧerajan]
divorcer (vi)	bercerai	[bərʧeraj]

se disputer (vp)	bertengkar	[bərteŋkar]
se réconcilier (vp)	berdamai	[bərdamaj]
ensemble (adv)	bersama	[bərsama]
sexe (m)	seks	[seks]

bonheur (m)	kebahagiaan	[kebahagia'an]
heureux (adj)	berbahagia	[bərbahagia]
malheur (m)	kemalangan	[kemalaŋan]
malheureux (adj)	malang	[malaŋ]

Le caractère. Les émotions

61. Les sentiments. Les émotions

sentiment (m)	perasaan	[pərasa'an]
sentiments (m pl)	perasaan	[pərasa'an]
sentir (vt)	merasa	[merasa]
faim (f)	kelaparan	[kelaparan]
avoir faim	lapar	[lapar]
soif (f)	kehausan	[kehausan]
avoir soif	haus	[haus]
somnolence (f)	kantuk	[kantu']
avoir sommeil	mengantuk	[məŋantu']
fatigue (f)	rasa lelah	[rasa lelah]
fatigué (adj)	lelah	[lelah]
être fatigué	lelah	[lelah]
humeur (f) (de bonne ~)	suasana hati	[suasana hati]
ennui (m)	kebosanan	[kebosanan]
s'ennuyer (vp)	bosan	[bosan]
solitude (f)	kesendirian	[kesendirian]
s'isoler (vp)	menyendiri	[mənjendiri]
inquiéter (vt)	membuat khawatir	[membuat hawatir]
s'inquiéter (vp)	khawatir	[hawatir]
inquiétude (f)	kekhawatiran	[kehawatiran]
préoccupation (f)	kegelisahan	[kegelisahan]
soucieux (adj)	prihatin	[prihatin]
s'énerver (vp)	gugup, gelisah	[gugup], [gelisah]
paniquer (vi)	panik	[pani']
espoir (m)	harapan	[harapan]
espérer (vi)	berharap	[bərharap]
certitude (f)	kepastian	[kepastian]
certain (adj)	pasti	[pasti]
incertitude (f)	ketidakpastian	[ketidakpastian]
incertain (adj)	tidak pasti	[tida' pasti]
ivre (adj)	mabuk	[mabu']
sobre (adj)	sadar, tidak mabuk	[sadar], [tida' mabu']
faible (adj)	lemah	[lemah]
heureux (adj)	berbahagia	[bərbahagia]
faire peur	menakuti	[mənakuti]
fureur (f)	kemarahan	[kemarahan]
rage (f), colère (f)	kemarahan	[kemarahan]
dépression (f)	depresi	[depresi]
inconfort (m)	ketidaknyamanan	[ketidaknjamanan]

confort (m)	kenyamanan	[kenjamanan]
regretter (vt)	menyesal	[mənjesal]
regret (m)	penyesalan	[penjesalan]
malchance (f)	kesialan	[kesialan]
tristesse (f)	kekesalan	[kekesalan]
honte (f)	rasa malu	[rasa malu]
joie, allégresse (f)	kegirangan	[kegiraŋan]
enthousiasme (m)	antusiasme	[antusiasme]
enthousiaste (m)	antusias	[antusias]
avoir de l'enthousiasme	memperlihatkan antusiasme	[memperlihatkan antusiasme]

62. Le caractère. La personnalité

caractère (m)	watak	[wataʔ]
défaut (m)	kepincangan	[kepintʃaŋan]
esprit (m)	otak	[otaʔ]
raison (f)	akal	[akal]
conscience (f)	nurani	[nurani]
habitude (f)	kebiasaan	[kebiasaʔan]
capacité (f)	kemampuan, bakat	[kemampuan], [bakat]
savoir (faire qch)	dapat	[dapat]
patient (adj)	sabar	[sabar]
impatient (adj)	tidak sabar	[tidaʔ sabar]
curieux (adj)	ingin tahu	[iŋin tahu]
curiosité (f)	rasa ingin tahu	[rasa iŋin tahu]
modestie (f)	kerendahan hati	[kerendahan hati]
modeste (adj)	rendah hati	[rendah hati]
vaniteux (adj)	tidak tahu malu	[tidaʔ tahu malu]
paresse (f)	kemalasan	[kemalasan]
paresseux (adj)	malas	[malas]
paresseux (m)	pemalas	[pemalas]
astuce (f)	kelicikan	[kelitʃikan]
rusé (adj)	licik	[litʃiʔ]
méfiance (f)	ketidakpercayaan	[ketidakpertʃaja'an]
méfiant (adj)	tidak percaya	[tidaʔ pərtʃaja]
générosité (f)	kemurahan hati	[kemurahan hati]
généreux (adj)	murah hati	[murah hati]
doué (adj)	berbakat	[bərbakat]
talent (m)	bakat	[bakat]
courageux (adj)	berani	[bərani]
courage (m)	keberanian	[keberanian]
honnête (adj)	jujur	[dʒʲudʒʲur]
honnêteté (f)	kejujuran	[kedʒʲudʒʲuran]
prudent (adj)	berhati-hati	[bərhati-hati]
courageux (adj)	berani	[bərani]

| sérieux (adj) | serius | [serius] |
| sévère (adj) | keras | [keras] |

décidé (adj)	tegas	[tegas]
indécis (adj)	ragu-ragu	[ragu-ragu]
timide (adj)	malu	[malu]
timidité (f)	sifat pemalu	[sifat pemalu]

confiance (f)	kepercayaan	[kepertʃaja'an]
croire (qn)	percaya	[pərtʃaja]
confiant (adj)	mudah percaya	[mudah pərtʃaja]

sincèrement (adv)	ikhlas	[ihlas]
sincère (adj)	ikhlas	[ihlas]
sincérité (f)	keikhlasan	[keihlasan]
ouvert (adj)	terbuka	[tərbuka]

calme (adj)	tenang	[tenaŋ]
franc (sincère)	terus terang	[terus təraŋ]
naïf (adj)	naif	[naif]
distrait (adj)	lalai	[lalaj]
drôle, amusant (adj)	lucu	[lutʃu]

avidité (f)	kerakusan	[kerakusan]
avare (adj)	rakus	[rakus]
radin (adj)	pelit, kikir	[pelit], [kikir]
méchant (adj)	jahat	[dʒˈahat]
têtu (adj)	keras kepala, degil	[keras kepala], [degil]
désagréable (adj)	tidak menyenangkan	[tida' menjenaŋkan]

égoïste (m)	egois	[egois]
égoïste (adj)	egoistis	[egoistis]
peureux (m)	penakut	[penakut]
peureux (adj)	penakut	[penakut]

63. Le sommeil. Les rêves

dormir (vi)	tidur	[tidur]
sommeil (m)	tidur	[tidur]
rêve (m)	mimpi	[mimpi]
rêver (en dormant)	bermimpi	[bərmimpi]
endormi (adj)	mengantuk	[məŋantu']

lit (m)	ranjang	[randʒˈaŋ]
matelas (m)	kasur	[kasur]
couverture (f)	selimut	[selimut]
oreiller (m)	bantal	[bantal]
drap (m)	seprai	[sepraj]

insomnie (f)	insomnia	[insomnia]
sans sommeil (adj)	tanpa tidur	[tanpa tidur]
somnifère (m)	obat tidur	[obat tidur]
prendre un somnifère	meminum obat tidur	[meminum obat tidur]
avoir sommeil	mengantuk	[məŋantu']

bâiller (vi)	menguap	[mənuap]
aller se coucher	tidur	[tidur]
faire le lit	menyiapkan ranjang	[mənjiapkan randʒian]
s'endormir (vp)	tertidur	[tərtidur]

cauchemar (m)	mimpi buruk	[mimpi buruʔ]
ronflement (m)	dengkuran	[deŋkuran]
ronfler (vi)	berdengkur	[bərdeŋkur]

réveil (m)	weker	[weker]
réveiller (vt)	membangunkan	[membaŋunkan]
se réveiller (vp)	bangun	[baŋun]
se lever (tôt, tard)	bangun	[baŋun]
se laver (le visage)	mencuci muka	[mənʧuʧi muka]

64. L'humour. Le rire. La joie

humour (m)	humor	[humor]
sens (m) de l'humour	rasa humor	[rasa humor]
s'amuser (vp)	bersukaria	[bərsukaria]
joyeux (adj)	riang, gembira	[riaŋ], [gembira]
joie, allégresse (f)	keriangan, kegembiraan	[keriaŋan], [kegembiraʔan]

sourire (m)	senyuman	[senyuman]
sourire (vi)	tersenyum	[tərsenyum]
se mettre à rire	tertawa	[tərtawa]
rire (vi)	tertawa	[tərtawa]
rire (m)	gelak tawa	[gelaʔ tawa]

anecdote (f)	anekdot, lelucon	[anekdot], [leluʧon]
drôle, amusant (adj)	lucu	[luʧu]
comique, ridicule (adj)	lucu	[luʧu]

plaisanter (vi)	bergurau	[bərgurau]
plaisanterie (f)	lelucon	[leluʧon]
joie (f) (émotion)	kegembiraan	[kegembiraʔan]
se réjouir (vp)	bergembira	[bərgembira]
joyeux (adj)	gembira	[gembira]

65. Dialoguer et communiquer. Partie 1

communication (f)	komunikasi	[komunikasi]
communiquer (vi)	berkomunikasi	[bərkomunikasi]

conversation (f)	pembicaraan	[pembiʧaraʔan]
dialogue (m)	dialog	[dialog]
discussion (f) (débat)	diskusi	[diskusi]
débat (m)	perdebatan	[pərdebatan]
discuter (vi)	berdebat	[bərdebat]

interlocuteur (m)	lawan bicara	[lawan biʧara]
sujet (m)	topik, tema	[topik], [tema]

point (m) de vue	sudut pandang	[sudut pandaŋ]
opinion (f)	opini, pendapat	[opini], [pendapat]
discours (m)	pidato, tuturan	[pidato], [tuturan]
discussion (f) (d'un rapport)	pembicaraan	[pembitʃaraʔan]
discuter (vt)	membicarakan	[membitʃarakan]
conversation (f)	pembicaraan	[pembitʃaraʔan]
converser (vi)	berbicara	[bərbitʃara]
rencontre (f)	pertemuan	[pərtemuan]
se rencontrer (vp)	bertemu	[bərtemu]
proverbe (m)	peribahasa	[pəribahasa]
dicton (m)	peribahasa	[pəribahasa]
devinette (f)	teka-teki	[teka-teki]
poser une devinette	memberi teka-teki	[memberi teka-teki]
mot (m) de passe	kata sandi	[kata sandi]
secret (m)	rahasia	[rahasia]
serment (m)	sumpah	[sumpah]
jurer (de faire qch)	bersumpah	[bərsumpah]
promesse (f)	janji	[dʒ'andʒi]
promettre (vt)	berjanji	[bərdʒ'andʒi]
conseil (m)	nasihat	[nasihat]
conseiller (vt)	menasihati	[mənasihati]
suivre le conseil (de qn)	mengikuti nasihat	[məŋikuti nasihat]
écouter (~ ses parents)	mendengar ...	[məndeŋar ...]
nouvelle (f)	berita	[berita]
sensation (f)	sensasi	[sensasi]
renseignements (m pl)	data, informasi	[data], [informasi]
conclusion (f)	kesimpulan	[kesimpulan]
voix (f)	suara	[suara]
compliment (m)	pujian	[pudʒian]
aimable (adj)	ramah	[ramah]
mot (m)	kata	[kata]
phrase (f)	frasa	[frasa]
réponse (f)	jawaban	[dʒ'awaban]
vérité (f)	kebenaran	[kebenaran]
mensonge (m)	kebohongan	[kebohoŋan]
pensée (f)	pikiran	[pikiran]
idée (f)	ide	[ide]
fantaisie (f)	fantasi	[fantasi]

66. Dialoguer et communiquer. Partie 2

respecté (adj)	terhormat	[tərhormat]
respecter (vt)	menghormati	[məŋhormati]
respect (m)	penghormatan	[peŋhormatan]
Cher ...	Yth. ... (Yang Terhormat)	[yaŋ tərhormat]
présenter (faire connaître)	memperkenalkan	[memperkenalkan]

faire la connaissance	berkenalan	[bərkenalan]
intention (f)	niat	[niat]
avoir l'intention	berniat	[bərniat]
souhait (m)	pengharapan	[peŋharapan]
souhaiter (vt)	mengharapkan	[məŋharapkan]
étonnement (m)	keheranan	[keheranan]
étonner (vt)	mengherankan	[məŋherankan]
s'étonner (vp)	heran	[heran]
donner (vt)	memberi	[memberi]
prendre (vt)	mengambil	[məŋambil]
rendre (vt)	mengembalikan	[məŋembalikan]
retourner (vt)	mengembalikan	[məŋembalikan]
s'excuser (vp)	meminta maaf	[meminta maʔaf]
excuse (f)	permintaan maaf	[pərmintaʔan maʔaf]
pardonner (vt)	memaafkan	[memaʔafkan]
parler (~ avec qn)	berbicara	[bərbitʃara]
écouter (vt)	mendengarkan	[məndeŋarkan]
écouter jusqu'au bout	mendengar	[məndeŋar]
comprendre (vt)	mengerti	[məŋerti]
montrer (vt)	menunjukkan	[mənundʒʲuʔkan]
regarder (vt)	melihat ...	[melihat ...]
appeler (vt)	memanggil	[memaŋgil]
distraire (déranger)	mengganggu	[məŋgaŋgu]
ennuyer (déranger)	mengganggu	[məŋgaŋgu]
passer (~ le message)	menyampaikan	[mənjampajkan]
prière (f) (demande)	permintaan	[pərmintaʔan]
demander (vt)	meminta	[meminta]
exigence (f)	tuntutan	[tuntutan]
exiger (vt)	menuntut	[mənuntut]
taquiner (vt)	mengejek	[məŋedʒʲeʔ]
se moquer (vp)	mencemooh	[məntʃemooh]
moquerie (f)	cemoohan	[tʃemoohan]
surnom (m)	nama panggilan	[nama paŋgilan]
allusion (f)	isyarat	[iʃarat]
faire allusion	mengisyaratkan	[məŋiʃaratkan]
sous-entendre (vt)	berarti	[bərarti]
description (f)	penggambaran	[peŋgambaran]
décrire (vt)	menggambarkan	[məŋgambarkan]
éloge (m)	pujian	[pudʒian]
louer (vt)	memuji	[memudʒi]
déception (f)	kekecewaan	[keketʃewaʔan]
décevoir (vt)	mengecewakan	[məŋetʃewakan]
être déçu	kecewa	[ketʃewa]
supposition (f)	dugaan	[dugaʔan]
supposer (vt)	menduga	[mənduga]

| avertissement (m) | peringatan | [pəriŋatan] |
| prévenir (vt) | memperingatkan | [memperiŋatkan] |

67. Dialoguer et communiquer. Partie 3

| convaincre (vt) | meyakinkan | [meyakinkan] |
| calmer (vt) | menenangkan | [mənenaŋkan] |

silence (m) (~ est d'or)	kebisuan	[kebisuan]
rester silencieux	membisu	[membisu]
chuchoter (vi, vt)	berbisik	[bərbisiʔ]
chuchotement (m)	bisikan	[bisikan]

| sincèrement (adv) | terus terang | [terus təraŋ] |
| à mon avis ... | menurut saya ... | [mənurut saja ...] |

détail (m) (d'une histoire)	detail, perincian	[detajl], [pərintʃian]
détaillé (adj)	mendetail	[məndetajl]
en détail (adv)	dengan mendetail	[deŋan mendetajl]

| indice (m) | petunjuk | [petundʒʲuʔ] |
| donner un indice | memberi petunjuk | [memberi petundʒʲuʔ] |

regard (m)	melihat	[melihat]
jeter un coup d'oeil	melihat	[melihat]
fixe (un regard ~)	kaku	[kaku]
clignoter (vi)	berkedip	[bərkedip]
cligner de l'oeil	mengedipkan mata	[məŋedipkan mata]
hocher la tête	mengangguk	[məŋaŋguʔ]

soupir (m)	desah	[desah]
soupirer (vi)	mendesah	[məndesah]
tressaillir (vi)	tersentak	[tərsentaʔ]
geste (m)	gerak tangan	[geraʔ taŋan]
toucher (de la main)	menyentuh	[mənjentuh]
saisir (par le bras)	memegang	[memegaŋ]
taper (sur l'épaule)	menepuk	[mənepuʔ]

Attention!	Awas! Hati-hati!	[awas!], [hati-hati!]
Vraiment?	Sungguh?	[suŋguh?]
Tu es sûr?	Kamu yakin?	[kamu yakin?]
Bonne chance!	Semoga behasil!	[semoga behasil!]
Compris!	Begitu!	[begitu!]
Dommage!	Sayang sekali!	[sajaŋ sekali!]

68. L'accord. Le refus

accord (m)	persetujuan	[pərsetudʒʲuan]
être d'accord	setuju, ijin	[setudʒʲu], [idʒin]
approbation (f)	persetujuan	[pərsetudʒʲuan]
approuver (vt)	menyetujui	[mənjetudʒʲui]
refus (m)	penolakan	[penolakan]

se refuser (vp)	menolak	[mənolaʔ]
Super!	Bagus!	[bagus!]
Bon!	Baiklah! Baik!	[bajklah!], [bajʔ!]
D'accord!	Baiklah! Baik!	[bajklah!], [bajʔ!]

interdit (adj)	larangan	[laraŋan]
c'est interdit	dilarang	[dilaraŋ]
c'est impossible	mustahil	[mustahil]
incorrect (adj)	salah	[salah]

décliner (vt)	menolak	[mənolaʔ]
soutenir (vt)	mendukung	[məndukuŋ]
accepter (condition, etc.)	menerima	[mənerima]

confirmer (vt)	mengonfirmasi	[məŋonfirmasi]
confirmation (f)	konfirmasi	[konfirmasi]
permission (f)	izin	[izin]
permettre (vt)	mengizinkan	[məŋizinkan]
décision (f)	keputusan	[keputusan]
ne pas dire un mot	membisu	[membisu]

condition (f)	syarat	[ʃarat]
excuse (f) (prétexte)	alasan, dalih	[alasan], [dalih]
éloge (m)	pujian	[pudʒian]
louer (vt)	memuji	[memudʒi]

69. La réussite. La chance. L'échec

succès (m)	sukses, berhasil	[sukses], [berhasil]
avec succès (adv)	dengan sukses	[deŋan sukses]
réussi (adj)	sukses, berhasil	[sukses], [berhasil]

chance (f)	keberuntungan	[keberuntuŋan]
Bonne chance!	Semoga behasil!	[semoga behasil!]
de chance (jour ~)	beruntung	[beruntuŋ]
chanceux (adj)	beruntung	[beruntuŋ]

échec (m)	kegagalan	[kegagalan]
infortune (f)	kesialan	[kesialan]
malchance (f)	kesialan	[kesialan]

| raté (adj) | gagal | [gagal] |
| catastrophe (f) | gagal total | [gagal total] |

fierté (f)	kebanggaan	[kebaŋaʔan]
fier (adj)	bangga	[baŋga]
être fier	bangga	[baŋga]

gagnant (m)	pemenang	[pemenaŋ]
gagner (vi)	menang	[menaŋ]
perdre (vi)	kalah	[kalah]
tentative (f)	percobaan	[pertʃobaʔan]
essayer (vt)	mencoba	[mentʃoba]
chance (f)	kans, peluang	[kans], [peluaŋ]

70. Les disputes. Les émotions négatives

cri (m)	teriakan	[təriakan]
crier (vi)	berteriak	[bərteria']
se mettre à crier	berteriak	[bərteria']
dispute (f)	pertengkaran	[pərteŋkaran]
se disputer (vp)	bertengkar	[bərteŋkar]
scandale (m) (dispute)	pertengkaran	[pərteŋkaran]
faire un scandale	bertengkar	[bərteŋkar]
conflit (m)	konflik	[konfli']
malentendu (m)	kesalahpahaman	[kesalahpahaman]
insulte (f)	penghinaan	[peŋhina'an]
insulter (vt)	menghina	[məŋhina]
insulté (adj)	terhina	[tərhina]
offense (f)	perasaan tersinggung	[pərasa'an tərsiŋguŋ]
offenser (vt)	menyinggung	[mənjiŋguŋ]
s'offenser (vp)	tersinggung	[tərsiŋguŋ]
indignation (f)	kemarahan	[kemarahan]
s'indigner (vp)	marah	[marah]
plainte (f)	komplain, pengaduan	[kompleyn], [peɲaduan]
se plaindre (vp)	mengeluh	[məŋeluh]
excuse (f)	permintaan maaf	[pərminta'an ma'af]
s'excuser (vp)	meminta maaf	[meminta ma'af]
demander pardon	minta maaf	[minta ma'af]
critique (f)	kritik	[kriti']
critiquer (vt)	mengkritik	[məŋkriti']
accusation (f)	tuduhan	[tuduhan]
accuser (vt)	menuduh	[mənuduh]
vengeance (f)	dendam	[dendam]
se venger (vp)	membalas dendam	[membalas dendam]
faire payer (qn)	membalas	[membalas]
mépris (m)	penghinaan	[peŋhina'an]
mépriser (vt)	benci, membenci	[bentʃi], [membentʃi]
haine (f)	rasa benci	[rasa bentʃi]
haïr (vt)	membenci	[membentʃi]
nerveux (adj)	gugup, grogi	[gugup], [grogi]
s'énerver (vp)	gugup, gelisah	[gugup], [gelisah]
fâché (adj)	marah	[marah]
fâcher (vt)	membuat marah	[membuat marah]
humiliation (f)	penghinaan	[peŋhina'an]
humilier (vt)	merendahkan	[merendahkan]
s'humilier (vp)	merendahkan diri sendiri	[merendahkan diri sendiri]
choc (m)	keterkejutan	[keterkedʒʲutan]
choquer (vt)	mengejutkan	[məŋedʒʲutkan]
ennui (m) (problème)	kesulitan	[kesulitan]

désagréable (adj)	tidak menyenangkan	[tida' menjenaŋkan]
peur (f)	ketakutan	[ketakutan]
terrible (tempête, etc.)	dahsyat	[dahʃat]
effrayant (histoire ~e)	menakutkan	[mənakutkan]
horreur (f)	horor, ketakutan	[horor], [ketakutan]
horrible (adj)	buruk, parah	[buruk], [parah]
commencer à trembler	gemetar	[gemetar]
pleurer (vi)	menangis	[mənaŋis]
se mettre à pleurer	menangis	[mənaŋis]
larme (f)	air mata	[air mata]
faute (f)	kesalahan	[kesalahan]
culpabilité (f)	rasa bersalah	[rasa bərsalah]
déshonneur (m)	aib	[aib]
protestation (f)	protes	[protes]
stress (m)	stres	[stres]
déranger (vt)	mengganggu	[məŋgaŋgu]
être furieux	marah	[marah]
en colère, fâché (adj)	marah	[marah]
rompre (relations)	menghentikan	[mənhentikan]
réprimander (vt)	menyumpahi	[mənyumpahi]
prendre peur	takut	[takut]
frapper (vt)	memukul	[memukul]
se battre (vp)	berkelahi	[bərkelahi]
régler (~ un conflit)	menyelesaikan	[mənjelesajkan]
mécontent (adj)	tidak puas	[tida' puas]
enragé (adj)	garam	[garam]
Ce n'est pas bien!	Tidak baik!	[tida' bai'!]
C'est mal!	Jelek! Buruk!	[dʒ'ele'!], [buru'!]

La médecine

71. Les maladies

maladie (f)	penyakit	[penjakit]
être malade	sakit	[sakit]
santé (f)	kesehatan	[kesehatan]
rhume (m) (coryza)	hidung meler	[hiduŋ meler]
angine (f)	radang tonsil	[radaŋ tonsil]
refroidissement (m)	pilek, selesma	[pilek], [selesma]
prendre froid	masuk angin	[masu' aŋin]
bronchite (f)	bronkitis	[bronkitis]
pneumonie (f)	radang paru-paru	[radaŋ paru-paru]
grippe (f)	flu	[flu]
myope (adj)	rabun jauh	[rabun ʤ'auh]
presbyte (adj)	rabun dekat	[rabun dekat]
strabisme (m)	mata juling	[mata ʤ'uliŋ]
strabique (adj)	bermata juling	[bərmata ʤ'uliŋ]
cataracte (f)	katarak	[katara']
glaucome (m)	glaukoma	[glaukoma]
insulte (f)	stroke	[stroke]
crise (f) cardiaque	infark	[infar']
infarctus (m) de myocarde	serangan jantung	[seraŋan ʤ'antuŋ]
paralysie (f)	kelumpuhan	[kelumpuhan]
paralyser (vt)	melumpuhkan	[melumpuhkan]
allergie (f)	alergi	[alergi]
asthme (m)	asma	[asma]
diabète (m)	diabetes	[diabetes]
mal (m) de dents	sakit gigi	[sakit gigi]
carie (f)	karies	[karies]
diarrhée (f)	diare	[diare]
constipation (f)	konstipasi, sembelit	[konstipasi], [sembelit]
estomac (m) barbouillé	gangguan pencernaan	[gaŋuan pentʃarna'an]
intoxication (f) alimentaire	keracunan makanan	[keratʃunan makanan]
être intoxiqué	keracunan makanan	[keratʃunan makanan]
arthrite (f)	artritis	[artritis]
rachitisme (m)	rakitis	[rakitis]
rhumatisme (m)	rematik	[remati']
athérosclérose (f)	aterosklerosis	[aterosklerosis]
gastrite (f)	radang perut	[radaŋ pərut]
appendicite (f)	apendisitis	[apendisitis]

cholécystite (f)	radang pundi empedu	[radaŋ pundi empedu]
ulcère (m)	tukak lambung	[tuka' lambuŋ]
rougeole (f)	penyakit campak	[penjakit tʃampa']
rubéole (f)	penyakit campak Jerman	[penjakit tʃampa' dʒ'erman]
jaunisse (f)	sakit kuning	[sakit kuniŋ]
hépatite (f)	hepatitis	[hepatitis]
schizophrénie (f)	skizofrenia	[skizofrenia]
rage (f) (hydrophobie)	rabies	[rabies]
névrose (f)	neurosis	[neurosis]
commotion (f) cérébrale	gegar otak	[gegar ota']
cancer (m)	kanker	[kanker]
sclérose (f)	sklerosis	[sklerosis]
sclérose (f) en plaques	sklerosis multipel	[sklerosis multipel]
alcoolisme (m)	alkoholisme	[alkoholisme]
alcoolique (m)	alkoholik	[alkoholi']
syphilis (f)	sifilis	[sifilis]
SIDA (m)	AIDS	[ajds]
tumeur (f)	tumor	[tumor]
maligne (adj)	ganas	[ganas]
bénigne (adj)	jinak	[dʒina']
fièvre (f)	demam	[demam]
malaria (f)	malaria	[malaria]
gangrène (f)	gangren	[gaŋren]
mal (m) de mer	mabuk laut	[mabu' laut]
épilepsie (f)	epilepsi	[epilepsi]
épidémie (f)	epidemi	[epidemi]
typhus (m)	tifus	[tifus]
tuberculose (f)	tuberkulosis	[tuberkulosis]
choléra (m)	kolera	[kolera]
peste (f)	penyakit pes	[penjakit pes]

72. Les symptômes. Le traitement. Partie 1

symptôme (m)	gejala	[gedʒ'ala]
température (f)	temperatur, suhu	[temperatur], [suhu]
fièvre (f)	temperatur tinggi	[temperatur tiŋgi]
pouls (m)	denyut nadi	[denyut nadi]
vertige (m)	rasa pening	[rasa peniŋ]
chaud (adj)	panas	[panas]
frisson (m)	menggigil	[məŋgigil]
pâle (adj)	pucat	[putʃat]
toux (f)	batuk	[batu']
tousser (vi)	batuk	[batu']
éternuer (vi)	bersin	[bersin]
évanouissement (m)	pingsan	[piŋsan]

s'évanouir (vp)	jatuh pingsan	[dʒ'atuh piŋsan]
bleu (m)	luka memar	[luka memar]
bosse (f)	bengkak	[beŋka']
se heurter (vp)	terantuk	[tərantu']
meurtrissure (f)	luka memar	[luka memar]
se faire mal	kena luka memar	[kena luka memar]

boiter (vi)	pincang	[pintʃaŋ]
foulure (f)	keseleo	[keseleo]
se démettre (l'épaule, etc.)	keseleo	[keseleo]
fracture (f)	fraktura, patah tulang	[fraktura], [patah tulaŋ]
avoir une fracture	patah tulang	[patah tulaŋ]

coupure (f)	teriris	[təriris]
se couper (~ le doigt)	teriris	[təriris]
hémorragie (f)	perdarahan	[pərdarahan]

brûlure (f)	luka bakar	[luka bakar]
se brûler (vp)	menderita luka bakar	[mənderita luka bakar]

se piquer (le doigt)	menusuk	[mənusu']
se piquer (vp)	tertusuk	[tərtusu']
blesser (vt)	melukai	[melukaj]
blessure (f)	cedera	[tʃedera]
plaie (f) (blessure)	luka	[luka]
trauma (m)	trauma	[trauma]

délirer (vi)	mengigau	[məŋigau]
bégayer (vi)	gagap	[gagap]
insolation (f)	sengatan matahari	[seŋatan matahari]

73. Les symptômes. Le traitement. Partie 2

douleur (f)	sakit	[sakit]
écharde (f)	selumbar	[selumbar]

sueur (f)	keringat	[keriŋat]
suer (vi)	berkeringat	[bərkeriŋat]
vomissement (m)	muntah	[muntah]
spasmes (m pl)	kram	[kram]

enceinte (adj)	hamil	[hamil]
naître (vi)	lahir	[lahir]
accouchement (m)	persalinan	[pərsalinan]
accoucher (vi)	melahirkan	[melahirkan]
avortement (m)	aborsi	[aborsi]

respiration (f)	pernapasan	[pərnapasan]
inhalation (f)	tarikan napas	[tarikan napas]
expiration (f)	napas keluar	[napas keluar]
expirer (vi)	mengembuskan napas	[məŋembuskan napas]
inspirer (vi)	menarik napas	[mənari' napas]
invalide (m)	penderita cacat	[penderita tʃatʃat]
handicapé (m)	penderita cacat	[penderita tʃatʃat]

drogué (m)	pecandu narkoba	[petʃandu narkoba]
sourd (adj)	tunarungu	[tunaruŋu]
muet (adj)	tunawicara	[tunawitʃara]
sourd-muet (adj)	tunarungu-wicara	[tunaruŋu-witʃara]

fou (adj)	gila	[gila]
fou (m)	lelaki gila	[lelaki gila]
folle (f)	perempuan gila	[pərempuan gila]
devenir fou	menggila	[məŋgila]

gène (m)	gen	[gen]
immunité (f)	imunitas	[imunitas]
héréditaire (adj)	turun-temurun	[turun-temurun]
congénital (adj)	bawaan	[bawaʔan]

virus (m)	virus	[virus]
microbe (m)	mikroba	[mikroba]
bactérie (f)	bakteri	[bakteri]
infection (f)	infeksi	[infeksi]

74. Les symptômes. Le traitement. Partie 3

| hôpital (m) | rumah sakit | [rumah sakit] |
| patient (m) | pasien | [pasien] |

diagnostic (m)	diagnosis	[diagnosis]
cure (f) (faire une ~)	perawatan	[pərawatan]
traitement (m)	pengobatan medis	[pəŋobatan medis]
se faire soigner	berobat	[bərobat]
traiter (un patient)	merawat	[merawat]
soigner (un malade)	merawat	[merawat]
soins (m pl)	pengasuhan	[pəŋasuhan]

opération (f)	operasi, pembedahan	[operasi], [pembedahan]
panser (vt)	membalut	[membalut]
pansement (m)	pembalutan	[pembalutan]

vaccination (f)	vaksinasi	[vaksinasi]
vacciner (vt)	memvaksinasi	[memvaksinasi]
piqûre (f)	suntikan	[suntikan]
faire une piqûre	menyuntik	[mənyuntiʔ]

crise, attaque (f)	serangan	[seraŋan]
amputation (f)	amputasi	[amputasi]
amputer (vt)	mengamputasi	[məŋamputasi]
coma (m)	koma	[koma]
être dans le coma	dalam keadaan koma	[dalam keadaʔan koma]
réanimation (f)	perawatan intensif	[pərawatan intensif]

se rétablir (vp)	sembuh	[sembuh]
état (m) (de santé)	keadaan	[keadaʔan]
conscience (f)	kesadaran	[kesadaran]
mémoire (f)	memori, daya ingat	[memori], [daja iŋat]
arracher (une dent)	mencabut	[məntʃabut]

| plombage (m) | tambalan | [tambalan] |
| plomber (vt) | menambal | [mənambal] |

| hypnose (f) | hipnosis | [hipnosis] |
| hypnotiser (vt) | menghipnosis | [mənhipnosis] |

75. Les médecins

médecin (m)	dokter	[dokter]
infirmière (f)	suster, juru rawat	[suster], [dʒ'uru rawat]
médecin (m) personnel	dokter pribadi	[dokter pribadi]

dentiste (m)	dokter gigi	[dokter gigi]
ophtalmologiste (m)	dokter mata	[dokter mata]
généraliste (m)	ahli penyakit dalam	[ahli penjakit dalam]
chirurgien (m)	dokter bedah	[dokter bedah]

psychiatre (m)	psikiater	[psikiater]
pédiatre (m)	dokter anak	[dokter anaʔ]
psychologue (m)	psikolog	[psikolog]
gynécologue (m)	ginekolog	[ginekolog]
cardiologue (m)	kardiolog	[kardiolog]

76. Les médicaments. Les accessoires

médicament (m)	obat	[obat]
remède (m)	obat	[obat]
prescrire (vt)	meresepkan	[meresepkan]
ordonnance (f)	resep	[resep]

comprimé (m)	pil, tablet	[pil], [tablet]
onguent (m)	salep	[salep]
ampoule (f)	ampul	[ampul]
mixture (f)	obat cair	[obat tʃajr]
sirop (m)	sirop	[sirop]
pilule (f)	pil	[pil]
poudre (f)	bubuk	[bubuʔ]

bande (f)	perban	[perban]
coton (m) (ouate)	kapas	[kapas]
iode (m)	iodium	[iodium]

sparadrap (m)	plester obat	[plester obat]
compte-gouttes (m)	tetes mata	[tetes mata]
thermomètre (m)	termometer	[tərmometər]
seringue (f)	alat suntik	[alat suntiʔ]

| fauteuil (m) roulant | kursi roda | [kursi roda] |
| béquilles (f pl) | kruk | [kruʔ] |

| anesthésique (m) | obat bius | [obat bius] |
| purgatif (m) | laksatif, obat pencuci perut | [laksatif], [obat pentʃutʃi pərut] |

alcool (m)	spiritus, alkohol	[spiritus], [alkohol]
herbe (f) médicinale	tanaman obat	[tanaman obat]
d'herbes (adj)	herbal	[herbal]

77. Le tabac et ses produits dérivés

tabac (m)	tembakau	[tembakau]
cigarette (f)	rokok	[roko']
cigare (f)	cerutu	[ʧerutu]
pipe (f)	pipa	[pipa]
paquet (m)	bungkus	[buŋkus]

allumettes (f pl)	korek api	[kore' api]
boîte (f) d'allumettes	kotak korek api	[kota' kore' api]
briquet (m)	pemantik	[pemanti']
cendrier (m)	asbak	[asba']
étui (m) à cigarettes	selepa	[selepa]

| fume-cigarette (m) | pemegang rokok | [pemegaŋ roko'] |
| filtre (m) | filter | [filter] |

fumer (vi, vt)	merokok	[meroko']
allumer une cigarette	menyulut rokok	[mənyulut roko']
tabagisme (m)	merokok	[meroko']
fumeur (m)	perokok	[pəroko']

mégot (m)	puntung rokok	[puntuŋ roko']
fumée (f)	asap	[asap]
cendre (f)	abu	[abu]

L'HABITAT HUMAIN

La ville

78. La ville. La vie urbaine

ville (f)	kota	[kota]
capitale (f)	ibu kota	[ibu kota]
village (m)	desa	[desa]
plan (m) de la ville	peta kota	[peta kota]
centre-ville (m)	pusat kota	[pusat kota]
banlieue (f)	pinggir kota	[piŋgir kota]
de banlieue (adj)	pinggir kota	[piŋgir kota]
périphérie (f)	pinggir	[piŋgir]
alentours (m pl)	daerah sekitarnya	[daerah sekitarnja]
quartier (m)	blok	[blo']
quartier (m) résidentiel	blok perumahan	[blo' perumahan]
trafic (m)	lalu lintas	[lalu lintas]
feux (m pl) de circulation	lampu lalu lintas	[lampu lalu lintas]
transport (m) urbain	angkot	[aŋkot]
carrefour (m)	persimpangan	[pərsimpaŋan]
passage (m) piéton	penyeberangan	[penjeberaŋan]
passage (m) souterrain	terowongan penyeberangan	[tərowoŋan penjeberaŋan]
traverser (vt)	menyeberang	[mənjeberaŋ]
piéton (m)	pejalan kaki	[pedʒ'alan kaki]
trottoir (m)	trotoar	[trotoar]
pont (m)	jembatan	[dʒ'embatan]
quai (m)	tepi sungai	[tepi suŋaj]
fontaine (f)	air mancur	[air mantʃur]
allée (f)	jalan kecil	[dʒ'alan ketʃil]
parc (m)	taman	[taman]
boulevard (m)	bulevar, adimarga	[bulevar], [adimarga]
place (f)	lapangan	[lapaŋan]
avenue (f)	jalan raya	[dʒ'alan raja]
rue (f)	jalan	[dʒ'alan]
ruelle (f)	gang	[gaŋ]
impasse (f)	jalan buntu	[dʒ'alan buntu]
maison (f)	rumah	[rumah]
édifice (m)	gedung	[geduŋ]
gratte-ciel (m)	pencakar langit	[pentʃakar laŋit]
façade (f)	bagian depan	[bagian depan]

toit (m)	atap	[atap]
fenêtre (f)	jendela	[dʒ'endela]
arc (m)	lengkungan	[leŋkuŋan]
colonne (f)	pilar	[pilar]
coin (m)	sudut	[sudut]
vitrine (f)	etalase	[etalase]
enseigne (f)	papan nama	[papan nama]
affiche (f)	poster	[poster]
affiche (f) publicitaire	poster iklan	[poster iklan]
panneau-réclame (m)	papan iklan	[papan iklan]
ordures (f pl)	sampah	[sampah]
poubelle (f)	tong sampah	[toŋ sampah]
jeter à terre	menyampah	[mənjampah]
décharge (f)	tempat pemrosesan akhir (TPA)	[tempat pemrosesan ahir]
cabine (f) téléphonique	gardu telepon umum	[gardu telepon umum]
réverbère (m)	tiang lampu	[tiaŋ lampu]
banc (m)	bangku	[baŋku]
policier (m)	polisi	[polisi]
police (f)	polisi, kepolisian	[polisi], [kepolisian]
clochard (m)	pengemis	[peŋemis]
sans-abri (m)	tuna wisma	[tuna wisma]

79. Les institutions urbaines

magasin (m)	toko	[toko]
pharmacie (f)	apotek, toko obat	[apotek], [toko obat]
opticien (m)	optik	[optiʔ]
centre (m) commercial	toserba	[toserba]
supermarché (m)	pasar swalayan	[pasar swalajan]
boulangerie (f)	toko roti	[toko roti]
boulanger (m)	pembuat roti	[pembuat roti]
pâtisserie (f)	toko kue	[toko kue]
épicerie (f)	toko pangan	[toko paŋan]
boucherie (f)	toko daging	[toko dagiŋ]
magasin (m) de légumes	toko sayur	[toko sajur]
marché (m)	pasar	[pasar]
salon (m) de café	warung kopi	[waruŋ kopi]
restaurant (m)	restoran	[restoran]
brasserie (f)	kedai bir	[kedaj bir]
pizzeria (f)	kedai piza	[kedaj piza]
salon (m) de coiffure	salon rambut	[salon rambut]
poste (f)	kantor pos	[kantor pos]
pressing (m)	penatu kimia	[penatu kimia]
atelier (m) de photo	studio foto	[studio foto]
magasin (m) de chaussures	toko sepatu	[toko sepatu]

librairie (f)	toko buku	[toko buku]
magasin (m) d'articles de sport	toko alat olahraga	[toko alat olahraga]
atelier (m) de retouche	reparasi pakaian	[reparasi pakajan]
location (f) de vêtements	rental pakaian	[rental pakajan]
location (f) de films	rental film	[rental film]
cirque (m)	sirkus	[sirkus]
zoo (m)	kebun binatang	[kebun binataŋ]
cinéma (m)	bioskop	[bioskop]
musée (m)	museum	[museum]
bibliothèque (f)	perpustakaan	[pərpustaka'an]
théâtre (m)	teater	[teater]
opéra (m)	opera	[opera]
boîte (f) de nuit	klub malam	[klub malam]
casino (m)	kasino	[kasino]
mosquée (f)	masjid	[masdʒid]
synagogue (f)	sinagoga, kanisah	[sinagoga], [kanisah]
cathédrale (f)	katedral	[katedral]
temple (m)	kuil, candi	[kuil], [ʧandi]
église (f)	gereja	[geredʒ'a]
institut (m)	institut, perguruan tinggi	[institut], [pərguruan tiŋgi]
université (f)	universitas	[universitas]
école (f)	sekolah	[sekolah]
préfecture (f)	prefektur, distrik	[prefektur], [distri']
mairie (f)	balai kota	[balaj kota]
hôtel (m)	hotel	[hotel]
banque (f)	bank	[ban']
ambassade (f)	kedutaan besar	[keduta'an besar]
agence (f) de voyages	kantor pariwisata	[kantor pariwisata]
bureau (m) d'information	kantor penerangan	[kantor peneraŋan]
bureau (m) de change	kantor penukaran uang	[kantor penukaran uaŋ]
métro (m)	kereta api bawah tanah	[kereta api bawah tanah]
hôpital (m)	rumah sakit	[rumah sakit]
station-service (f)	SPBU, stasiun bensin	[es-pe-be-u], [stasjun bensin]
parking (m)	tempat parkir	[tempat parkir]

80. Les enseignes. Les panneaux

enseigne (f)	papan nama	[papan nama]
pancarte (f)	tulisan	[tulisan]
poster (m)	poster	[poster]
indicateur (m) de direction	penunjuk arah	[penundʒ'u' arah]
flèche (f)	anak panah	[ana' panah]
avertissement (m)	peringatan	[pəriŋatan]
panneau d'avertissement	tanda peringatan	[tanda pəriŋatan]

avertir (vt)	**memperingatkan**	[memperiŋatkan]
jour (m) de repos	**hari libur**	[hari libur]
horaire (m)	**jadwal**	[ʤadwal]
heures (f pl) d'ouverture	**jam buka**	[ʤam buka]
BIENVENUE!	**SELAMAT DATANG!**	[selamat dataŋ!]
ENTRÉE	**MASUK**	[masuʔ]
SORTIE	**KELUAR**	[keluar]
POUSSER	**DORONG**	[doroŋ]
TIRER	**TARIK**	[tariʔ]
OUVERT	**BUKA**	[buka]
FERMÉ	**TUTUP**	[tutup]
FEMMES	**WANITA**	[wanita]
HOMMES	**PRIA**	[pria]
RABAIS	**DISKON**	[diskon]
SOLDES	**OBRAL**	[obral]
NOUVEAU!	**BARU!**	[baru!]
GRATUIT	**GRATIS**	[gratis]
ATTENTION!	**PERHATIAN!**	[perhatian!]
COMPLET	**PENUH**	[penuh]
RÉSERVÉ	**DIRESERVASI**	[direservasi]
ADMINISTRATION	**ADMINISTRASI**	[administrasi]
RÉSERVÉ AU PERSONNEL	**KHUSUS STAF**	[husus staf]
ATTENTION CHIEN MÉCHANT	**AWAS, ANJING GALAK!**	[awas], [anʤiŋ galaʔ!]
DÉFENSE DE FUMER	**DILARANG MEROKOK!**	[dilaraŋ merokoʔ!]
PRIÈRE DE NE PAS TOUCHER	**JANGAN SENTUH!**	[ʤaŋan sentuh!]
DANGEREUX	**BERBAHAYA**	[bərbahaja]
DANGER	**BAHAYA**	[bahaja]
HAUTE TENSION	**TEGANGAN TINGGI**	[tegaŋan tiŋgi]
BAIGNADE INTERDITE	**DILARANG BERENANG!**	[dilaraŋ bərenaŋ!]
HORS SERVICE	**RUSAK**	[rusaʔ]
INFLAMMABLE	**BAHAN MUDAH TERBAKAR**	[bahan mudah tərbakar]
INTERDIT	**DILARANG**	[dilaraŋ]
PASSAGE INTERDIT	**DILARANG MASUK!**	[dilaraŋ masuʔ!]
PEINTURE FRAÎCHE	**AWAS CAT BASAH**	[awas tʃat basah]

81. Les transports en commun

autobus (m)	**bus**	[bus]
tramway (m)	**trem**	[trem]
trolleybus (m)	**bus listrik**	[bus listriʔ]
itinéraire (m)	**trayek**	[traeʔ]
numéro (m)	**nomor**	[nomor]

prendre …	naik …	[naiˀ …]
monter (dans l'autobus)	naik	[naiˀ]
descendre de …	turun …	[turun …]

arrêt (m)	halte, pemberhentian	[halte], [pemberhentian]
arrêt (m) prochain	halte berikutnya	[halte bərikutnja]
terminus (m)	halte terakhir	[halte tərahir]
horaire (m)	jadwal	[dʒʲadwal]
attendre (vt)	menunggu	[mənuŋgu]

| ticket (m) | tiket | [tiket] |
| prix (m) du ticket | harga karcis | [harga kartʃis] |

caissier (m)	kasir	[kasir]
contrôle (m) des tickets	pemeriksaan tiket	[pemeriksaˀan tiket]
contrôleur (m)	kondektur	[kondektur]

être en retard	terlambat …	[tərlambat …]
rater (~ le train)	ketinggalan	[ketiŋgalan]
se dépêcher	tergesa-gesa	[tərgesa-gesa]

taxi (m)	taksi	[taksi]
chauffeur (m) de taxi	sopir taksi	[sopir taksi]
en taxi	naik taksi	[naiˀ taksi]
arrêt (m) de taxi	pangkalan taksi	[paŋkalan taksi]
appeler un taxi	memanggil taksi	[memaŋgil taksi]
prendre un taxi	menaiki taksi	[mənajki taksi]

trafic (m)	lalu lintas	[lalu lintas]
embouteillage (m)	kemacetan lalu lintas	[kematʃetan lalu lintas]
heures (f pl) de pointe	jam sibuk	[dʒʲam sibuˀ]
se garer (vp)	parkir	[parkir]
garer (vt)	memarkir	[memarkir]
parking (m)	tempat parkir	[tempat parkir]

métro (m)	kereta api bawah tanah	[kereta api bawah tanah]
station (f)	stasiun	[stasiun]
prendre le métro	naik kereta api bawah tanah	[naiˀ kereta api bawah tanah]
train (m)	kereta api	[kereta api]
gare (f)	stasiun kereta api	[stasiun kereta api]

82. Le tourisme

monument (m)	monumen, patung	[monumen], [patuŋ]
forteresse (f)	benteng	[benteŋ]
palais (m)	istana	[istana]
château (m)	kastil	[kastil]
tour (f)	menara	[mənara]
mausolée (m)	mausoleum	[mausoleum]

architecture (f)	arsitektur	[arsitektur]
médiéval (adj)	abad pertengahan	[abad pərteŋahan]
ancien (adj)	kuno	[kuno]

| national (adj) | nasional | [nasional] |
| connu (adj) | terkenal | [tərkenal] |

touriste (m)	turis, wisatawan	[turis], [wisatawan]
guide (m) (personne)	pemandu wisata	[pemandu wisata]
excursion (f)	ekskursi	[ekskursi]
montrer (vt)	menunjukkan	[mənundʒ'uʔkan]
raconter (une histoire)	menceritakan	[mənt͡ʃeritakan]

trouver (vt)	mendapatkan	[məndapatkan]
se perdre (vp)	tersesat	[tərsesat]
plan (m) (du metro, etc.)	denah	[denah]
carte (f) (de la ville, etc.)	peta	[peta]

souvenir (m)	suvenir	[suvenir]
boutique (f) de souvenirs	toko suvenir	[toko suvenir]
prendre en photo	memotret	[memotret]
se faire prendre en photo	berfoto	[bərfoto]

83. Le shopping

acheter (vt)	membeli	[membeli]
achat (m)	belanjaan	[belandʒ'aʔan]
faire des achats	berbelanja	[bərbelandʒ'a]
shopping (m)	berbelanja	[bərbelandʒ'a]

| être ouvert | buka | [buka] |
| être fermé | tutup | [tutup] |

chaussures (f pl)	sepatu	[sepatu]
vêtement (m)	pakaian	[pakajan]
produits (m pl) de beauté	kosmetik	[kosmetiʔ]
produits (m pl) alimentaires	produk makanan	[produʔ makanan]
cadeau (m)	hadiah	[hadiah]

| vendeur (m) | pramuniaga | [pramuniaga] |
| vendeuse (f) | pramuniaga perempuan | [pramuniaga pərempuan] |

caisse (f)	kas	[kas]
miroir (m)	cermin	[t͡ʃermin]
comptoir (m)	konter	[konter]
cabine (f) d'essayage	kamar pas	[kamar pas]

essayer (robe, etc.)	mengepas	[məŋepas]
aller bien (robe, etc.)	pas, cocok	[pas], [t͡ʃot͡ʃoʔ]
plaire (être apprécié)	suka	[suka]

prix (m)	harga	[harga]
étiquette (f) de prix	label harga	[label harga]
coûter (vt)	berharga	[bərharga]
Combien?	Berapa?	[bərapa?]
rabais (m)	diskon	[diskon]
pas cher (adj)	tidak mahal	[tidaʔ mahal]
bon marché (adj)	murah	[murah]

| cher (adj) | mahal | [mahal] |
| C'est cher | Ini mahal | [ini mahal] |

location (f)	rental, persewaan	[rental], [pərsewa'an]
louer (une voiture, etc.)	menyewa	[mənjewa]
crédit (m)	kredit	[kredit]
à crédit (adv)	secara kredit	[setʃara kredit]

84. L'argent

argent (m)	uang	[uaŋ]
échange (m)	pertukaran mata uang	[pərtukaran mata uaŋ]
cours (m) de change	nilai tukar	[nilaj tukar]
distributeur (m)	Anjungan Tunai Mandiri, ATM	[andʒ¦uŋan tunaj mandiri], [a-te-em]
monnaie (f)	koin	[koin]

| dollar (m) | dolar | [dolar] |
| euro (m) | euro | [euro] |

lire (f)	lira	[lira]
mark (m) allemand	Mark Jerman	[mar' dʒ¦erman]
franc (m)	franc	[frantʃ]
livre sterling (f)	poundsterling	[paundsterliŋ]
yen (m)	yen	[yen]

dette (f)	utang	[utaŋ]
débiteur (m)	pengutang	[peŋutaŋ]
prêter (vt)	meminjamkan	[memindʒ¦amkan]
emprunter (vt)	meminjam	[memindʒ¦am]

banque (f)	bank	[ban']
compte (m)	rekening	[rekeniŋ]
verser (dans le compte)	memasukkan	[memasu'kan]
verser dans le compte	memasukkan ke rekening	[memasu'kan ke rekeniŋ]
retirer du compte	menarik uang	[mənari' uaŋ]

carte (f) de crédit	kartu kredit	[kartu kredit]
espèces (f pl)	uang kontan, uang tunai	[uaŋ kontan], [uaŋ tunaj]
chèque (m)	cek	[tʃe']
faire un chèque	menulis cek	[mənulis tʃe']
chéquier (m)	buku cek	[buku tʃe']

portefeuille (m)	dompet	[dompet]
bourse (f)	dompet, pundi-pundi	[dompet], [pundi-pundi]
coffre fort (m)	brankas	[brankas]

héritier (m)	pewaris	[pewaris]
héritage (m)	warisan	[warisan]
fortune (f)	kekayaan	[kekaja'an]

location (f)	sewa	[sewa]
loyer (m) (argent)	uang sewa	[uaŋ sewa]
louer (prendre en location)	menyewa	[mənjewa]

prix (m)	harga	[harga]
coût (m)	harga	[harga]
somme (f)	jumlah	[dʒʲumlah]

dépenser (vt)	menghabiskan	[məŋhabiskan]
dépenses (f pl)	ongkos	[oŋkos]
économiser (vt)	menghemat	[məŋhemat]
économe (adj)	hemat	[hemat]

payer (régler)	membayar	[membajar]
paiement (m)	pembayaran	[pembajaran]
monnaie (f) (rendre la ~)	kembalian	[kembalian]

impôt (m)	pajak	[padʒʲaʔ]
amende (f)	denda	[denda]
mettre une amende	mendenda	[mendenda]

85. La poste. Les services postaux

poste (f)	kantor pos	[kantor pos]
courrier (m) (lettres, etc.)	surat	[surat]
facteur (m)	tukang pos	[tukaŋ pos]
heures (f pl) d'ouverture	jam buka	[dʒʲam buka]

lettre (f)	surat	[surat]
recommandé (m)	surat tercatat	[surat tərtʃatat]
carte (f) postale	kartu pos	[kartu pos]
télégramme (m)	telegram	[telegram]
colis (m)	parsel, paket pos	[parsel], [paket pos]
mandat (m) postal	wesel pos	[wesel pos]

recevoir (vt)	menerima	[mənerima]
envoyer (vt)	mengirim	[məŋirim]
envoi (m)	pengiriman	[peŋiriman]

adresse (f)	alamat	[alamat]
code (m) postal	kode pos	[kode pos]
expéditeur (m)	pengirim	[peŋirim]
destinataire (m)	penerima	[penerima]

| prénom (m) | nama | [nama] |
| nom (m) de famille | nama keluarga | [nama keluarga] |

tarif (m)	tarif	[tarif]
normal (adj)	biasa, standar	[biasa], [standar]
économique (adj)	ekonomis	[ekonomis]

poids (m)	berat	[berat]
peser (~ les lettres)	menimbang	[mənimbaŋ]
enveloppe (f)	amplop	[amplop]
timbre (m)	prangko	[praŋko]
timbrer (vt)	menempelkan prangko	[mənempelkan praŋko]

Le logement. La maison. Le foyer

86. La maison. Le logis

maison (f)	rumah	[rumah]
chez soi	di rumah	[di rumah]
cour (f)	pekarangan	[pekaraŋan]
clôture (f)	pagar	[pagar]
brique (f)	bata, batu bata	[bata], [batu bata]
en brique (adj)	bata, batu bata	[bata], [batu bata]
pierre (f)	batu	[batu]
en pierre (adj)	batu	[batu]
béton (m)	beton	[beton]
en béton (adj)	beton	[beton]
neuf (adj)	baru	[baru]
vieux (adj)	tua	[tua]
délabré (adj)	reyot	[reyot]
moderne (adj)	modern	[modern]
à plusieurs étages	susun	[susun]
haut (adj)	tinggi	[tiŋgi]
étage (m)	lantai	[lantaj]
sans étage (adj)	berlantai satu	[bərlantaj satu]
rez-de-chaussée (m)	lantai bawah	[lantaj bawah]
dernier étage (m)	lantai atas	[lantaj atas]
toit (m)	atap	[atap]
cheminée (f)	cerobong	[ʧeroboŋ]
tuile (f)	genting	[gentiŋ]
en tuiles (adj)	bergenting	[bərgentiŋ]
grenier (m)	loteng	[loteŋ]
fenêtre (f)	jendela	[dʒˈendela]
vitre (f)	kaca	[kaʧa]
rebord (m)	ambang jendela	[ambaŋ dʒˈendela]
volets (m pl)	daun jendela	[daun dʒˈendela]
mur (m)	dinding	[dindiŋ]
balcon (m)	balkon	[balkon]
gouttière (f)	pipa talang	[pipa talaŋ]
en haut (à l'étage)	di atas	[di atas]
monter (vi)	naik	[naiˀ]
descendre (vi)	turun	[turun]
déménager (vi)	pindah	[pindah]

87. La maison. L'entrée. L'ascenseur

entrée (f)	pintu masuk	[pintu masu']
escalier (m)	tangga	[taŋga]
marches (f pl)	anak tangga	[ana' taŋga]
rampe (f)	pegangan tangan	[pegaŋan taŋan]
hall (m)	lobi, ruang depan	[lobi], [ruaŋ depan]
boîte (f) à lettres	kotak pos	[kota' pos]
poubelle (f) d'extérieur	tong sampah	[toŋ sampah]
vide-ordures (m)	saluran pembuangan sampah	[saluran pembuaŋan sampah]
ascenseur (m)	elevator	[elevator]
monte-charge (m)	lift barang	[lift baraŋ]
cabine (f)	kabin lift	[kabin lift]
prendre l'ascenseur	naik elevator	[nai' elevator]
appartement (m)	apartemen	[apartemen]
locataires (m pl)	penghuni	[peŋhuni]
voisin (m)	tetangga	[tetaŋga]
voisine (f)	tetangga	[tetaŋga]
voisins (m pl)	para tetangga	[para tetaŋga]

88. La maison. L'électricité

électricité (f)	listrik	[listri']
ampoule (f)	bohlam	[bohlam]
interrupteur (m)	sakelar	[sakelar]
plomb, fusible (m)	sekring	[sekriŋ]
fil (m) (~ électrique)	kabel, kawat	[kabel], [kawat]
installation (f) électrique	rangkaian kabel	[raŋkajan kabel]
compteur (m) électrique	meteran listrik	[meteran listri']
relevé (m)	pencatatan	[pentʃatatan]

89. La maison. La porte. La serrure

porte (f)	pintu	[pintu]
portail (m)	pintu gerbang	[pintu gerbaŋ]
poignée (f)	gagang pintu	[gagaŋ pintu]
déverrouiller (vt)	membuka kunci	[membuka kuntʃi]
ouvrir (vt)	membuka	[membuka]
fermer (vt)	menutup	[mənutup]
clé (f)	kunci	[kuntʃi]
trousseau (m), jeu (m)	serangkaian kunci	[seraŋkajan kuntʃi]
grincer (la porte)	bergerit	[bərgerit]
grincement (m)	gerit	[gerit]
gond (m)	engsel	[eŋsel]
paillasson (m)	tikar	[tikar]

serrure (f)	kunci pintu	[kuntʃi pintu]
trou (m) de la serrure	lubang kunci	[lubaŋ kuntʃi]
verrou (m)	gerendel	[gerendel]
loquet (m)	gerendel	[gerendel]
cadenas (m)	gembok	[gemboʔ]
sonner (à la porte)	membunyikan	[membunjikan]
sonnerie (f)	dering	[deriŋ]
sonnette (f)	bel	[bel]
bouton (m)	kenop	[kenop]
coups (m pl) à la porte	ketukan	[ketukan]
frapper (~ à la porte)	mengetuk	[məŋetuʔ]
code (m)	kode	[kode]
serrure (f) à combinaison	gembok berkode	[gemboʔ bərkode]
interphone (m)	interkom	[interkom]
numéro (m)	nomor	[nomor]
plaque (f) de porte	papan tanda	[papan tanda]
judas (m)	lubang intip	[lubaŋ intip]

90. La maison de campagne

village (m)	desa	[desa]
potager (m)	kebun sayur	[kebun sajur]
palissade (f)	pagar	[pagar]
clôture (f)	pagar	[pagar]
portillon (m)	pintu pagar	[pintu pagar]
grange (f)	lumbung	[lumbuŋ]
cave (f)	kelder	[kelder]
abri (m) de jardin	gubuk	[gubuʔ]
puits (m)	sumur	[sumur]
poêle (m) (~ à bois)	tungku	[tuŋku]
chauffer le poêle	menyalakan tungku	[mənjalakan tuŋku]
bois (m) de chauffage	kayu bakar	[kaju bakar]
bûche (f)	potongan kayu bakar	[potoŋan kaju bakar]
véranda (f)	beranda	[bəranda]
terrasse (f)	teras	[teras]
perron (m) d'entrée	anjungan depan	[andʒˈuŋan depan]
balançoire (f)	ayunan	[ajunan]

91. La villa et le manoir

maison (f) de campagne	rumah luar kota	[rumah luar kota]
villa (f)	vila	[vila]
aile (f) (~ ouest)	sayap	[sajap]
jardin (m)	kebun	[kebun]
parc (m)	taman	[taman]
serre (f) tropicale	rumah kaca	[rumah katʃa]

s'occuper (~ du jardin)	memelihara	[memelihara]
piscine (f)	kolam renang	[kolam renaŋ]
salle (f) de gym	gym	[dʒim]
court (m) de tennis	lapangan tenis	[lapaŋan tenis]
salle (f) de cinéma	bioskop rumah	[bioskop rumah]
garage (m)	garasi	[garasi]
propriété (f) privée	milik pribadi	[mili' pribadi]
terrain (m) privé	tanah pribadi	[tanah pribadi]
avertissement (m)	peringatan	[pəriŋatan]
panneau d'avertissement	tanda peringatan	[tanda pəriŋatan]
sécurité (f)	keamanan	[keamanan]
agent (m) de sécurité	satpam, pengawal	[satpam], [peŋawal]
alarme (f) antivol	alarm antirampok	[alarm antirampo']

92. Le château. Le palais

château (m)	kastil	[kastil]
palais (m)	istana	[istana]
forteresse (f)	benteng	[benteŋ]
muraille (f)	tembok	[tembo']
tour (f)	menara	[mənara]
donjon (m)	menara utama	[mənara utama]
herse (f)	jeruji pintu kota	[dʒ'erudʒi pintu kota]
souterrain (m)	jalan bawah tanah	[dʒ'alan bawah tanah]
douve (f)	parit	[parit]
chaîne (f)	rantai	[rantaj]
meurtrière (f)	laras panah, lop panah	[laras panah], [lop panah]
magnifique (adj)	megah	[megah]
majestueux (adj)	megah sekali	[megah sekali]
inaccessible (adj)	sulit dicapai	[sulit ditʃapaj]
médiéval (adj)	abad pertengahan	[abad pərteŋahan]

93. L'appartement

appartement (m)	apartemen	[apartemen]
chambre (f)	kamar	[kamar]
chambre (f) à coucher	kamar tidur	[kamar tidur]
salle (f) à manger	ruang makan	[ruaŋ makan]
salon (m)	ruang tamu	[ruaŋ tamu]
bureau (m)	ruang kerja	[ruaŋ kerdʒ'a]
antichambre (f)	ruang depan	[ruaŋ depan]
salle (f) de bains	kamar mandi	[kamar mandi]
toilettes (f pl)	kamar kecil	[kamar ketʃil]
plafond (m)	plafon, langit-langit	[plafon], [laŋit-laŋit]
plancher (m)	lantai	[lantaj]
coin (m)	sudut	[sudut]

94. L'appartement. Le ménage

faire le ménage	membereskan	[membereskan]
ranger (jouets, etc.)	meletakkan	[meleta'kan]
poussière (f)	debu	[debu]
poussiéreux (adj)	debu	[debu]
essuyer la poussière	menyapu debu	[mənjapu debu]
aspirateur (m)	pengisap debu	[peɲisap debu]
passer l'aspirateur	membersihkan dengan pengisap debu	[membersihkan deŋan peɲisap debu]
balayer (vt)	menyapu	[mənjapu]
balayures (f pl)	sampah	[sampah]
ordre (m)	kerapian	[kerapian]
désordre (m)	berantakan	[bərantakan]
balai (m) à franges	kain pel	[kain pel]
torchon (m)	lap	[lap]
balayette (f) de sorgho	sapu lidi	[sapu lidi]
pelle (f) à ordures	pengki	[peŋki]

95. Les meubles. L'intérieur

meubles (m pl)	mebel	[mebel]
table (f)	meja	[medʒ'a]
chaise (f)	kursi	[kursi]
lit (m)	ranjang	[randʒ'aŋ]
canapé (m)	dipan	[dipan]
fauteuil (m)	kursi malas	[kursi malas]
bibliothèque (f) (meuble)	lemari buku	[lemari buku]
rayon (m)	rak	[ra']
armoire (f)	lemari pakaian	[lemari pakajan]
patère (f)	kapstok	[kapsto']
portemanteau (m)	kapstok berdiri	[kapsto' bərdiri]
commode (f)	lemari laci	[lemari latʃi]
table (f) basse	meja kopi	[medʒ'a kopi]
miroir (m)	cermin	[tʃermin]
tapis (m)	permadani	[pərmadani]
petit tapis (m)	karpet kecil	[karpet ketʃil]
cheminée (f)	perapian	[pərapian]
bougie (f)	lilin	[lilin]
chandelier (m)	kaki lilin	[kaki lilin]
rideaux (m pl)	gorden	[gorden]
papier (m) peint	kertas dinding	[kertas dindiŋ]
jalousie (f)	kerai	[keraj]
lampe (f) de table	lampu meja	[lampu medʒ'a]

applique (f)	lampu dinding	[lampu dindiŋ]
lampadaire (m)	lampu lantai	[lampu lantaj]
lustre (m)	lampu bercabang	[lampu bertʃabaŋ]

pied (m) (~ de la table)	kaki	[kaki]
accoudoir (m)	lengan	[leŋan]
dossier (m)	sandaran	[sandaran]
tiroir (m)	laci	[latʃi]

96. La literie

linge (m) de lit	kain kasur	[kain kasur]
oreiller (m)	bantal	[bantal]
taie (f) d'oreiller	sarung bantal	[saruŋ bantal]
couverture (f)	selimut	[selimut]
drap (m)	seprai	[sepraj]
couvre-lit (m)	selubung kasur	[selubuŋ kasur]

97. La cuisine

cuisine (f)	dapur	[dapur]
gaz (m)	gas	[gas]
cuisinière (f) à gaz	kompor gas	[kompor gas]
cuisinière (f) électrique	kompor listrik	[kompor listriʔ]
four (m)	oven	[oven]
four (m) micro-ondes	microwave	[majkrowav]

réfrigérateur (m)	lemari es, kulkas	[lemari es], [kulkas]
congélateur (m)	lemari pembeku	[lemari pembeku]
lave-vaisselle (m)	mesin pencuci piring	[mesin pentʃutʃi piriŋ]

hachoir (m) à viande	alat pelumat daging	[alat pelumat dagiŋ]
centrifugeuse (f)	mesin sari buah	[mesin sari buah]
grille-pain (m)	alat pemanggang roti	[alat pemaŋgaŋ roti]
batteur (m)	pencampur	[pentʃampur]

machine (f) à café	mesin pembuat kopi	[mesin pembuat kopi]
cafetière (f)	teko kopi	[teko kopi]
moulin (m) à café	mesin penggiling kopi	[mesin peŋgiliŋ kopi]

bouilloire (f)	cerek	[tʃereʔ]
théière (f)	teko	[teko]
couvercle (m)	tutup	[tutup]
passoire (f) à thé	saringan teh	[sariŋan teh]

cuillère (f)	sendok	[sendoʔ]
petite cuillère (f)	sendok teh	[sendoʔ teh]
cuillère (f) à soupe	sendok makan	[sendoʔ makan]
fourchette (f)	garpu	[garpu]
couteau (m)	pisau	[pisau]
vaisselle (f)	piring mangkuk	[piriŋ maŋkuʔ]
assiette (f)	piring	[piriŋ]

soucoupe (f)	alas cangkir	[alas ʧaŋkir]
verre (m) à shot	seloki	[seloki]
verre (m) (~ d'eau)	gelas	[gelas]
tasse (f)	cangkir	[ʧaŋkir]
sucrier (m)	wadah gula	[wadah gula]
salière (f)	wadah garam	[wadah garam]
poivrière (f)	wadah merica	[wadah meriʧa]
beurrier (m)	wadah mentega	[wadah mentega]
casserole (f)	panci	[panʧi]
poêle (f)	kuali	[kuali]
louche (f)	sudu	[sudu]
passoire (f)	saringan	[sariŋan]
plateau (m)	talam	[talam]
bouteille (f)	botol	[botol]
bocal (m) (à conserves)	gelas	[gelas]
boîte (f) en fer-blanc	kaleng	[kaleŋ]
ouvre-bouteille (m)	pembuka botol	[pembuka botol]
ouvre-boîte (m)	pembuka kaleng	[pembuka kaleŋ]
tire-bouchon (m)	kotrek	[kotreʔ]
filtre (m)	saringan	[sariŋan]
filtrer (vt)	saringan	[sariŋan]
ordures (f pl)	sampah	[sampah]
poubelle (f)	tong sampah	[toŋ sampah]

98. La salle de bains

salle (f) de bains	kamar mandi	[kamar mandi]
eau (f)	air	[air]
robinet (m)	keran	[keran]
eau (f) chaude	air panas	[air panas]
eau (f) froide	air dingin	[air diŋin]
dentifrice (m)	pasta gigi	[pasta gigi]
se brosser les dents	menggosok gigi	[məŋgosoʔ gigi]
brosse (f) à dents	sikat gigi	[sikat gigi]
se raser (vp)	bercukur	[bərʧukur]
mousse (f) à raser	busa cukur	[busa ʧukur]
rasoir (m)	pisau cukur	[pisau ʧukur]
laver (vt)	mencuci	[mənʧuʧi]
se laver (vp)	mandi	[mandi]
douche (f)	pancuran	[panʧuran]
prendre une douche	mandi pancuran	[mandi panʧuran]
baignoire (f)	bak mandi	[baʔ mandi]
cuvette (f)	kloset	[kloset]
lavabo (m)	wastafel	[wastafel]
savon (m)	sabun	[sabun]

porte-savon (m)	wadah sabun	[wadah sabun]
éponge (f)	spons	[spons]
shampooing (m)	sampo	[sampo]
serviette (f)	handuk	[handuʔ]
peignoir (m) de bain	jubah mandi	[dʒ'ubah mandi]

lessive (f) (faire la ~)	pencucian	[pentʃutʃian]
machine (f) à laver	mesin cuci	[mesin tʃutʃi]
faire la lessive	mencuci	[mentʃutʃi]
lessive (f) (poudre)	deterjen cuci	[deterdʒ'en tʃutʃi]

99. Les appareils électroménagers

téléviseur (m)	pesawat TV	[pesawat ti-vi]
magnétophone (m)	alat perekam	[alat perekam]
magnétoscope (m)	video, VCR	[vidio], [vi-si-er]
radio (f)	radio	[radio]
lecteur (m)	pemutar	[pemutar]

vidéoprojecteur (m)	proyektor video	[proektor video]
home cinéma (m)	bioskop rumah	[bioskop rumah]
lecteur DVD (m)	pemutar DVD	[pemutar di-vi-di]
amplificateur (m)	penguat	[peŋuat]
console (f) de jeux	konsol permainan video	[konsol permajnan video]

caméscope (m)	kamera video	[kamera video]
appareil (m) photo	kamera	[kamera]
appareil (m) photo numérique	kamera digital	[kamera digital]

aspirateur (m)	pengisap debu	[peŋisap debu]
fer (m) à repasser	setrika	[setrika]
planche (f) à repasser	papan setrika	[papan setrika]

téléphone (m)	telepon	[telepon]
portable (m)	ponsel	[ponsel]
machine (f) à écrire	mesin ketik	[mesin ketiʔ]
machine (f) à coudre	mesin jahit	[mesin dʒ'ahit]

micro (m)	mikrofon	[mikrofon]
écouteurs (m pl)	headphone, fonkepala	[headphone], [fonkepala]
télécommande (f)	panel kendali	[panel kendali]

CD (m)	cakram kompak	[tʃakram kompaʔ]
cassette (f)	kaset	[kaset]
disque (m) (vinyle)	piringan hitam	[piriŋan hitam]

100. Les travaux de réparation et de rénovation

rénovation (f)	renovasi	[renovasi]
faire la rénovation	merenovasi	[merenovasi]
réparer (vt)	mereparasi, memperbaiki	[mereparasi], [memperbajki]
remettre en ordre	membereskan	[membereskan]

refaire (vt)	mengulangi	[məŋulaŋi]
peinture (f)	cat	[ʧat]
peindre (des murs)	mengecat	[məŋeʧat]
peintre (m) en bâtiment	tukang cat	[tukaŋ ʧat]
pinceau (m)	kuas	[kuas]

| chaux (f) | cat kapur | [ʧat kapur] |
| blanchir à la chaux | mengapur | [məŋapur] |

papier (m) peint	kertas dinding	[kertas dindiŋ]
tapisser (vt)	memasang kertas dinding	[memasaŋ kertas dindiŋ]
vernis (m)	pernis	[pernis]
vernir (vt)	memernis	[memernis]

101. La plomberie

eau (f)	air	[air]
eau (f) chaude	air panas	[air panas]
eau (f) froide	air dingin	[air diŋin]
robinet (m)	keran	[keran]

goutte (f)	tetes	[tetes]
goutter (vi)	menetes	[mənetes]
fuir (tuyau)	bocor	[boʧor]
fuite (f)	kebocoran	[keboʧoran]
flaque (f)	kubangan	[kubaŋan]

tuyau (m)	pipa	[pipa]
valve (f)	katup	[katup]
se boucher (vp)	tersumbat	[tərsumbat]

outils (m pl)	peralatan	[pəralatan]
clé (f) réglable	kunci inggris	[kunʧi iŋgris]
dévisser (vt)	mengendurkan	[məŋendurkan]
visser (vt)	mengencangkan	[məŋenʧaŋkan]

déboucher (vt)	membersihkan	[membersihkan]
plombier (m)	tukang pipa	[tukaŋ pipa]
sous-sol (m)	rubanah	[rubanah]
égouts (m pl)	riol	[riol]

102. L'incendie

feu (m)	kebakaran	[kebakaran]
flamme (f)	nyala api	[njala api]
étincelle (f)	percikan api	[pərʧikan api]
fumée (f)	asap	[asap]
flambeau (m)	obor	[obor]
feu (m) de bois	api unggun	[api uŋgun]

| essence (f) | bensin | [bensin] |
| kérosène (m) | minyak tanah | [minja' tanah] |

inflammable (adj)	mudah terbakar	[mudah tərbakar]
explosif (adj)	mudah meledak	[mudah meledaʔ]
DÉFENSE DE FUMER	DILARANG MEROKOK!	[dilaraŋ merokoʔ!]

sécurité (f)	keamanan	[keamanan]
danger (m)	bahaya	[bahaja]
dangereux (adj)	berbahaya	[bərbahaja]

prendre feu	menyala	[mənjala]
explosion (f)	ledakan	[ledakan]
mettre feu	membakar	[membakar]
incendiaire (m)	pelaku pembakaran	[pelaku pembakaran]
incendie (m) prémédité	pembakaran	[pembakaran]

flamboyer (vi)	berkobar	[bərkobar]
brûler (vi)	menyala	[mənjala]
brûler complètement	terbakar	[tərbakar]

appeler les pompiers	memanggil pemadam kebakaran	[memaŋgil pemadam kebakaran]
pompier (m)	pemadam kebakaran	[pemadam kebakaran]
voiture (f) de pompiers	branwir	[branwir]
sapeurs-pompiers (pl)	pemadam kebakaran	[pemadam kebakaran]
échelle (f) des pompiers	tangga branwir	[taŋga branwir]

tuyau (m) d'incendie	selang pemadam	[selaŋ pemadam]
extincteur (m)	pemadam api	[pemadam api]
casque (m)	helm	[helm]
sirène (f)	sirene	[sirene]

crier (vi)	berteriak	[bərteriaʔ]
appeler au secours	meminta pertolongan	[meminta pərtoloŋan]
secouriste (m)	penyelamat	[penjelamat]
sauver (vt)	menyelamatkan	[mənjelamatkan]

venir (vi)	datang	[dataŋ]
éteindre (feu)	memadamkan	[memadamkan]
eau (f)	air	[air]
sable (m)	pasir	[pasir]

ruines (f pl)	reruntuhan	[reruntuhan]
tomber en ruine	runtuh	[runtuh]
s'écrouler (vp)	roboh	[roboh]
s'effondrer (vp)	roboh	[roboh]

morceau (m) (de mur, etc.)	serpihan	[serpihan]
cendre (f)	abu	[abu]

mourir étouffé	mati lemas	[mati lemas]
périr (vi)	mati, tewas	[mati], [tewas]

LES ACTIVITÉS HUMAINS

Le travail. Les affaires. Partie 1

103. Le bureau. La vie de bureau

bureau (m) (établissement)	kantor	[kantor]
bureau (m) (au travail)	ruang kerja	[ruaŋ kerdʒʲa]
accueil (m)	resepsionis kantor	[resepsionis kantor]
secrétaire (m, f)	sekretaris	[sekretaris]
secrétaire (f)	sekretaris	[sekretaris]
directeur (m)	direktur	[direktur]
manager (m)	manajer	[manadʒʲer]
comptable (m)	akuntan	[akuntan]
collaborateur (m)	karyawan	[karjawan]
meubles (m pl)	mebel	[mebel]
bureau (m)	meja	[medʒʲa]
fauteuil (m)	kursi malas	[kursi malas]
classeur (m) à tiroirs	meja samping ranjang	[medʒʲa sampiŋ randʒʲaŋ]
portemanteau (m)	kapstok berdiri	[kapstoʔ berdiri]
ordinateur (m)	komputer	[komputer]
imprimante (f)	printer, pencetak	[printer], [pentʃetaʔ]
fax (m)	mesin faks	[mesin faks]
copieuse (f)	mesin fotokopi	[mesin fotokopi]
papier (m)	kertas	[kertas]
papeterie (f)	alat tulis kantor	[alat tulis kantor]
tapis (m) de souris	bantal tetikus	[bantal tetikus]
feuille (f)	lembar	[lembar]
classeur (m)	map	[map]
catalogue (m)	katalog	[katalog]
annuaire (m)	buku telepon	[buku telepon]
documents (m pl)	dokumentasi	[dokumentasi]
brochure (f)	brosur	[brosur]
prospectus (m)	selebaran	[selebaran]
échantillon (m)	sampel, contoh	[sampel], [tʃontoh]
formation (f)	latihan	[latihan]
réunion (f)	rapat	[rapat]
pause (f) déjeuner	waktu makan siang	[waktu makan siaŋ]
faire une copie	membuat salinan	[membuat salinan]
faire des copies	memperbanyak	[memperbanjaʔ]
recevoir un fax	menerima faks	[mənerima faks]
envoyer un fax	mengirim faks	[məŋirim faks]

téléphoner, appeler	menelepon	[mənelepon]
répondre (vi, vt)	menjawab	[mendʒawab]
passer (au téléphone)	menyambungkan	[mənjambuŋkan]

fixer (rendez-vous)	menetapkan	[mənetapkan]
montrer (un échantillon)	memeragakan	[memeragakan]
être absent	absen, tidak hadir	[absen], [tida' hadir]
absence (f)	absensi, ketidakhadiran	[absensi], [ketidahadiran]

104. Les processus d'affaires. Partie 1

affaire (f) (business)	bisnis	[bisnis]
métier (m)	urusan	[urusan]

firme (f), société (f)	firma	[firma]
compagnie (f)	maskapai	[maskapaj]
corporation (f)	korporasi	[korporasi]
entreprise (f)	perusahaan	[pərusaha'an]
agence (f)	biro, kantor	[biro], [kantor]

accord (m)	perjanjian	[perdʒandʒian]
contrat (m)	kontrak	[kontra']
marché (m) (accord)	transaksi	[transaksi]
commande (f)	pesanan	[pesanan]
terme (m) (~ du contrat)	syarat	[ʃarat]

en gros (adv)	grosir	[grosir]
en gros (adj)	grosir	[grosir]
vente (f) en gros	penjualan grosir	[pendʒualan grosir]
au détail (adj)	eceran	[etʃeran]
vente (f) au détail	pengeceran	[peŋetʃeran]

concurrent (m)	kompetitor, pesaing	[kompetitor], [pesajŋ]
concurrence (f)	kompetisi, persaingan	[kompetisi], [pərsajŋan]
concurrencer (vt)	bersaing	[bərsajŋ]

associé (m)	mitra	[mitra]
partenariat (m)	kemitraan	[kemitra'an]

crise (f)	krisis	[krisis]
faillite (f)	kebangkrutan	[kebaŋkrutan]
faire faillite	jatuh bangkrut	[dʒatuh baŋkrut]
difficulté (f)	kesukaran	[kesukaran]
problème (m)	masalah	[masalah]
catastrophe (f)	gagal total	[gagal total]

économie (f)	ekonomi	[ekonomi]
économique (adj)	ekonomi	[ekonomi]
baisse (f) économique	resesi ekonomi	[resesi ekonomi]

but (m)	tujuan	[tudʒuan]
objectif (m)	tugas	[tugas]
faire du commerce	berdagang	[bərdagaŋ]
réseau (m) (de distribution)	jaringan	[dʒariŋan]

inventaire (m) (stocks)	inventaris	[inventaris]
assortiment (m)	penyortiran	[penjortiran]

leader (m)	pemimpin	[pemimpin]
grande (~ entreprise)	besar	[besar]
monopole (m)	monopoli	[monopoli]

théorie (f)	teori	[teori]
pratique (f)	praktik	[prakti']
expérience (f)	pengalaman	[peŋalaman]
tendance (f)	tendensi	[tendensi]
développement (m)	perkembangan	[pərkembaŋan]

105. Les processus d'affaires. Partie 2

rentabilité (m)	keuntungan	[keuntuŋan]
rentable (adj)	menguntungkan	[məŋuntuŋkan]

délégation (f)	delegasi	[delegasi]
salaire (m)	gaji, upah	[gadʒi], [upah]
corriger (une erreur)	mengoreksi	[məŋoreksi]
voyage (m) d'affaires	perjalanan dinas	[pərdʒ'alanan dinas]
commission (f)	panitia	[panitia]

contrôler (vt)	mengontrol	[məŋontrol]
conférence (f)	konferensi	[konferensi]
licence (f)	lisensi, izin	[lisensi], [izin]
fiable (partenaire ~)	yang bisa dipercaya	[yaŋ bisa dipertʃaja]

initiative (f)	inisiatif	[inisiatif]
norme (f)	norma	[norma]
circonstance (f)	keadaan sekitar	[keada'an sekitar]
fonction (f)	tugas	[tugas]

entreprise (f)	organisasi	[organisasi]
organisation (f)	pengurusan	[peŋurusan]
organisé (adj)	terurus	[tərurus]
annulation (f)	pembatalan	[pembatalan]
annuler (vt)	membatalkan	[membatalkan]
rapport (m)	laporan	[laporan]

brevet (m)	paten	[paten]
breveter (vt)	mematenkan	[mematenkan]
planifier (vt)	merencanakan	[merentʃanakan]

prime (f)	bonus	[bonus]
professionnel (adj)	profesional	[profesional]
procédure (f)	prosedur	[prosedur]

examiner (vt)	mempertimbangkan	[mempertimbaŋkan]
calcul (m)	perhitungan	[pərhituŋan]
réputation (f)	reputasi	[reputasi]
risque (m)	risiko	[risiko]
diriger (~ une usine)	memimpin	[memimpin]

renseignements (m pl)	data, informasi	[data], [informasi]
propriété (f)	milik	[mili']
union (f)	persatuan, serikat	[pərsatuan], [serikat]

assurance vie (f)	asuransi jiwa	[asuransi ʤiwa]
assurer (vt)	mengasuransikan	[məŋasuransikan]
assurance (f)	asuransi	[asuransi]

enchères (f pl)	lelang	[lelaŋ]
notifier (informer)	memberitahu	[memberitahu]
gestion (f)	manajemen	[manaʤ¡emen]
service (m)	jasa	[ʤ¡asa]

forum (m)	forum	[forum]
fonctionner (vi)	berfungsi	[bərfuŋsi]
étape (f)	tahap	[tahap]
juridique (services ~s)	hukum	[hukum]
juriste (m)	ahli hukum	[ahli hukum]

106. L'usine. La production

usine (f)	pabrik	[pabri']
fabrique (f)	pabrik	[pabri']
atelier (m)	bengkel	[beŋkel]
site (m) de production	perusahaan	[pərusaha'an]

industrie (f)	industri	[industri]
industriel (adj)	industri	[industri]
industrie (f) lourde	industri berat	[industri bərat]
industrie (f) légère	industri ringan	[industri riŋan]

produit (m)	produksi	[produksi]
produire (vt)	memproduksi	[memproduksi]
matières (f pl) premières	bahan baku	[bahan baku]

chef (m) d'équipe	mandor	[mandor]
équipe (f) d'ouvriers	regu pekerja	[regu pekerʤ¡a]
ouvrier (m)	buruh, pekerja	[buruh], [pekerʤ¡a]

jour (m) ouvrable	hari kerja	[hari kerʤ¡a]
pause (f) (repos)	perhentian	[pərhentian]
réunion (f)	rapat	[rapat]
discuter (vt)	membicarakan	[membitʃarakan]

plan (m)	rencana	[rentʃana]
accomplir le plan	melaksanakan rencana	[melaksanakan rentʃana]
norme (f) de production	kecepatan produksi	[ketʃepatan produksi]
qualité (f)	kualitas, mutu	[kualitas], [mutu]
contrôle (m)	kontrol, kendali	[kontrol], [kendali]
contrôle (m) qualité	kendali mutu	[kendali mutu]

sécurité (f) de travail	keselamatan kerja	[keselamatan kerʤ¡a]
discipline (f)	disiplin	[disiplin]
infraction (f)	pelanggaran	[pelaŋgaran]

violer (les règles)	melanggar	[melaŋgar]
grève (f)	pemogokan	[pemogokan]
gréviste (m)	pemogok	[pemogoʔ]
faire grève	mogok	[mogoʔ]
syndicat (m)	serikat pekerja	[serikat pekerdʒ'a]

inventer (machine, etc.)	menemukan	[mənemukan]
invention (f)	penemuan	[penemuan]
recherche (f)	riset, penelitian	[riset], [penelitian]
améliorer (vt)	memperbaiki	[memperbajki]
technologie (f)	teknologi	[teknologi]
dessin (m) technique	gambar teknik	[gambar tekniʔ]

charge (f) (~ de 3 tonnes)	muatan	[muatan]
chargeur (m)	kuli	[kuli]
charger (véhicule, etc.)	memuat	[memuat]
chargement (m)	pemuatan	[pemuatan]
décharger (vt)	membongkar	[memboŋkar]
déchargement (m)	pembongkaran	[pemboŋkaran]

transport (m)	transportasi, angkutan	[transportasi], [aŋkutan]
compagnie (f) de transport	perusahaan transportasi	[pərusahaʔan transportasi]
transporter (vt)	mengangkut	[məŋaŋkut]

wagon (m) de marchandise	gerbong barang	[gerboŋ baraŋ]
citerne (f)	tangki	[taŋki]
camion (m)	truk	[truʔ]

| machine-outil (f) | mesin | [mesin] |
| mécanisme (m) | mekanisme | [mekanisme] |

déchets (m pl)	limbah industri	[limbah industri]
emballage (m)	pengemasan	[peŋemasan]
emballer (vt)	mengemas	[məŋemas]

107. Le contrat. L'accord

contrat (m)	kontrak	[kontraʔ]
accord (m)	perjanjian	[pərdʒ'andʒian]
annexe (f)	lampiran	[lampiran]

signer un contrat	menandatangani kontrak	[mənandataŋani kontraʔ]
signature (f)	tanda tangan	[tanda taŋan]
signer (vt)	menandatangani	[mənandataŋani]
cachet (m)	cap	[t'ʃap]

objet (m) du contrat	subjek perjanjian	[subdʒ'eʔ pərdʒ'andʒian]
clause (f)	ayat, pasal	[ajat], [pasal]
côtés (m pl)	pihak	[pihaʔ]
adresse (f) légale	alamat sah	[alamat sah]

violer l'accord	melanggar kontrak	[melaŋgar kontraʔ]
obligation (f)	komitmen, kewajiban	[komitmen], [kewadʒiban]
responsabilité (f)	tanggung jawab	[taŋguŋ dʒ'awab]

force (f) majeure	keadaan kahar	[keada'an kahar]
litige (m)	sengketa	[seŋketa]
pénalités (f pl)	sanksi, penalti	[sanksi], [penalti]

108. L'importation. L'exportation

importation (f)	impor	[impor]
importateur (m)	importir	[importir]
importer (vt)	mengimpor	[məŋimpor]
d'importation	impor	[impor]

exportation (f)	ekspor	[ekspor]
exportateur (m)	eksportir	[eksportir]
exporter (vt)	mengekspor	[məŋekspor]
d'exportation (adj)	ekspor	[ekspor]

| marchandise (f) | barang dagangan | [baraŋ dagaŋan] |
| lot (m) de marchandises | partai | [partaj] |

poids (m)	berat	[berat]
volume (m)	volume, isi	[volume], [isi]
mètre (m) cube	meter kubik	[meter kubi']

producteur (m)	produsen	[produsen]
compagnie (f) de transport	perusahaan transportasi	[pərusaha'an transportasi]
container (m)	peti kemas	[peti kemas]

frontière (f)	perbatasan	[pərbatasan]
douane (f)	pabean	[pabean]
droit (m) de douane	bea cukai	[bea tʃukaj]
douanier (m)	petugas pabean	[petugas pabean]
contrebande (f) (trafic)	penyelundupan	[penjelundupan]
contrebande (f)	barang-barang selundupan	[baraŋ-baraŋ selundupan]

109. La finance

action (f)	saham	[saham]
obligation (f)	obligasi	[obligasi]
lettre (f) de change	wesel	[wesel]

| bourse (f) | bursa efek | [bursa efe'] |
| cours (m) d'actions | kurs saham | [kurs saham] |

| baisser (vi) | menjadi murah | [məndʒʲadi murah] |
| augmenter (vi) (prix) | menjadi mahal | [məndʒʲadi mahal] |

| part (f) | kepemilikan saham | [kepemilikan saham] |
| participation (f) de contrôle | mayoritas saham | [majoritas saham] |

investissements (m pl)	investasi	[investasi]
investir (vt)	berinvestasi	[bərinvestasi]
pour-cent (m)	persen	[pərsen]

intérêts (m pl)	suku bunga	[suku buŋa]
profit (m)	profit, untung	[profit], [untuŋ]
profitable (adj)	beruntung	[bəruntuŋ]
impôt (m)	pajak	[padʒʲaʔ]
devise (f)	valas	[valas]
national (adj)	nasional	[nasional]
échange (m)	pertukaran	[pərtukaran]
comptable (m)	akuntan	[akuntan]
comptabilité (f)	akuntansi	[akuntansi]
faillite (f)	kebangkrutan	[kebaŋkrutan]
krach (m)	keruntuhan	[keruntuhan]
ruine (f)	kebangkrutan	[kebaŋkrutan]
se ruiner (vp)	bangkrut	[baŋkrut]
inflation (f)	inflasi	[inflasi]
dévaluation (f)	devaluasi	[devaluasi]
capital (m)	modal	[modal]
revenu (m)	pendapatan	[pendapatan]
chiffre (m) d'affaires	omzet	[omzet]
ressources (f pl)	sumber daya	[sumber daja]
moyens (m pl) financiers	dana	[dana]
frais (m pl) généraux	beaya umum	[beaja umum]
réduire (vt)	mengurangi	[məŋuraŋi]

110. La commercialisation. Le marketing

marketing (m)	pemasaran	[pemasaran]
marché (m)	pasar	[pasar]
segment (m) du marché	segmen pasar	[segmen pasar]
produit (m)	produk	[produʔ]
marchandise (f)	barang dagangan	[baraŋ dagaŋan]
marque (f) de fabrique	merek	[mereʔ]
marque (f) déposée	merek dagang	[mereʔ dagaŋ]
logotype (m)	logo dagang	[logo dagaŋ]
logo (m)	logo	[logo]
demande (f)	permintaan	[pərminta'an]
offre (f)	penawaran	[penawaran]
besoin (m)	kebutuhan	[kebutuhan]
consommateur (m)	konsumen	[konsumen]
analyse (f)	analisis	[analisis]
analyser (vt)	menganalisis	[məŋanalisis]
positionnement (m)	pemosisian	[pemosisian]
positionner (vt)	memosisikan	[memosisikan]
prix (m)	harga	[harga]
politique (f) des prix	politik harga	[politiʔ harga]
formation (f) des prix	penentuan harga	[penentuan harga]

111. La publicité

publicité (f), pub (f)	iklan	[iklan]
faire de la publicité	mengiklankan	[məɲiklankan]
budget (m)	anggaran belanja	[aŋgaran belandʒʲa]
annonce (f), pub (f)	iklan	[iklan]
publicité (f) à la télévision	iklan TV	[iklan ti-vi]
publicité (f) à la radio	iklan radio	[iklan radio]
publicité (f) extérieure	iklan luar ruangan	[iklan luar ruaŋan]
mass média (m pl)	media massa	[media massa]
périodique (m)	terbitan berkala	[tərbitan bərkala]
image (f)	citra	[tʃitra]
slogan (m)	slogan, semboyan	[slogan], [semboyan]
devise (f)	moto	[moto]
campagne (f)	kampanye	[kampanje]
campagne (f) publicitaire	kampanye iklan	[kampanje iklan]
public (m) cible	khalayak sasaran	[halaja' sasaran]
carte (f) de visite	kartu nama	[kartu nama]
prospectus (m)	selebaran	[selebaran]
brochure (f)	brosur	[brosur]
dépliant (m)	pamflet	[pamflet]
bulletin (m)	buletin	[buletin]
enseigne (f)	papan nama	[papan nama]
poster (m)	poster	[poster]
panneau-réclame (m)	papan iklan	[papan iklan]

112. Les opérations bancaires

banque (f)	bank	[ban']
agence (f) bancaire	cabang	[tʃabaŋ]
conseiller (m)	konsultan	[konsultan]
gérant (m)	manajer	[manadʒʲer]
compte (m)	rekening	[rekeniŋ]
numéro (m) du compte	nomor rekening	[nomor rekeniŋ]
compte (m) courant	rekening koran	[rekeniŋ koran]
compte (m) sur livret	rekening simpanan	[rekeniŋ simpanan]
ouvrir un compte	membuka rekening	[membuka rekeniŋ]
clôturer le compte	menutup rekening	[mənutup rekeniŋ]
verser dans le compte	memasukkan ke rekening	[memasu'kan ke rekeniŋ]
retirer du compte	menarik uang	[mənari' uaŋ]
dépôt (m)	deposito	[deposito]
faire un dépôt	melakukan setoran	[melakukan setoran]
virement (m) bancaire	transfer kawat	[transfer kawat]

faire un transfert	mentransfer	[məntransfer]
somme (f)	jumlah	[dʒʼumlah]
Combien?	Berapa?	[bərapa?]

| signature (f) | tanda tangan | [tanda taŋan] |
| signer (vt) | menandatangani | [mənandataŋani] |

carte (f) de crédit	kartu kredit	[kartu kredit]
code (m)	kode	[kode]
numéro (m) de carte de crédit	nomor kartu kredit	[nomor kartu kredit]
distributeur (m)	Anjungan Tunai Mandiri, ATM	[andʒʼuŋan tunaj mandiri], [a-te-em]

chèque (m)	cek	[tʃeʼ]
faire un chèque	menulis cek	[mənulis tʃeʼ]
chéquier (m)	buku cek	[buku tʃeʼ]

crédit (m)	kredit, pinjaman	[kredit], [pindʒʼaman]
demander un crédit	meminta kredit	[meminta kredit]
prendre un crédit	mendapatkan kredit	[məndapatkan kredit]
accorder un crédit	memberikan kredit	[memberikan kredit]
gage (m)	jaminan	[dʒʼaminan]

113. Le téléphone. La conversation téléphonique

téléphone (m)	telepon	[telepon]
portable (m)	ponsel	[ponsel]
répondeur (m)	mesin penjawab panggilan	[mesin pendʒʼawab paŋgilan]

| téléphoner, appeler | menelepon | [mənelepon] |
| appel (m) | panggilan telepon | [paŋgilan telepon] |

composer le numéro	memutar nomor telepon	[memutar nomor telepon]
Allô!	Halo!	[halo!]
demander (~ l'heure)	bertanya	[bərtanja]
répondre (vi, vt)	menjawab	[məndʒʼawab]

entendre (bruit, etc.)	mendengar	[məndeŋar]
bien (adv)	baik	[bajʼ]
mal (adv)	buruk, jelek	[buruk], [dʒʼeleʼ]
bruits (m pl)	bising, gangguan	[bisiŋ], [gaŋguan]

récepteur (m)	gagang	[gagaŋ]
décrocher (vt)	mengangkat telepon	[məŋaŋkat telepon]
raccrocher (vi)	menutup telepon	[mənutup telepon]

occupé (adj)	sibuk	[sibuʼ]
sonner (vi)	berdering	[bərderiŋ]
carnet (m) de téléphone	buku telepon	[buku telepon]

local (adj)	lokal	[lokal]
appel (m) local	panggilan lokal	[paŋgilan lokal]
interurbain (adj)	interlokal	[interlokal]
appel (m) interurbain	panggilan interlokal	[paŋgilan interlokal]

| international (adj) | internasional | [internasional] |
| appel (m) international | panggilan internasional | [paŋgilan internasional] |

114. Le téléphone portable

| portable (m) | ponsel | [ponsel] |
| écran (m) | layar | [lajar] |

| bouton (m) | kenop | [kenop] |
| carte SIM (f) | kartu SIM | [kartu sim] |

pile (f)	baterai	[bateraj]
être déchargé	mati	[mati]
chargeur (m)	pengisi baterai, pengecas	[peŋisi bateraj], [peŋetʃas]

menu (m)	menu	[menu]
réglages (m pl)	penyetelan	[penjetelan]
mélodie (f)	nada panggil	[nada paŋgil]
sélectionner (vt)	memilih	[memilih]

| calculatrice (f) | kalkulator | [kalkulator] |
| répondeur (m) | penjawab telepon | [pendʒiawab telepon] |

| réveil (m) | weker | [weker] |
| contacts (m pl) | buku telepon | [buku telepon] |

| SMS (m) | pesan singkat | [pesan siŋkat] |
| abonné (m) | pelanggan | [pelaŋgan] |

115. La papeterie

| stylo (m) à bille | bolpen | [bolpen] |
| stylo (m) à plume | pena celup | [pena tʃelup] |

crayon (m)	pensil	[pensil]
marqueur (m)	spidol	[spidol]
feutre (m)	spidol	[spidol]

| bloc-notes (m) | buku catatan | [buku tʃatatan] |
| agenda (m) | agenda | [agenda] |

règle (f)	mistar, penggaris	[mistar], [peŋgaris]
calculatrice (f)	kalkulator	[kalkulator]
gomme (f)	karet penghapus	[karet peŋhapus]

| punaise (f) | paku payung | [paku pajuŋ] |
| trombone (m) | penjepit kertas | [pendʒiepit kertas] |

colle (f)	lem	[lem]
agrafeuse (f)	stapler	[stapler]
perforateur (m)	alat pelubang kertas	[alat pelubaŋ kertas]
taille-crayon (m)	rautan pensil	[rautan pensil]

116. Les différents types de documents

rapport (m)	laporan	[laporan]
accord (m)	perjanjian	[pərdʒ'andʒian]
formulaire (m) d'inscription	formulir pendaftaran	[formulir pendaftaran]
authentique (adj)	otentik, asli	[otentik], [asli]
badge (m)	label identitas	[label identitas]
carte (f) de visite	kartu nama	[kartu nama]

certificat (m)	sertifikat	[sertifikat]
chèque (m) de banque	cek	[tʃe']
addition (f) (restaurant)	bon	[bon]
constitution (f)	Konstitusi, Undang-Undang Dasar	[konstitusi], [undaŋ-undaŋ dasar]

contrat (m)	perjanjian	[pərdʒ'andʒian]
copie (f)	salinan, tembusan	[salinan], [tembusan]
exemplaire (m)	eksemplar	[eksemplar]

déclaration (f) de douane	pernyataan pabean	[pərnjata'an pabean]
document (m)	dokumen	[dokumen]
permis (m) de conduire	Surat Izin Mengemudi, SIM	[surat izin məŋemudi], [sim]
annexe (f)	lampiran	[lampiran]
questionnaire (m)	formulir	[formulir]

carte (f) d'identité	kartu identitas	[kartu identitas]
demande (f) de renseignements	pertanyaan	[pərtanja'an]
lettre (f) d'invitation	surat undangan	[surat undaŋan]
facture (f)	faktur, tagihan	[faktur], [tagihan]

loi (f)	undang-undang	[undaŋ-undaŋ]
lettre (f)	surat	[surat]
papier (m) à en-tête	kop surat	[kop surat]
liste (f) (~ des noms)	daftar	[daftar]
manuscrit (m)	manuskrip	[manuskrip]
bulletin (m)	buletin	[buletin]
mot (m) (message)	nota, catatan	[nota], [tʃatatan]

laissez-passer (m)	pas masuk	[pas masu']
passeport (m)	paspor	[paspor]
permis (m)	surat izin	[surat izin]
C.V. (m)	resume	[resume]
reconnaissance (f) de dette	kuitansi	[kuitansi]
reçu (m)	kuitansi	[kuitansi]
ticket (m) de caisse	slip penjualan	[slip pendʒ'ualan]
rapport (m)	laporan	[laporan]

présenter (pièce d'identité)	memperlihatkan	[memperlihatkan]
signer (vt)	menandatangani	[mənandataŋani]
signature (f)	tanda tangan	[tanda taŋan]
cachet (m)	cap	[tʃap]
texte (m)	teks	[teks]
ticket (m)	tiket	[tiket]
rayer (vt)	mencoret	[mentʃoret]

remplir (vt)	mengisi	[məɲisi]
bordereau (m) de transport	faktur	[faktur]
testament (m)	surat wasiat	[surat wasiat]

117. Les types d'activités économiques

agence (f) de recrutement	biro tenaga kerja	[biro tenaga kerdʒia]
agence (f) de sécurité	biro keamanan	[biro keamanan]
agence (f) d'information	kantor berita	[kantor berita]
agence (f) publicitaire	biro periklanan	[biro periklanan]

antiquités (f pl)	antikuariat	[antikuariat]
assurance (f)	asuransi	[asuransi]
atelier (m) de couture	rumah jahit	[rumah dʒiahit]

banques (f pl)	industri perbankan	[industri perbankan]
bar (m)	bar	[bar]
bâtiment (m)	pembangunan	[pembaŋunan]
bijouterie (f)	perhiasan	[perhiasan]
bijoutier (m)	tukang perhiasan	[tukaŋ perhiasan]

blanchisserie (f)	penatu	[penatu]
boissons (f pl) alcoolisées	minuman beralkohol	[minuman beralkohol]
boîte (f) de nuit	klub malam	[klub malam]
bourse (f)	bursa efek	[bursa efeʔ]
brasserie (f) (fabrique)	pabrik bir	[pabriʔ bir]
maison (f) funéraire	rumah duka	[rumah duka]

casino (m)	kasino	[kasino]
centre (m) d'affaires	pusat bisnis	[pusat bisnis]
cinéma (m)	bioskop	[bioskop]
climatisation (m)	penyejuk udara	[penjedʒiuʔ udara]

commerce (m)	perdagangan	[perdagaŋan]
compagnie (f) aérienne	maskapai penerbangan	[maskapaj penerbaŋan]
conseil (m)	jasa konsultasi	[dʒiasa konsultasi]
coursiers (m pl)	jasa kurir	[dʒiasa kurir]

dentistes (pl)	klinik gigi	[kliniʔ gigi]
design (m)	desain	[desajn]
école (f) de commerce	sekolah bisnis	[sekolah bisnis]
entrepôt (m)	gudang	[gudaŋ]
galerie (f) d'art	galeri seni	[galeri seni]
glace (f)	es krim	[es krim]
hôtel (m)	hotel	[hotel]

immobilier (m)	properti, lahan yasan	[properti], [lahan yasan]
imprimerie (f)	percetakan	[pertʃetakan]
industrie (f)	industri	[industri]
Internet (m)	Internet	[internet]
investissements (m pl)	investasi	[investasi]

| journal (m) | koran | [koran] |
| librairie (f) | toko buku | [toko buku] |

industrie (f) légère	industri ringan	[industri riŋan]
magasin (m)	toko	[toko]
maison (f) d'édition	penerbit	[penerbit]
médecine (f)	kedokteran	[kedokteran]
meubles (m pl)	mebel	[mebel]
musée (m)	museum	[museum]
pétrole (m)	petroleum, minyak	[petroleum], [minjaʔ]
pharmacie (f)	apotek, toko obat	[apotek], [toko obat]
industrie (f) pharmaceutique	farmasi	[farmasi]
piscine (f)	kolam renang	[kolam renaŋ]
pressing (m)	penatu kimia	[penatu kimia]
produits (m pl) alimentaires	produk makanan	[produ' makanan]
publicité (f), pub (f)	periklanan	[periklanan]
radio (f)	radio	[radio]
récupération (f) des déchets	pemungutan sampah	[pemuŋutan sampah]
restaurant (m)	restoran	[restoran]
revue (f)	majalah	[madʒalah]
salon (m) de beauté	salon kecantikan	[salon ketʃantikan]
service (m) financier	jasa finansial	[dʒasa finansial]
service (m) juridique	penasihat hukum	[penasihat hukum]
services (m pl) comptables	jasa akuntansi	[dʒasa akuntansi]
services (m pl) d'audition	jasa audit	[dʒasa audit]
sport (m)	olahraga	[olahraga]
supermarché (m)	pasar swalayan	[pasar swalajan]
télévision (f)	televisi	[televisi]
théâtre (m)	teater	[teater]
tourisme (m)	pariwisata	[pariwisata]
sociétés de transport	transportasi, angkutan	[transportasi], [aŋkutan]
vente (f) par catalogue	perniagaan pesanan pos	[perniaga'an pesanan pos]
vêtement (m)	pakaian, busana	[pakajan], [busana]
vétérinaire (m)	dokter hewan	[dokter hewan]

Le travail. Les affaires. Partie 2

118. Les foires et les salons

salon (m)	pameran	[pameran]
salon (m) commercial	pameran perdagangan	[pameran perdagaŋan]
participation (f)	partisipasi	[partisipasi]
participer à ...	turut serta	[turut serta]
participant (m)	partisipan, peserta	[partisipan], [peserta]
directeur (m)	direktur	[direktur]
direction (f)	biro penyelenggara kegiatan	[biro penelengara kegiatan]
organisateur (m)	penyelenggara	[penjeleŋgara]
organiser (vt)	menyelenggarakan	[mənjeleŋgarakan]
demande (f) de participation	formulir keikutsertaan	[formulir keikutserta'an]
remplir (vt)	mengisi	[məŋisi]
détails (m pl)	detail	[detajl]
information (f)	informasi	[informasi]
prix (m)	harga	[harga]
y compris	termasuk	[tərmasu']
inclure (~ les taxes)	mencakup	[məntʃakup]
payer (régler)	membayar	[membajar]
droits (m pl) d'inscription	biaya pendaftaran	[biaja pendaftaran]
entrée (f)	masuk	[masu']
pavillon (m)	paviliun	[paviliun]
enregistrer (vt)	mendaftar	[məndaftar]
badge (m)	label identitas	[label identitas]
stand (m)	stand	[stand]
réserver (vt)	memesan	[memesan]
vitrine (f)	dagang layar kaca	[dagaŋ lajar katʃa]
lampe (f)	lampu	[lampu]
design (m)	desain	[desajn]
mettre (placer)	menempatkan	[mənempatkan]
être placé	diletakkan	[dileta'kan]
distributeur (m)	penyalur	[penjalur]
fournisseur (m)	penyuplai	[penyuplaj]
fournir (vt)	menyuplai	[mənyuplaj]
pays (m)	negara, negeri	[negara], [negeri]
étranger (adj)	asing	[asiŋ]
produit (m)	produk	[produ']
association (f)	asosiasi, perhimpunan	[asosiasi], [perhimpunan]

salle (f) de conférences	gedung pertemuan	[geduŋ pərtemuan]
congrès (m)	kongres	[koŋres]
concours (m)	kontes	[kontes]

visiteur (m)	pengunjung	[peŋundʒʲuŋ]
visiter (vt)	mendatangi	[məndataŋi]
client (m)	pelanggan	[pelaŋgan]

119. Les médias de masse

journal (m)	koran	[koran]
revue (f)	majalah	[madʒʲalah]
presse (f)	pers	[pers]
radio (f)	radio	[radio]
station (f) de radio	stasiun radio	[stasiun radio]
télévision (f)	televisi	[televisi]

animateur (m)	pembawa acara	[pembawa atʃara]
présentateur (m) de journaux télévisés	penyiar	[penjiar]
commentateur (m)	komentator	[komentator]

journaliste (m)	wartawan	[wartawan]
correspondant (m)	koresponden	[koresponden]
reporter photographe (m)	fotografer pers	[fotografer pərs]
reporter (m)	reporter, pewarta	[reporter], [pewarta]

| rédacteur (m) | editor, penyunting | [editor], [penyuntiŋ] |
| rédacteur (m) en chef | editor kepala | [editor kepala] |

s'abonner (vp)	berlangganan ...	[bərlaŋganan ...]
abonnement (m)	langganan	[laŋganan]
abonné (m)	pelanggan	[pelaŋgan]
lire (vi, vt)	membaca	[membatʃa]
lecteur (m)	pembaca	[pembatʃa]

tirage (m)	oplah	[oplah]
mensuel (adj)	bulanan	[bulanan]
hebdomadaire (adj)	mingguan	[miŋguan]
numéro (m)	edisi	[edisi]
nouveau (~ numéro)	baru	[baru]

titre (m)	kepala berita	[kepala bərita]
entrefilet (m)	artikel singkat	[artikel siŋkat]
rubrique (f)	kolom	[kolom]
article (m)	artikel	[artikel]
page (f)	halaman	[halaman]

reportage (m)	reportase	[reportase]
événement (m)	peristiwa, kejadian	[pəristiwa], [kedʒʲadian]
sensation (f)	sensasi	[sensasi]
scandale (m)	skandal	[skandal]
scandaleux	penuh skandal	[penuh skandal]
grand (~ scandale)	besar	[besar]

émission (f)	program	[program]
interview (f)	wawancara	[wawantʃara]
émission (f) en direct	siaran langsung	[siaran laŋsuŋ]
chaîne (f) (~ payante)	saluran	[saluran]

120. L'agriculture

agriculture (f)	pertanian	[pertanian]
paysan (m)	petani	[petani]
paysanne (f)	petani	[petani]
fermier (m)	petani	[petani]

| tracteur (m) | traktor | [traktor] |
| moissonneuse-batteuse (f) | mesin pemanen | [mesin pemanen] |

charrue (f)	bajak	[badʒ/aʔ]
labourer (vt)	membajak, menenggala	[membadʒ/ak], [meneŋgala]
champ (m) labouré	tanah garapan	[tanah garapan]
sillon (m)	alur	[alur]

semer (vt)	menanam	[menanam]
semeuse (f)	mesin penanam	[mesin penanam]
semailles (f pl)	penanaman	[penanaman]

| faux (f) | sabit | [sabit] |
| faucher (vt) | menyabit | [menjabit] |

| pelle (f) | sekop | [sekop] |
| bêcher (vt) | menggali | [meŋgali] |

couperet (m)	cangkul	[tʃaŋkul]
sarcler (vt)	menyiangi	[menjiaŋi]
mauvaise herbe (f)	gulma	[gulma]

arrosoir (m)	kaleng penyiram	[kaleŋ penjiram]
arroser (plantes)	menyiram	[menjiram]
arrosage (m)	penyiraman	[penjiraman]

| fourche (f) | garpu ramput | [garpu ramput] |
| râteau (m) | penggaruk | [peŋgaruʔ] |

engrais (m)	pupuk	[pupuʔ]
engraisser (vt)	memupuk	[memupuʔ]
fumier (m)	pupuk kandang	[pupuʔ kandaŋ]

champ (m)	ladang	[ladaŋ]
pré (m)	padang rumput	[padaŋ rumput]
potager (m)	kebun sayur	[kebun sajur]
jardin (m)	kebun buah	[kebun buah]

faire paître	menggembalakan	[meŋgembalakan]
berger (m)	penggembala	[peŋgembala]
pâturage (m)	padang penggembalaan	[padaŋ peŋgembalaʔan]
élevage (m)	peternakan	[peternakan]

élevage (m) de moutons	peternakan domba	[peternakan domba]
plantation (f)	perkebunan	[pərkebunan]
plate-bande (f)	bedeng	[bedeŋ]
serre (f)	rumah kaca	[rumah katʃa]

| sécheresse (f) | musim kering | [musim keriŋ] |
| sec (l'été ~) | kering | [keriŋ] |

grains (m pl)	biji	[bidʒi]
céréales (f pl)	serealia	[serealia]
récolter (vt)	memanen	[memanen]

meunier (m)	penggiling	[peŋgiliŋ]
moulin (m)	kincir	[kintʃir]
moudre (vt)	menggiling	[məŋgiliŋ]
farine (f)	tepung	[tepuŋ]
paille (f)	jerami	[dʒ'erami]

121. Le BTP et la construction

chantier (m)	lokasi pembangunan	[lokasi pembaŋunan]
construire (vt)	membangun	[membaŋun]
ouvrier (m) du bâtiment	buruh bangunan	[buruh baŋunan]

projet (m)	proyek	[proe']
architecte (m)	arsitek	[arsite']
ouvrier (m)	buruh, pekerja	[buruh], [pekerdʒ'a]

fondations (f pl)	fondasi	[fondasi]
toit (m)	atap	[atap]
pieu (m) de fondation	tiang fondasi	[tiaŋ fondasi]
mur (m)	dinding	[dindiŋ]

| ferraillage (m) | kerangka besi | [keraŋka besi] |
| échafaudage (m) | perancah | [pərantʃah] |

béton (m)	beton	[beton]
granit (m)	granit	[granit]
pierre (f)	batu	[batu]
brique (f)	bata, batu bata	[bata], [batu bata]

sable (m)	pasir	[pasir]
ciment (m)	semen	[semen]
plâtre (m)	lepa, plester	[lepa], [plester]
plâtrer (vt)	melepa	[melepa]
peinture (f)	cat	[tʃat]
peindre (des murs)	mengecat	[məŋetʃat]
tonneau (m)	tong	[toŋ]

grue (f)	derek	[dere']
monter (vt)	menaikkan	[mənaj'kan]
abaisser (vt)	menurunkan	[mənurunkan]
bulldozer (m)	buldoser	[buldozer]
excavateur (m)	ekskavator	[ekskavator]

godet (m)	sudu pengeruk	[sudu peŋeruʔ]
creuser (vt)	menggali	[məŋgali]
casque (m)	topi baja	[topi badʒʲa]

122. La recherche scientifique et les chercheurs

science (f)	ilmu	[ilmu]
scientifique (adj)	ilmiah	[ilmiah]
savant (m)	ilmuwan	[ilmuwan]
théorie (f)	teori	[teori]

axiome (m)	aksioma	[aksioma]
analyse (f)	analisis	[analisis]
analyser (vt)	menganalisis	[məɲanalisis]
argument (m)	argumen	[argumen]
substance (f) (matière)	zat, bahan	[zat], [bahan]

hypothèse (f)	hipotesis	[hipotesis]
dilemme (m)	dilema	[dilema]
thèse (f)	disertasi	[disertasi]
dogme (m)	dogma	[dogma]

doctrine (f)	doktrin	[doktrin]
recherche (f)	riset, penelitian	[riset], [penelitian]
rechercher (vt)	penelitian	[penelitian]
test (m)	pengujian	[peɲudʒian]
laboratoire (m)	laboratorium	[laboratorium]

méthode (f)	metode	[metode]
molécule (f)	molekul	[molekul]
monitoring (m)	pemonitoran	[pemonitoran]
découverte (f)	penemuan	[penemuan]

postulat (m)	postulat	[postulat]
principe (m)	prinsip	[prinsip]
prévision (f)	prakiraan	[prakiraʔan]
prévoir (vt)	memprakirakan	[memprakirakan]

synthèse (f)	sintesis	[sintesis]
tendance (f)	tendensi	[tendensi]
théorème (m)	teorema	[teorema]

| enseignements (m pl) | ajaran | [adʒʲaran] |
| fait (m) | fakta | [fakta] |

| expédition (f) | ekspedisi | [ekspedisi] |
| expérience (f) | eksperimen | [eksperimen] |

académicien (m)	akademikus	[akademikus]
bachelier (m)	sarjana	[sardʒʲana]
docteur (m)	doktor	[doktor]
chargé (m) de cours	Profesor Madya	[profesor madja]
magistère (m)	Master	[master]
professeur (m)	profesor	[profesor]

Les professions. Les métiers

123. La recherche d'emploi. Le licenciement

travail (m)	kerja, pekerjaan	[kerdʒ'a], [pekerdʒ'a'an]
employés (pl)	staf, personalia	[staf], [personalia]
personnel (m)	staf, personel	[staf], [personel]
carrière (f)	karier	[karier]
perspective (f)	perspektif	[pərspektif]
maîtrise (f)	keterampilan	[keterampilan]
sélection (f)	pilihan	[pilihan]
agence (f) de recrutement	biro tenaga kerja	[biro tenaga kerdʒ'a]
C.V. (m)	resume	[resume]
entretien (m)	wawancara kerja	[wawantʃara kerdʒ'a]
emploi (m) vacant	lowongan	[lowoŋan]
salaire (m)	gaji, upah	[gadʒi], [upah]
salaire (m) fixe	gaji tetap	[gadʒi tetap]
rémunération (f)	bayaran	[bajaran]
poste (m) (~ évolutif)	jabatan	[dʒ'abatan]
fonction (f)	tugas	[tugas]
liste (f) des fonctions	bidang tugas	[bidaŋ tugas]
occupé (adj)	sibuk	[sibu']
licencier (vt)	memecat	[memetʃat]
licenciement (m)	pemecatan	[pemetʃatan]
chômage (m)	pengangguran	[peŋaŋguran]
chômeur (m)	pengganggur	[peŋgaŋgur]
retraite (f)	pensiun	[pensiun]
prendre sa retraite	pensiun	[pensiun]

124. Les hommes d'affaires

directeur (m)	direktur	[direktur]
gérant (m)	manajer	[manadʒ'er]
patron (m)	bos, atasan	[bos], [atasan]
supérieur (m)	atasan	[atasan]
supérieurs (m pl)	atasan	[atasan]
président (m)	presiden	[presiden]
président (m) (d'entreprise)	ketua, dirut	[ketua], [dirut]
adjoint (m)	wakil	[wakil]
assistant (m)	asisten	[asisten]

| secrétaire (m, f) | sekretaris | [sekretaris] |
| secrétaire (m, f) personnel | asisten pribadi | [asisten pribadi] |

homme (m) d'affaires	pengusaha, pebisnis	[peŋusaha], [pebisnis]
entrepreneur (m)	pengusaha	[peŋusaha]
fondateur (m)	pendiri	[pendiri]
fonder (vt)	mendirikan	[məndirikan]

fondateur (m)	pendiri	[pendiri]
partenaire (m)	mitra	[mitra]
actionnaire (m)	pemegang saham	[pemegaŋ saham]

millionnaire (m)	jutawan	[dʒˈutawan]
milliardaire (m)	miliarder	[miliarder]
propriétaire (m)	pemilik	[pemiliʔ]
propriétaire (m) foncier	tuan tanah	[tuan tanah]

client (m)	klien	[klien]
client (m) régulier	klien tetap	[klien tetap]
acheteur (m)	pembeli	[pembeli]
visiteur (m)	tamu	[tamu]

professionnel (m)	profesional	[profesional]
expert (m)	pakar, ahli	[pakar], [ahli]
spécialiste (m)	spesialis, ahli	[spesialis], [ahli]

| banquier (m) | bankir | [bankir] |
| courtier (m) | broker, pialang | [broker], [pialaŋ] |

caissier (m)	kasir	[kasir]
comptable (m)	akuntan	[akuntan]
agent (m) de sécurité	satpam, pengawal	[satpam], [peŋawal]

investisseur (m)	investor	[investor]
débiteur (m)	debitur	[debitur]
créancier (m)	kreditor	[kreditor]
emprunteur (m)	peminjam	[pemindʒˈam]

| importateur (m) | importir | [importir] |
| exportateur (m) | eksportir | [eksportir] |

producteur (m)	produsen	[produsen]
distributeur (m)	penyalur	[penjalur]
intermédiaire (m)	perantara	[perantara]

conseiller (m)	konsultan	[konsultan]
représentant (m)	perwakilan penjualan	[perwakilan pendʒˈualan]
agent (m)	agen	[agen]
agent (m) d'assurances	agen asuransi	[agen asuransi]

125. Les métiers des services

| cuisinier (m) | koki, juru masak | [koki], [dʒˈuru masaʔ] |
| cuisinier (m) en chef | koki kepala | [koki kepala] |

boulanger (m)	pembuat roti	[pembuat roti]
barman (m)	pelayan bar	[pelajan bar]
serveur (m)	pelayan lelaki	[pelajan lelaki]
serveuse (f)	pelayan perempuan	[pelajan perempuan]

avocat (m)	advokat, pengacara	[advokat], [peŋatʃara]
juriste (m)	ahli hukum	[ahli hukum]
notaire (m)	notaris	[notaris]

électricien (m)	tukang listrik	[tukaŋ listriʔ]
plombier (m)	tukang pipa	[tukaŋ pipa]
charpentier (m)	tukang kayu	[tukaŋ kaju]

masseur (m)	tukang pijat lelaki	[tukaŋ pidʒ ̩at lelaki]
masseuse (f)	tukang pijat perempuan	[tukaŋ pidʒ ̩at perempuan]
médecin (m)	dokter	[dokter]

chauffeur (m) de taxi	sopir taksi	[sopir taksi]
chauffeur (m)	sopir	[sopir]
livreur (m)	kurir	[kurir]

femme (f) de chambre	pelayan kamar	[pelajan kamar]
agent (m) de sécurité	satpam, pengawal	[satpam], [peŋawal]
hôtesse (f) de l'air	pramugari	[pramugari]

professeur (m)	guru	[guru]
bibliothécaire (m)	pustakawan	[pustakawan]
traducteur (m)	penerjemah	[penerdʒ ̩emah]
interprète (m)	juru bahasa	[dʒ ̩uru bahasa]
guide (m)	pemandu wisata	[pemandu wisata]

coiffeur (m)	tukang cukur	[tukaŋ tʃukur]
facteur (m)	tukang pos	[tukaŋ pos]
vendeur (m)	pramuniaga	[pramuniaga]

jardinier (m)	tukang kebun	[tukaŋ kebun]
serviteur (m)	pramuwisma	[pramuwisma]
servante (f)	pramuwisma	[pramuwisma]
femme (f) de ménage	pembersih ruangan	[pembersih ruaŋan]

126. Les professions militaires et leurs grades

soldat (m) (grade)	prajurit	[pradʒ ̩urit]
sergent (m)	sersan	[sersan]
lieutenant (m)	letnan	[letnan]
capitaine (m)	kapten	[kapten]

commandant (m)	mayor	[major]
colonel (m)	kolonel	[kolonel]
général (m)	jenderal	[dʒ ̩enderal]
maréchal (m)	marsekal	[marsekal]
amiral (m)	laksamana	[laksamana]
militaire (m)	anggota militer	[aŋgota militer]
soldat (m)	tentara, serdadu	[tentara], [serdadu]

| officier (m) | perwira | [pərwira] |
| commandant (m) | komandan | [komandan] |

garde-frontière (m)	penjaga perbatasan	[pendʒaga pərbatasan]
opérateur (m) radio	operator radio	[operator radio]
éclaireur (m)	pengintai	[pəŋintaj]
démineur (m)	pencari ranjau	[pentʃari randʒau]
tireur (m)	petembak	[petembaʔ]
navigateur (m)	navigator, penavigasi	[navigator], [penavigasi]

127. Les fonctionnaires. Les prêtres

| roi (m) | raja | [radʒa] |
| reine (f) | ratu | [ratu] |

| prince (m) | pangeran | [paŋeran] |
| princesse (f) | putri | [putri] |

| tsar (m) | tsar, raja | [tsar], [radʒa] |
| tsarine (f) | tsarina, ratu | [tsarina], [ratu] |

président (m)	presiden	[presiden]
ministre (m)	Menteri Sekretaris	[mənteri sekretaris]
premier ministre (m)	perdana menteri	[pərdana menteri]
sénateur (m)	senator	[senator]

diplomate (m)	diplomat	[diplomat]
consul (m)	konsul	[konsul]
ambassadeur (m)	duta besar	[duta besar]
conseiller (m)	penasihat	[penasihat]

fonctionnaire (m)	petugas	[petugas]
préfet (m)	prefek	[prefeʔ]
maire (m)	walikota	[walikota]

| juge (m) | hakim | [hakim] |
| procureur (m) | kejaksaan negeri | [kedʒaksaʔan negeri] |

missionnaire (m)	misionaris	[misionaris]
moine (m)	biarawan, rahib	[biarawan], [rahib]
abbé (m)	abbas	[abbas]
rabbin (m)	rabbi	[rabbi]

vizir (m)	wazir	[wazir]
shah (m)	syah	[ʃah]
cheik (m)	syeikh	[ʃejh]

128. Les professions agricoles

apiculteur (m)	peternak lebah	[peternaʔ lebah]
berger (m)	penggembala	[peŋgembala]
agronome (m)	agronom	[agronom]

| éleveur (m) | peternak | [peterna⁊] |
| vétérinaire (m) | dokter hewan | [dokter hewan] |

fermier (m)	petani	[petani]
vinificateur (m)	pembuat anggur	[pembuat aŋgur]
zoologiste (m)	zoolog	[zoolog]
cow-boy (m)	koboi	[koboi]

129. Les professions artistiques

| acteur (m) | aktor | [aktor] |
| actrice (f) | aktris | [aktris] |

| chanteur (m) | biduan | [biduan] |
| cantatrice (f) | biduanita | [biduanita] |

| danseur (m) | penari lelaki | [penari lelaki] |
| danseuse (f) | penari perempuan | [penari pərempuan] |

| artiste (m) | artis | [artis] |
| artiste (f) | artis | [artis] |

musicien (m)	musisi, musikus	[musisi], [musikus]
pianiste (m)	pianis	[pianis]
guitariste (m)	pemain gitar	[pemajn gitar]

chef (m) d'orchestre	konduktor	[konduktor]
compositeur (m)	komposer, komponis	[komposer], [komponis]
imprésario (m)	impresario	[impresario]

metteur (m) en scène	sutradara	[sutradara]
producteur (m)	produser	[produser]
scénariste (m)	penulis skenario	[penulis skenario]
critique (m)	kritikus	[kritikus]

écrivain (m)	penulis	[penulis]
poète (m)	penyair	[penjajr]
sculpteur (m)	pematung	[pematuŋ]
peintre (m)	perupa	[pərupa]

jongleur (m)	juggler	[dʒʲuggler]
clown (m)	badut	[badut]
acrobate (m)	akrobat	[akrobat]
magicien (m)	pesulap	[pesulap]

130. Les différents métiers

médecin (m)	dokter	[dokter]
infirmière (f)	suster, juru rawat	[suster], [dʒʲuru rawat]
psychiatre (m)	psikiater	[psikiater]
stomatologue (m)	dokter gigi	[dokter gigi]
chirurgien (m)	dokter bedah	[dokter bedah]

astronaute (m)	astronaut	[astronaut]
astronome (m)	astronom	[astronom]
pilote (m)	pilot	[pilot]

chauffeur (m)	sopir	[sopir]
conducteur (m) de train	masinis	[masinis]
mécanicien (m)	mekanik	[mekaniʔ]

mineur (m)	penambang	[penambaŋ]
ouvrier (m)	buruh, pekerja	[buruh], [pekerdʒʲa]
serrurier (m)	tukang kikir	[tukaŋ kikir]
menuisier (m)	tukang kayu	[tukaŋ kaju]
tourneur (m)	tukang bubut	[tukaŋ bubut]
ouvrier (m) du bâtiment	buruh bangunan	[buruh baŋunan]
soudeur (m)	tukang las	[tukaŋ las]

professeur (m) (titre)	profesor	[profesor]
architecte (m)	arsitek	[arsiteʔ]
historien (m)	sejarawan	[sedʒʲarawan]
savant (m)	ilmuwan	[ilmuwan]
physicien (m)	fisikawan	[fisikawan]
chimiste (m)	kimiawan	[kimiawan]

archéologue (m)	arkeolog	[arkeolog]
géologue (m)	geolog	[geolog]
chercheur (m)	periset, peneliti	[pəriset], [peneliti]

| baby-sitter (m, f) | pengasuh anak | [peŋasuh anaʔ] |
| pédagogue (m, f) | guru, pendidik | [guru], [pendidiʔ] |

rédacteur (m)	editor, penyunting	[editor], [penyuntiŋ]
rédacteur (m) en chef	editor kepala	[editor kepala]
correspondant (m)	koresponden	[koresponden]
dactylographe (f)	juru ketik	[dʒʲuru ketiʔ]

designer (m)	desainer, perancang	[desajner], [pərantʃaŋ]
informaticien (m)	ahli komputer	[ahli komputer]
programmeur (m)	pemrogram	[pemrogram]
ingénieur (m)	insinyur	[insinyur]

marin (m)	pelaut	[pelaut]
matelot (m)	kelasi	[kelasi]
secouriste (m)	penyelamat	[penjelamat]

pompier (m)	pemadam kebakaran	[pemadam kebakaran]
policier (m)	polisi	[polisi]
veilleur (m) de nuit	penjaga	[pendʒʲaga]
détective (m)	detektif	[detektif]

douanier (m)	petugas pabean	[petugas pabean]
garde (m) du corps	pengawal pribadi	[peŋawal pribadi]
gardien (m) de prison	sipir, penjaga penjara	[sipir], [pendʒʲaga pendʒʲara]
inspecteur (m)	inspektur	[inspektur]

| sportif (m) | olahragawan | [olahragawan] |
| entraîneur (m) | pelatih | [pelatih] |

boucher (m)	tukang daging	[tukaŋ dagiŋ]
cordonnier (m)	tukang sepatu	[tukaŋ sepatu]
commerçant (m)	pedagang	[pedagaŋ]
chargeur (m)	kuli	[kuli]

| couturier (m) | perancang busana | [perantʃaŋ busana] |
| modèle (f) | peragawati | [peragawati] |

131. Les occupations. Le statut social

| écolier (m) | siswa | [siswa] |
| étudiant (m) | mahasiswa | [mahasiswa] |

philosophe (m)	filsuf	[filsuf]
économiste (m)	ahli ekonomi	[ahli ekonomi]
inventeur (m)	penemu	[penemu]

chômeur (m)	pengganggur	[peŋgaŋgur]
retraité (m)	pensiunan	[pensiunan]
espion (m)	mata-mata	[mata-mata]

prisonnier (m)	tahanan	[tahanan]
gréviste (m)	pemogok	[pemogoʔ]
bureaucrate (m)	birokrat	[birokrat]
voyageur (m)	pelancong	[pelantʃoŋ]

homosexuel (m)	homo, homoseksual	[homo], [homoseksual]
hacker (m)	peretas	[peretas]
hippie (m, f)	hipi	[hipi]

bandit (m)	bandit	[bandit]
tueur (m) à gages	pembunuh bayaran	[pembunuh bajaran]
drogué (m)	pecandu narkoba	[petʃandu narkoba]
trafiquant (m) de drogue	pengedar narkoba	[penedar narkoba]
prostituée (f)	pelacur	[pelatʃur]
souteneur (m)	germo	[germo]

sorcier (m)	penyihir lelaki	[penjihir lelaki]
sorcière (f)	penyihir perempuan	[penjihir perempuan]
pirate (m)	bajak laut	[badʒʲaʔ laut]
esclave (m)	budak	[budaʔ]
samouraï (m)	samurai	[samuraj]
sauvage (m)	orang primitif	[oraŋ primitif]

Le sport

132. Les types de sports. Les sportifs

sportif (m)	olahragawan	[olahragawan]
type (m) de sport	jenis olahraga	[dʒenis olahraga]
basket-ball (m)	bola basket	[bola basket]
basketteur (m)	pemain bola basket	[pemajn bola basket]
base-ball (m)	bisbol	[bisbol]
joueur (m) de base-ball	pemain bisbol	[pemajn bisbol]
football (m)	sepak bola	[sepa' bola]
joueur (m) de football	pemain sepak bola	[pemajn sepa' bola]
gardien (m) de but	kiper, penjaga gawang	[kiper], [pendʒaga gawaŋ]
hockey (m)	hoki	[hoki]
hockeyeur (m)	pemain hoki	[pemajn hoki]
volley-ball (m)	bola voli	[bola voli]
joueur (m) de volley-ball	pemain bola voli	[pemajn bola voli]
boxe (f)	tinju	[tindʒu]
boxeur (m)	petinju	[petindʒu]
lutte (f)	gulat	[gulat]
lutteur (m)	pegulat	[pegulat]
karaté (m)	karate	[karate]
karatéka (m)	karateka	[karateka]
judo (m)	judo	[dʒudo]
judoka (m)	pejudo	[pedʒudo]
tennis (m)	tenis	[tenis]
joueur (m) de tennis	petenis	[petenis]
natation (f)	berenang	[bərenaŋ]
nageur (m)	perenang	[pərenaŋ]
escrime (f)	anggar	[aŋgar]
escrimeur (m)	pemain anggar	[pemajn aŋgar]
échecs (m pl)	catur	[tʃatur]
joueur (m) d'échecs	pecatur	[petʃatur]
alpinisme (m)	mendaki gunung	[məndaki gunuŋ]
alpiniste (m)	pendaki gunung	[pendaki gunuŋ]
course (f)	lari	[lari]

coureur (m)	pelari	[pelari]
athlétisme (m)	atletik	[atletiˀ]
athlète (m)	atlet	[atlet]

| équitation (f) | menunggang kuda | [mənuŋgaŋ kuda] |
| cavalier (m) | penunggang kuda | [penuŋgaŋ kuda] |

patinage (m) artistique	seluncur indah	[seluntʃur indah]
patineur (m)	peseluncur indah	[peseluntʃur indah]
patineuse (f)	peseluncur indah	[peseluntʃur indah]

| haltérophilie (f) | angkat berat | [aŋkat bərat] |
| haltérophile (m) | atlet angkat berat | [atlet aŋkat bərat] |

| course (f) automobile | balapan mobil | [balapan mobil] |
| pilote (m) | pembalap mobil | [pembalap mobil] |

| cyclisme (m) | bersepeda | [bərsepeda] |
| cycliste (m) | atlet sepeda | [atlet sepeda] |

sauts (m pl) en longueur	lompat jauh	[lompat dʒˈauh]
sauts (m pl) à la perche	lompat galah	[lompat galah]
sauteur (m)	atlet lompat, pelompat	[atlet lompat], [pelompat]

133. Les types de sports. Divers

football (m) américain	futbol	[futbol]
badminton (m)	badminton, bulu tangkis	[badminton], [bulu taŋkis]
biathlon (m)	biathlon	[biatlon]
billard (m)	biliar	[biliar]

bobsleigh (m)	bobsled	[bobsled]
bodybuilding (m)	binaraga	[binaraga]
water-polo (m)	polo air	[polo air]
handball (m)	bola tangan	[bola taŋan]
golf (m)	golf	[golf]

aviron (m)	mendayung	[məndajuŋ]
plongée (f)	selam skuba	[selam skuba]
course (f) à skis	ski lintas alam	[ski lintas alam]
tennis (m) de table	tenis meja	[tenis medʒˈa]

voile (f)	berlayar	[bərlajar]
rallye (m)	balap reli	[balap reli]
rugby (m)	rugbi	[rugbi]
snowboard (m)	seluncur salju	[seluntʃur saldʒˈu]
tir (m) à l'arc	memanah	[memanah]

134. La salle de sport

| barre (f) à disques | barbel | [barbel] |
| haltères (m pl) | dumbel | [dumbel] |

appareil (m) d'entraînement	alat senam	[alat senam]
vélo (m) d'exercice	sepeda statis	[sepeda statis]
tapis (m) roulant	treadmill	[tredmil]

barre (f) fixe	rekstok	[reksto']
barres (pl) parallèles	palang sejajar	[palaŋ sedʒⁱadʒⁱar]
cheval (m) d'Arçons	kuda-kuda	[kuda-kuda]
tapis (m) gymnastique	matras	[matras]

corde (f) à sauter	lompat tali	[lompat tali]
aérobic (m)	aerobik	[aerobi']
yoga (m)	yoga	[yoga]

135. Le hockey sur glace

hockey (m)	hoki	[hoki]
hockeyeur (m)	pemain hoki	[pemajn hoki]
jouer au hockey	bermain hoki	[bərmajn hoki]
glace (f)	es	[es]

palet (m)	bola hoki es	[bola hoki es]
crosse (f)	stik hoki	[sti' hoki]
patins (m pl)	sepatu es	[sepatu es]

| rebord (m) | papan | [papan] |
| tir (m) | pukulan | [pukulan] |

gardien (m) de but	penjaga gawang	[pendʒⁱaga gawaŋ]
but (m)	gol	[gol]
marquer un but	menjaringkan gol	[məndʒⁱariŋkan gol]

période (f)	babak	[baba']
deuxième période (f)	babak kedua	[baba' kedua]
banc (m) des remplaçants	bangku pemain pengganti	[baŋku pemajn peŋganti]

136. Le football

football (m)	sepak bola	[sepa' bola]
joueur (m) de football	pemain sepak bola	[pemajn sepa' bola]
jouer au football	bermain sepak bola	[bərmajn sepa' bola]

ligue (f) supérieure	liga tertinggi	[liga tərtiŋgi]
club (m) de football	klub sepak bola	[klub sepa' bola]
entraîneur (m)	pelatih	[pelatih]
propriétaire (m)	pemilik	[pemili']

équipe (f)	tim	[tim]
capitaine (m) de l'équipe	kapten tim	[kapten tim]
joueur (m)	pemain	[pemajn]
remplaçant (m)	pemain pengganti	[pemajn peŋganti]
attaquant (m)	penyerang	[penjeraŋ]
avant-centre (m)	penyerang tengah	[penjeraŋ teŋah]

butteur (m)	penyerang, pencetak gol	[penjeraŋ], [pentʃeta' gol]
arrière (m)	bek, pemain bertahan	[bek], [pemajn bərtahan]
demi (m)	hafbek	[hafbe']

match (m)	pertandingan	[pərtandiŋan]
se rencontrer (vp)	bertanding	[bərtandiŋ]
finale (f)	final	[final]
demi-finale (f)	semifinal	[semifinal]
championnat (m)	kejuaraan	[kedʒ'uara'an]

mi-temps (f)	babak	[baba']
première mi-temps (f)	babak pertama	[baba' pərtama]
mi-temps (f) (pause)	waktu istirahat	[waktu istirahat]

but (m)	gawang	[gawaŋ]
gardien (m) de but	kiper, penjaga gawang	[kiper], [pendʒ'aga gawaŋ]
poteau (m)	tiang gawang	[tiaŋ gawaŋ]
barre (f)	palang gol	[palaŋ gol]
filet (m)	net	[net]
encaisser un but	kebobolan	[kebobolan]

ballon (m)	bola	[bola]
passe (f)	operan	[operan]
coup (m)	tendangan	[tendaŋan]
porter un coup	menendang	[mənendaŋ]
coup (m) franc	tendangan bebas	[tendaŋan bebas]
corner (m)	tendangan penjuru	[tendaŋan pendʒ'uru]

attaque (f)	serangan	[seraŋan]
contre-attaque (f)	serangan balik	[seraŋan bali']
combinaison (f)	kombinasi	[kombinasi]

arbitre (m)	wasit	[wasit]
siffler (vi)	meniup peluit	[məniup peluit]
sifflet (m)	peluit	[peluit]
faute (f)	pelanggaran	[pelaŋgaran]
commettre un foul	melanggar	[melaŋgar]
expulser du terrain	mengusir keluar lapangan	[məŋusir keluar lapaŋan]

carton (m) jaune	kartu kuning	[kartu kuniŋ]
carton (m) rouge	kartu merah	[kartu merah]
disqualification (f)	diskualifikasi	[diskualifikasi]
disqualifier (vt)	mendiskualifikasi	[məndiskualifikasi]

penalty (m)	tendangan penalti	[tendaŋan penalti]
mur (m)	tembok pemain	[tembo' pemajn]
marquer (vt)	menjaringkan	[məndʒ'ariŋkan]
but (m)	gol	[gol]
marquer un but	menjaringkan gol	[məndʒ'ariŋkan gol]

remplacement (m)	penggantian	[peŋgantian]
remplacer (vt)	mengganti	[məŋganti]
règles (f pl)	peraturan	[pəraturan]
tactique (f)	taktik	[takti']
stade (m)	stadion	[stadion]
tribune (f)	tribun	[tribun]

| supporteur (m) | pendukung | [pendukuŋ] |
| crier (vi) | berteriak | [bərteriaʔ] |

| tableau (m) | papan skor | [papan skor] |
| score (m) | skor | [skor] |

défaite (f)	kekalahan	[kekalahan]
perdre (vi)	kalah	[kalah]
match (m) nul	seri, hasil imbang	[seri], [hasil imbaŋ]
faire match nul	bermain seri	[bərmajn seri]

| victoire (f) | kemenangan | [kemenaŋan] |
| gagner (vi, vt) | menang | [menaŋ] |

champion (m)	juara	[dʒʲuara]
meilleur (adj)	terbaik	[terbaiʔ]
féliciter (vt)	mengucapkan selamat	[məŋutʃapkan selamat]

commentateur (m)	komentator	[komentator]
commenter (vt)	berkomentar	[bərkomentar]
retransmission (f)	siaran	[siaran]

137. Le ski alpin

skis (m pl)	ski	[ski]
faire du ski	bermain ski	[bərmajn ski]
station (f) de ski	resor ski	[resor ski]
remontée (f) mécanique	kereta gantung	[kereta gantuŋ]

bâtons (m pl)	tongkat ski	[toŋkat ski]
pente (f)	lereng	[lereŋ]
slalom (m)	slalom	[slalom]

138. Le tennis. Le golf

golf (m)	golf	[golf]
club (m) de golf	klub golf	[klub golf]
joueur (m) au golf	pegolf	[pegolf]

trou (m)	lubang	[lubaŋ]
club (m)	stik golf	[stiʔ golf]
chariot (m) de golf	troli golf	[troli golf]

| tennis (m) | tenis | [tenis] |
| court (m) de tennis | lapangan tenis | [lapaŋan tenis] |

| service (m) | servis | [servis] |
| servir (vi) | melakukan servis | [melakukan servis] |

raquette (f)	raket	[raket]
filet (m)	net	[net]
balle (f)	bola	[bola]

139. Les êchecs

échecs (m pl)	catur	[tʃatur]
pièces (f pl)	buah catur	[buah tʃatur]
joueur (m) d'échecs	pecatur	[petʃatur]
échiquier (m)	papan catur	[papan tʃatur]
pièce (f)	buah catur	[buah tʃatur]
blancs (m pl)	buah putih	[buah putih]
noirs (m pl)	buah hitam	[buah hitam]
pion (m)	pion, bidak	[pion], [bidaʔ]
fou (m)	gajah	[gadʒʲah]
cavalier (m)	kuda	[kuda]
tour (f)	benteng	[benteŋ]
reine (f)	ratu, menteri	[ratu], [menteri]
roi (m)	raja	[radʒʲa]
coup (m)	langkah	[laŋkah]
jouer (déplacer une pièce)	melangkahkan bidak	[melaŋkahkan bidaʔ]
sacrifier (vt)	mengorbankan	[məŋorbankan]
roque (m)	rokade	[rokade]
échec (m)	skak	[skaʔ]
tapis (m)	skak mat	[skaʔ mat]
tournoi (m) d'échecs	pertandingan catur	[pərtandiŋan tʃatur]
grand maître (m)	Grandmaster	[grandmaster]
combinaison (f)	kombinasi	[kombinasi]
partie (f)	partai	[partaj]
dames (f pl)	permainan dam	[pərmajnan dam]

140. La boxe

boxe (f)	tinju	[tindʒʲu]
combat (m)	pertarungan	[pərtaruŋan]
match (m)	pertandingan	[pərtandiŋan]
round (m)	ronde	[ronde]
ring (m)	ring	[riŋ]
gong (m)	gong	[goŋ]
coup (m)	pukulan	[pukulan]
knock-down (m)	knock-down	[knokdaun]
knock-out (m)	knock-out	[knokaut]
mettre KO	meng-KO	[meŋ-kao]
gant (m) de boxe	sarung tinju	[saruŋ tindʒʲu]
arbitre (m)	wasit	[wasit]
poids (m) léger	kelas ringan	[kelas riŋan]
poids (m) moyen	kelas menengah	[kelas meneŋah]
poids (m) lourd	kelas berat	[kelas bərat]

141. Le sport. Divers

Jeux (m pl) olympiques	Olimpiade	[olimpiade]
gagnant (m)	pemenang	[pemenaŋ]
remporter (vt)	unggul	[uŋgul]
gagner (vi)	menang	[menaŋ]
leader (m)	pemimpin	[pemimpin]
prendre la tête	memimpin	[memimpin]
première place (f)	tempat pertama	[tempat pertama]
deuxième place (f)	tempat kedua	[tempat kedua]
troisième place (f)	tempat ketiga	[tempat ketiga]
médaille (f)	medali	[medali]
trophée (m)	trofi	[trofi]
coupe (f) (trophée)	piala	[piala]
prix (m)	hadiah	[hadiah]
prix (m) principal	hadiah utama	[hadiah utama]
record (m)	rekor	[rekor]
établir un record	menciptakan rekor	[mentʃiptakan rekor]
finale (f)	final	[final]
final (adj)	final	[final]
champion (m)	juara	[dʒˈuara]
championnat (m)	kejuaraan	[kedʒˈuaraʔan]
stade (m)	stadion	[stadion]
tribune (f)	tribun	[tribun]
supporteur (m)	pendukung	[pendukuŋ]
adversaire (m)	lawan	[lawan]
départ (m)	start	[start]
ligne (f) d'arrivée	finis	[finis]
défaite (f)	kekalahan	[kekalahan]
perdre (vi)	kalah	[kalah]
arbitre (m)	wasit	[wasit]
jury (m)	juri	[dʒˈuri]
score (m)	skor	[skor]
match (m) nul	seri, hasil imbang	[seri], [hasil imbaŋ]
faire match nul	bermain seri	[bermajn seri]
point (m)	poin	[poin]
résultat (m)	skor, hasil akhir	[skor], [hasil ahir]
période (f)	babak	[babaʔ]
mi-temps (f) (pause)	waktu istirahat	[waktu istirahat]
dopage (m)	doping	[dopiŋ]
pénaliser (vt)	menghukum	[menhukum]
disqualifier (vt)	mendiskualifikasi	[mendiskualifikasi]
agrès (m)	alat olahraga	[alat olahraga]

lance (f)	lembing	[lembiŋ]
poids (m) (boule de métal)	peluru	[peluru]
bille (f) (de billard, etc.)	bola	[bola]

but (cible)	sasaran	[sasaran]
cible (~ en papier)	sasaran	[sasaran]
tirer (vi)	menembak	[mənembaʔ]
précis (un tir ~)	akurat	[akurat]

entraîneur (m)	pelatih	[pelatih]
entraîner (vt)	melatih	[melatih]
s'entraîner (vp)	berlatih	[bərlatih]
entraînement (m)	latihan	[latihan]

salle (f) de gym	gimnasium	[gimnasium]
exercice (m)	latihan	[latihan]
échauffement (m)	pemanasan	[pemanasan]

L'éducation

142. L'éducation

école (f)	sekolah	[sekolah]
directeur (m) d'école	kepala sekolah	[kepala sekolah]
élève (m)	murid laki-laki	[murid laki-laki]
élève (f)	murid perempuan	[murid pərempuan]
écolier (m)	siswa	[siswa]
écolière (f)	siswi	[siswi]
enseigner (vt)	mengajar	[məŋadʒiar]
apprendre (~ l'arabe)	belajar	[beladʒiar]
apprendre par cœur	menghafalkan	[məŋhafalkan]
apprendre (à faire qch)	belajar	[beladʒiar]
être étudiant, -e	bersekolah	[bərsekolah]
aller à l'école	ke sekolah	[ke sekolah]
alphabet (m)	alfabet, abjad	[alfabet], [abdʒiad]
matière (f)	subjek, mata pelajaran	[subdʒiek], [mata peladʒiaran]
salle (f) de classe	ruang kelas	[ruaŋ kelas]
leçon (f)	pelajaran	[peladʒiaran]
récréation (f)	waktu istirahat	[waktu istirahat]
sonnerie (f)	lonceng	[lontʃeŋ]
pupitre (m)	bangku sekolah	[baŋku sekolah]
tableau (m) noir	papan tulis hitam	[papan tulis hitam]
note (f)	nilai	[nilaj]
bonne note (f)	nilai baik	[nilaj baj']
mauvaise note (f)	nilai jelek	[nilaj dʒiele']
donner une note	memberikan nilai	[memberikan nilaj]
faute (f)	kesalahan	[kesalahan]
faire des fautes	melakukan kesalahan	[melakukan kesalahan]
corriger (une erreur)	mengoreksi	[məŋoreksi]
antisèche (f)	contekan	[tʃontekan]
devoir (m)	pekerjaan rumah	[pekerdʒia'an rumah]
exercice (m)	latihan	[latihan]
être présent	hadir	[hadir]
être absent	absen, tidak hadir	[absen], [tida' hadir]
manquer l'école	absen dari sekolah	[absen dari sekolah]
punir (vt)	menghukum	[məŋhukum]
punition (f)	hukuman	[hukuman]
conduite (f)	perilaku	[pərilaku]

carnet (m) de notes	rapor	[rapor]
crayon (m)	pensil	[pensil]
gomme (f)	karet penghapus	[karet peŋhapus]
craie (f)	kapur	[kapur]
plumier (m)	kotak pensil	[kotaʔ pensil]

cartable (m)	tas sekolah	[tas sekolah]
stylo (m)	pen	[pen]
cahier (m)	buku tulis	[buku tulis]
manuel (m)	buku pelajaran	[buku peladʒʲaran]
compas (m)	paser, jangka	[paser], [dʒʲaŋka]

| dessiner (~ un plan) | menggambar | [məŋgambar] |
| dessin (m) technique | gambar teknik | [gambar tekniʔ] |

poésie (f)	puisi, sajak	[puisi], [sadʒʲaʔ]
par cœur (adv)	hafal	[hafal]
apprendre par cœur	menghafalkan	[məŋhafalkan]

vacances (f pl)	liburan sekolah	[liburan sekolah]
être en vacances	berlibur	[bərlibur]
passer les vacances	menjalani liburan	[məndʒʲalani liburan]

interrogation (f) écrite	tes, kuis	[tes], [kuis]
composition (f)	esai, karangan	[esaj], [karaŋan]
dictée (f)	dikte	[dikte]
examen (m)	ujian	[udʒian]
passer les examens	menempuh ujian	[mənempuh udʒian]
expérience (f) (~ de chimie)	eksperimen	[eksperimen]

143. L'enseignement supérieur

académie (f)	akademi	[akademi]
université (f)	universitas	[universitas]
faculté (f)	fakultas	[fakultas]

étudiant (m)	mahasiswa	[mahasiswa]
étudiante (f)	mahasiswi	[mahasiswi]
enseignant (m)	dosen	[dosen]

| salle (f) | ruang kuliah | [ruaŋ kuliah] |
| licencié (m) | lulusan | [lulusan] |

| diplôme (m) | ijazah | [idʒʲazah] |
| thèse (f) | disertasi | [disertasi] |

| étude (f) | penelitian | [penelitian] |
| laboratoire (m) | laboratorium | [laboratorium] |

| cours (m) | kuliah | [kuliah] |
| camarade (m) de cours | rekan sekuliah | [rekan sekuliah] |

| bourse (f) | beasiswa | [beasiswa] |
| grade (m) universitaire | gelar akademik | [gelar akademiʔ] |

144. Les disciplines scientifiques

mathématiques (f pl)	matematika	[matematika]
algèbre (f)	aljabar	[aldʒabar]
géométrie (f)	geometri	[geometri]

astronomie (f)	astronomi	[astronomi]
biologie (f)	biologi	[biologi]
géographie (f)	geografi	[geografi]
géologie (f)	geologi	[geologi]
histoire (f)	sejarah	[sedʒarah]

médecine (f)	kedokteran	[kedokteran]
pédagogie (f)	pedagogi	[pedagogi]
droit (m)	hukum	[hukum]

physique (f)	fisika	[fisika]
chimie (f)	kimia	[kimia]
philosophie (f)	filsafat	[filsafat]
psychologie (f)	psikologi	[psikologi]

145. Le système d'écriture et l'orthographe

grammaire (f)	tatabahasa	[tatabahasa]
vocabulaire (m)	kosakata	[kosakata]
phonétique (f)	fonetik	[fonetiʔ]

nom (m)	nomina	[nomina]
adjectif (m)	adjektiva	[adʒektiva]
verbe (m)	verba	[verba]
adverbe (m)	adverbia	[adverbia]

pronom (m)	kata ganti	[kata ganti]
interjection (f)	kata seru	[kata seru]
préposition (f)	preposisi, kata depan	[preposisi], [kata depan]

racine (f)	kata dasar	[kata dasar]
terminaison (f)	akhiran	[ahiran]
préfixe (m)	prefiks, awalan	[prefiks], [awalan]
syllabe (f)	suku kata	[suku kata]
suffixe (m)	sufiks, akhiran	[sufiks], [ahiran]

accent (m) tonique	tanda tekanan	[tanda tekanan]
apostrophe (f)	apostrofi	[apostrofi]

point (m)	titik	[titiʔ]
virgule (f)	koma	[koma]
point (m) virgule	titik koma	[titiʔ koma]
deux-points (m)	titik dua	[titiʔ dua]
points (m pl) de suspension	elipsis, lesapan	[elipsis], [lesapan]

point (m) d'interrogation	tanda tanya	[tanda tanja]
point (m) d'exclamation	tanda seru	[tanda seru]

guillemets (m pl)	tanda petik	[tanda peti']
entre guillemets	dalam tanda petik	[dalam tanda peti']
parenthèses (f pl)	tanda kurung	[tanda kuruŋ]
entre parenthèses	dalam tanda kurung	[dalam tanda kuruŋ]

trait (m) d'union	tanda pisah	[tanda pisah]
tiret (m)	tanda hubung	[tanda hubuŋ]
blanc (m)	spasi	[spasi]

| lettre (f) | huruf | [huruf] |
| majuscule (f) | huruf kapital | [huruf kapital] |

| voyelle (f) | vokal | [vokal] |
| consonne (f) | konsonan | [konsonan] |

proposition (f)	kalimat	[kalimat]
sujet (m)	subjek	[subdʒ'e']
prédicat (m)	predikat	[predikat]

ligne (f)	baris	[baris]
à la ligne	di baris baru	[di baris baru]
paragraphe (m)	alinea, paragraf	[alinea], [paragraf]

mot (m)	kata	[kata]
groupe (m) de mots	rangkaian kata	[raŋkajan kata]
expression (f)	ungkapan	[uŋkapan]
synonyme (m)	sinonim	[sinonim]
antonyme (m)	antonim	[antonim]

règle (f)	peraturan	[pəraturan]
exception (f)	perkecualian	[pərketʃualian]
correct (adj)	benar, betul	[benar], [betul]

conjugaison (f)	konjugasi	[kondʒ'ugasi]
déclinaison (f)	deklinasi	[deklinasi]
cas (m)	kasus nominal	[kasus nominal]
question (f)	pertanyaan	[pərtanja'an]
souligner (vt)	menggaris bawahi	[məŋgaris bawahi]
pointillé (m)	garis bertitik	[garis bərtiti']

146. Les langues étrangères

langue (f)	bahasa	[bahasa]
étranger (adj)	asing	[asiŋ]
langue (f) étrangère	bahasa asing	[bahasa asiŋ]
étudier (vt)	mempelajari	[mempeladʒ'ari]
apprendre (~ l'arabe)	belajar	[beladʒ'ar]

lire (vi, vt)	membaca	[membatʃa]
parler (vi, vt)	berbicara	[bərbitʃara]
comprendre (vt)	mengerti	[məŋerti]
écrire (vt)	menulis	[mənulis]
vite (adv)	cepat, fasih	[tʃepat], [fasih]
lentement (adv)	perlahan-lahan	[pərlahan-lahan]

couramment (adv)	fasih	[fasih]
règles (f pl)	peraturan	[peraturan]
grammaire (f)	tatabahasa	[tatabahasa]
vocabulaire (m)	kosakata	[kosakata]
phonétique (f)	fonetik	[foneti']
manuel (m)	buku pelajaran	[buku peladʒ'aran]
dictionnaire (m)	kamus	[kamus]
manuel (m) autodidacte	buku autodidak	[buku autodida']
guide (m) de conversation	panduan percakapan	[panduan perʧakapan]
cassette (f)	kaset	[kaset]
cassette (f) vidéo	kaset video	[kaset video]
CD (m)	cakram kompak	[ʧakram kompa']
DVD (m)	cakram DVD	[ʧakram di-vi-di]
alphabet (m)	alfabet, abjad	[alfabet], [abdʒ'ad]
épeler (vt)	mengeja	[məŋedʒ'a]
prononciation (f)	pelafalan	[pelafalan]
accent (m)	aksen	[aksen]
avec un accent	dengan aksen	[deŋan aksen]
sans accent	tanpa aksen	[tanpa aksen]
mot (m)	kata	[kata]
sens (m)	arti	[arti]
cours (m pl)	kursus	[kursus]
s'inscrire (vp)	Mendaftar	[məndaftar]
professeur (m) (~ d'anglais)	guru	[guru]
traduction (f) (action)	penerjemahan	[penerdʒ'emahan]
traduction (f) (texte)	terjemahan	[terdʒ'emahan]
traducteur (m)	penerjemah	[penerdʒ'emah]
interprète (m)	juru bahasa	[dʒ'uru bahasa]
polyglotte (m)	poliglot	[poliglot]
mémoire (f)	memori, daya ingat	[memori], [daja iŋat]

147. Les personnages de contes de fées

Père Noël (m)	Sinterklas	[sinterklas]
Cendrillon (f)	Cinderella	[ʧinderella]
sirène (f)	putri duyung	[putri duyuŋ]
Neptune (m)	Neptunus	[neptunus]
magicien (m)	penyihir	[penjihir]
fée (f)	peri	[peri]
magique (adj)	sihir	[sihir]
baguette (f) magique	tongkat sihir	[toŋkat sihir]
conte (m) de fées	dongeng	[doŋeŋ]
miracle (m)	keajaiban	[keadʒ'ajban]
gnome (m)	kerdil, katai	[kerdil], [kataj]

129

se transformer en ...	menjelma menjadi ...	[məndʒʲelma məndʒʲadi ...]
esprit (m) (revenant)	hantu	[hantu]
fantôme (m)	fantom	[fantom]
monstre (m)	monster	[monster]
dragon (m)	naga	[naga]
géant (m)	raksasa	[raksasa]

148. Les signes du zodiaque

Bélier (m)	Aries	[aries]
Taureau (m)	Taurus	[taurus]
Gémeaux (m pl)	Gemini	[dʒʲemini]
Cancer (m)	Cancer	[kanser]
Lion (m)	Leo	[leo]
Vierge (f)	Virgo	[virgo]

Balance (f)	Libra	[libra]
Scorpion (m)	Scorpio	[skorpio]
Sagittaire (m)	Sagitarius	[sagitarius]
Capricorne (m)	Capricorn	[keprikon]
Verseau (m)	Aquarius	[akuarius]
Poissons (m pl)	Pisces	[pistʃes]

caractère (m)	karakter	[karakter]
traits (m pl) du caractère	ciri karakter	[tʃiri karakter]
conduite (f)	tingkah laku	[tiŋkah laku]
dire la bonne aventure	meramal	[meramal]
diseuse (f) de bonne aventure	peramal	[pəramal]
horoscope (m)	horoskop	[horoskop]

L'art

149. Le théâtre

théâtre (m)	teater	[teater]
opéra (m)	opera	[opera]
opérette (f)	opereta	[opereta]
ballet (m)	balet	[balet]
affiche (f)	poster	[poster]
troupe (f) de théâtre	rombongan teater	[romboŋan teater]
tournée (f)	tur, pertunjukan keliling	[tur], [pərtundʒʲukan keliliŋ]
être en tournée	mengadakan tur	[məŋadakan tur]
répéter (vt)	berlatih	[bərlatih]
répétition (f)	geladi	[geladi]
répertoire (m)	repertoar	[repertoar]
représentation (f)	pertunjukan	[pərtundʒʲukan]
spectacle (m)	pergelaran	[pərgelaran]
pièce (f) de théâtre	lakon	[lakon]
billet (m)	tiket	[tiket]
billetterie (f pl)	loket tiket	[loket tiket]
hall (m)	lobi, ruang depan	[lobi], [ruaŋ depan]
vestiaire (m)	tempat penitipan jas	[tempat penitipan dʒʲas]
jeton (m) de vestiaire	nomor penitipan jas	[nomor penitipan dʒʲas]
jumelles (f pl)	binokular	[binokular]
placeur (m)	petugas penyobek tiket	[petugas penjobeʔ tiket]
parterre (m)	kursi orkestra	[kursi orkestra]
balcon (m)	balkon	[balkon]
premier (m) balcon	tingkat pertama	[tiŋkat pərtama]
loge (f)	boks	[boks]
rang (m)	barisan	[barisan]
place (f)	tempat duduk	[tempat duduʔ]
public (m)	khalayak	[halajaʔ]
spectateur (m)	penonton	[penonton]
applaudir (vi)	bertepuk tangan	[bərtepuʔ taŋan]
applaudissements (m pl)	aplaus, tepuk tangan	[aplaus], [tepuʔ taŋan]
ovation (f)	ovasi, tepuk tangan	[ovasi], [tepuʔ taŋan]
scène (f) (monter sur ~)	panggung	[paŋguŋ]
rideau (m)	tirai	[tiraj]
décor (m)	tata panggung	[tata paŋguŋ]
coulisses (f pl)	belakang panggung	[belakaŋ paŋguŋ]
scène (f) (la dernière ~)	adegan	[adegan]
acte (m)	babak	[babaʔ]
entracte (m)	waktu istirahat	[waktu istirahat]

150. Le cinéma

acteur (m)	aktor	[aktor]
actrice (f)	aktris	[aktris]
cinéma (m) (industrie)	sinematografi, perfilman	[sinematografi], [pərfilman]
film (m)	film	[film]
épisode (m)	episode, seri	[episode], [seri]
film (m) policier	detektif	[detektif]
film (m) d'action	film laga	[film laga]
film (m) d'aventures	film petualangan	[film petualaŋan]
film (m) de science-fiction	film fiksi ilmiah	[film fiksi ilmiah]
film (m) d'horreur	film horor	[film horor]
comédie (f)	film komedi	[film komedi]
mélodrame (m)	melodrama	[melodrama]
drame (m)	drama	[drama]
film (m) de fiction	film fiksi	[film fiksi]
documentaire (m)	film dokumenter	[film dokumenter]
dessin (m) animé	kartun	[kartun]
cinéma (m) muet	film bisu	[film bisu]
rôle (m)	peran	[peran]
rôle (m) principal	peran utama	[peran utama]
jouer (vt)	berperan	[bərperan]
vedette (f)	bintang film	[bintaŋ film]
connu (adj)	terkenal	[tərkenal]
célèbre (adj)	terkenal	[tərkenal]
populaire (adj)	populer, terkenal	[populer], [tərkenal]
scénario (m)	skenario	[skenario]
scénariste (m)	penulis skenario	[penulis skenario]
metteur (m) en scène	sutradara	[sutradara]
producteur (m)	produser	[produser]
assistant (m)	asisten	[asisten]
opérateur (m)	kamerawan	[kamerawan]
cascadeur (m)	pemeran pengganti	[pemeran peŋganti]
doublure (f)	pengganti	[peŋganti]
tourner un film	merekam film	[merekam film]
audition (f)	audisi	[audisi]
tournage (m)	syuting, pengambilan gambar	[ʃyutiŋ], [peɲambilan gambar]
équipe (f) de tournage	rombongan film	[romboŋan film]
plateau (m) de tournage	set film	[set film]
caméra (f)	kamera	[kamera]
cinéma (m)	bioskop	[bioskop]
écran (m)	layar	[lajar]
donner un film	menayangkan film	[mənajaŋkan film]
piste (f) sonore	soundtrack, trek suara	[saundtrek], [tre' suara]
effets (m pl) spéciaux	efek khusus	[efe' husus]

sous-titres (m pl)	subjudul, teks film	[subʤudul], [teks film]
générique (m)	ucapan terima kasih	[utʃapan tərima kasih]
traduction (f)	terjemahan	[tərʤemahan]

151. La peinture

art (m)	seni	[seni]
beaux-arts (m pl)	seni rupa	[seni rupa]
galerie (f) d'art	galeri seni	[galeri seni]
exposition (f) d'art	pameran seni	[pameran seni]

peinture (f)	seni lukis	[seni lukis]
graphique (f)	seni grafis	[seni grafis]
art (m) abstrait	seni abstrak	[seni abstraʔ]
impressionnisme (m)	impresionisme	[impresionisme]

tableau (m)	lukisan	[lukisan]
dessin (m)	gambar	[gambar]
poster (m)	poster	[poster]

illustration (f)	ilustrasi	[ilustrasi]
miniature (f)	miniatur	[miniatur]
copie (f)	salinan	[salinan]
reproduction (f)	reproduksi	[reproduksi]

mosaïque (f)	mozaik	[mozajʔ]
vitrail (m)	kaca berwarna	[katʃa bərwarna]
fresque (f)	fresko	[fresko]
gravure (f)	gravir	[gravir]

buste (m)	patung sedada	[patuŋ sedada]
sculpture (f)	seni patung	[seni patuŋ]
statue (f)	patung	[patuŋ]
plâtre (m)	gips	[gips]
en plâtre	dari gips	[dari gips]

portrait (m)	potret	[potret]
autoportrait (m)	potret diri	[potret diri]
paysage (m)	lukisan lanskap	[lukisan lanskap]
nature (f) morte	alam benda	[alam benda]
caricature (f)	karikatur	[karikatur]
croquis (m)	sketsa	[sketsa]

peinture (f)	cat	[tʃat]
aquarelle (f)	cat air	[tʃat air]
huile (f)	cat minyak	[tʃat minjaʔ]
crayon (m)	pensil	[pensil]
encre (f) de Chine	tinta gambar	[tinta gambar]
fusain (m)	arang	[araŋ]

dessiner (vi, vt)	menggambar	[məŋgambar]
peindre (vi, vt)	melukis	[melukis]
poser (vi)	berpose	[bərpose]
modèle (m)	model lelaki	[model lelaki]

modèle (f)	model perempuan	[model pərempuan]
peintre (m)	perupa	[pərupa]
œuvre (f) d'art	karya seni	[karja seni]
chef (m) d'œuvre	adikarya, mahakarya	[adikarja], [mahakarja]
atelier (m) d'artiste	studio seni	[studio seni]

toile (f)	kanvas	[kanvas]
chevalet (m)	esel, kuda-kuda	[esel], [kuda-kuda]
palette (f)	palet	[palet]

encadrement (m)	bingkai	[biŋkaj]
restauration (f)	pemugaran	[pemugaran]
restaurer (vt)	memugar	[memugar]

152. La littérature et la poésie

littérature (f)	sastra, kesusastraan	[sastra], [kesusastra'an]
auteur (m) (écrivain)	pengarang	[peŋaraŋ]
pseudonyme (m)	pseudonim, nama samaran	[pseudonim], [nama samaran]

livre (m)	buku	[buku]
volume (m)	jilid	[dʒilid]
table (f) des matières	daftar isi	[daftar isi]
page (f)	halaman	[halaman]
protagoniste (m)	karakter utama	[karakter utama]
autographe (m)	tanda tangan	[tanda taŋan]

récit (m)	cerpen	[tʃerpen]
nouvelle (f)	novel, cerita	[novel], [tʃerita]
roman (m)	novel	[novel]
œuvre (f) littéraire	karya	[karja]
fable (f)	fabel	[fabel]
roman (m) policier	novel detektif	[novel detektif]

vers (m)	puisi, sajak	[puisi], [sadʒ'a']
poésie (f)	puisi	[puisi]
poème (m)	puisi	[puisi]
poète (m)	penyair	[penjajr]

belles-lettres (f pl)	fiksi	[fiksi]
science-fiction (f)	fiksi ilmiah	[fiksi ilmiah]
aventures (f pl)	petualangan	[petualaŋan]
littérature (f) didactique	literatur pendidikan	[literatur pendidikan]
littérature (f) pour enfants	sastra kanak-kanak	[sastra kana'-kana']

153. Le cirque

cirque (m)	sirkus	[sirkus]
chapiteau (m)	sirkus keliling	[sirkus keliliŋ]
programme (m)	program	[program]
représentation (f)	pertunjukan	[pərtundʒ'ukan]

numéro (m)	aksi	[aksi]
arène (f)	arena	[arena]
pantomime (f)	pantomim	[pantomim]
clown (m)	badut	[badut]
acrobate (m)	pemain akrobat	[pemajn akrobat]
acrobatie (f)	akrobatik	[akrobati⁷]
gymnaste (m)	pesenam	[pesenam]
gymnastique (f)	senam	[senam]
salto (m)	salto	[salto]
hercule (m)	orang kuat	[oraŋ kuat]
dompteur (m)	penjinak hewan	[pendʒina' hewan]
écuyer (m)	penunggang kuda	[penuŋgaŋ kuda]
assistant (m)	asisten	[asisten]
truc (m)	stunt	[stun]
tour (m) de passe-passe	trik sulap	[tri' sulap]
magicien (m)	pesulap	[pesulap]
jongleur (m)	juggler	[dʒⁱuggler]
jongler (vi)	bermain juggling	[bərmajn dʒⁱuggliŋ]
dresseur (m)	pelatih binatang	[pelatih binataŋ]
dressage (m)	pelatihan binatang	[pelatihan binataŋ]
dresser (vt)	melatih	[melatih]

154. La musique

musique (f)	musik	[musi⁷]
musicien (m)	musisi, musikus	[musisi], [musikus]
instrument (m) de musique	alat musik	[alat musi⁷]
jouer de ...	bermain ...	[bərmajn ...]
guitare (f)	gitar	[gitar]
violon (m)	biola	[biola]
violoncelle (m)	selo	[selo]
contrebasse (f)	kontrabas	[kontrabas]
harpe (f)	harpa	[harpa]
piano (m)	piano	[piano]
piano (m) à queue	grand piano	[grand piano]
orgue (m)	organ	[organ]
instruments (m pl) à vent	alat musik tiup	[alat musi' tiup]
hautbois (m)	obo	[obo]
saxophone (m)	saksofon	[saksofon]
clarinette (f)	klarinet	[klarinet]
flûte (f)	suling	[suliŋ]
trompette (f)	trompet	[trompet]
accordéon (m)	akordeon	[akordeon]
tambour (m)	drum	[drum]
duo (m)	duo, duet	[duo], [duet]

trio (m)	**trio**	[trio]
quartette (m)	**kuartet**	[kuartet]
chœur (m)	**kor**	[kor]
orchestre (m)	**orkestra**	[orkestra]
musique (f) pop	**musik pop**	[musiʔ pop]
musique (f) rock	**musik rok**	[musiʔ roʔ]
groupe (m) de rock	**grup musik rok**	[grup musiʔ roʔ]
jazz (m)	**jaz**	[dʒʲaz]
idole (f)	**idola**	[idola]
admirateur (m)	**pengagum**	[peŋagum]
concert (m)	**konser**	[konser]
symphonie (f)	**simfoni**	[simfoni]
œuvre (f) musicale	**komposisi**	[komposisi]
composer (vt)	**menggubah, mencipta**	[məŋgubah], [məntʃipta]
chant (m) (~ d'oiseau)	**nyanyian**	[njanjian]
chanson (f)	**lagu**	[lagu]
mélodie (f)	**nada, melodi**	[nada], [melodi]
rythme (m)	**irama**	[irama]
blues (m)	**musik blues**	[musiʔ blus]
notes (f pl)	**notasi musik**	[notasi musiʔ]
baguette (f)	**tongkat dirigen**	[toŋkat dirigen]
archet (m)	**penggesek**	[peŋgeseʔ]
corde (f)	**tali, senar**	[tali], [senar]
étui (m)	**wadah**	[wadah]

Les loisirs. Les voyages

155. Les voyages. Les excursions

tourisme (m)	pariwisata	[pariwisata]
touriste (m)	turis, wisatawan	[turis], [wisatawan]
voyage (m) (à l'étranger)	pengembaraan	[peŋembara'an]
aventure (f)	petualangan	[petualaŋan]
voyage (m)	perjalanan, lawatan	[pərdʒ'alanan], [lawatan]
vacances (f pl)	liburan	[liburan]
être en vacances	berlibur	[bərlibur]
repos (m) (jours de ~)	istirahat	[istirahat]
train (m)	kereta api	[kereta api]
en train	naik kereta api	[nai' kereta api]
avion (m)	pesawat terbang	[pesawat tərbaŋ]
en avion	naik pesawat terbang	[nai' pesawat tərbaŋ]
en voiture	naik mobil	[nai' mobil]
en bateau	naik kapal	[nai' kapal]
bagage (m)	bagasi	[bagasi]
malle (f)	koper	[koper]
chariot (m)	troli bagasi	[troli bagasi]
passeport (m)	paspor	[paspor]
visa (m)	visa	[visa]
ticket (m)	tiket	[tiket]
billet (m) d'avion	tiket pesawat terbang	[tiket pesawat tərbaŋ]
guide (m) (livre)	buku pedoman	[buku pedoman]
carte (f)	peta	[peta]
région (f) (~ rurale)	kawasan	[kawasan]
endroit (m)	tempat	[tempat]
exotisme (m)	keeksotisan	[keeksotisan]
exotique (adj)	eksotis	[eksotis]
étonnant (adj)	menakjubkan	[mənakdʒ'ubkan]
groupe (m)	kelompok	[kelompo']
excursion (f)	ekskursi	[ekskursi]
guide (m) (personne)	pemandu wisata	[pemandu wisata]

156. L'hôtel

hôtel (m), auberge (f)	hotel	[hotel]
motel (m)	motel	[motel]
3 étoiles	bintang tiga	[bintaŋ tiga]

5 étoiles	bintang lima	[bintaŋ lima]
descendre (à l'hôtel)	menginap	[məɲinap]

chambre (f)	kamar	[kamar]
chambre (f) simple	kamar tunggal	[kamar tuŋgal]
chambre (f) double	kamar ganda	[kamar ganda]
réserver une chambre	memesan kamar	[memesan kamar]

demi-pension (f)	sewa setengah	[sewa seteŋah]
pension (f) complète	sewa penuh	[sewa penuh]

avec une salle de bain	dengan kamar mandi	[deŋan kamar mandi]
avec une douche	dengan pancuran	[deŋan pantʃuran]
télévision (f) par satellite	televisi satelit	[televisi satelit]
climatiseur (m)	penyejuk udara	[penjedʒ'u' udara]
serviette (f)	handuk	[handu']
clé (f)	kunci	[kuntʃi]

administrateur (m)	administrator	[administrator]
femme (f) de chambre	pelayan kamar	[pelajan kamar]
porteur (m)	porter	[porter]
portier (m)	pramupintu	[pramupintu]

restaurant (m)	restoran	[restoran]
bar (m)	bar	[bar]
petit déjeuner (m)	makan pagi, sarapan	[makan pagi], [sarapan]
dîner (m)	makan malam	[makan malam]
buffet (m)	prasmanan	[prasmanan]

hall (m)	lobi	[lobi]
ascenseur (m)	elevator	[elevator]

PRIÈRE DE NE PAS DÉRANGER	JANGAN MENGGANGGU	[dʒ'aŋan məŋgaŋgu]
DÉFENSE DE FUMER	DILARANG MEROKOK!	[dilaraŋ meroko'!]

157. Le livre. La lecture

livre (m)	buku	[buku]
auteur (m)	pengarang	[peŋaraŋ]
écrivain (m)	penulis	[penulis]
écrire (~ un livre)	menulis	[mənulis]

lecteur (m)	pembaca	[pembatʃa]
lire (vi, vt)	membaca	[membatʃa]
lecture (f)	membaca	[membatʃa]

à part soi	dalam hati	[dalam hati]
à haute voix	dengan keras	[deŋan keras]

éditer (vt)	menerbitkan	[mənerbitkan]
édition (f) (~ des livres)	penerbitan	[penerbitan]
éditeur (m)	penerbit	[penerbit]
maison (f) d'édition	penerbit	[penerbit]

paraître (livre)	terbit	[terbit]
sortie (f) (~ d'un livre)	penerbitan	[penerbitan]
tirage (m)	oplah	[oplah]
librairie (f)	toko buku	[toko buku]
bibliothèque (f)	perpustakaan	[pərpustaka'an]
nouvelle (f)	novel, cerita	[novel], [tʃerita]
récit (m)	cerpen	[tʃerpen]
roman (m)	novel	[novel]
roman (m) policier	novel detektif	[novel detektif]
mémoires (m pl)	memoir	[memoir]
légende (f)	legenda	[legenda]
mythe (m)	mitos	[mitos]
vers (m pl)	puisi	[puisi]
autobiographie (f)	autobiografi	[autobiografi]
les œuvres choisies	karya pilihan	[karja pilihan]
science-fiction (f)	fiksi ilmiah	[fiksi ilmiah]
titre (m)	judul	[dʒiudul]
introduction (f)	pendahuluan	[pendahuluan]
page (f) de titre	halaman judul	[halaman dʒiudul]
chapitre (m)	bab	[bab]
extrait (m)	kutipan	[kutipan]
épisode (m)	episode	[episode]
sujet (m)	alur cerita	[alur tʃerita]
sommaire (m)	daftar isi	[daftar isi]
table (f) des matières	daftar isi	[daftar isi]
protagoniste (m)	karakter utama	[karakter utama]
volume (m)	jilid	[dʒilid]
couverture (f)	sampul	[sampul]
reliure (f)	penjilidan	[pendʒilidan]
marque-page (m)	pembatas buku	[pembatas buku]
page (f)	halaman	[halaman]
feuilleter (vt)	membolak-balik	[membola'-bali']
marges (f pl)	margin	[margin]
annotation (f)	anotasi, catatan	[anotasi], [tʃatatan]
note (f) de bas de page	catatan kaki	[tʃatatan kaki]
texte (m)	teks	[teks]
police (f)	huruf	[huruf]
faute (f) d'impression	salah cetak	[salah tʃeta']
traduction (f)	terjemahan	[tərdʒiemahan]
traduire (vt)	menerjemahkan	[mənərdʒiemahkan]
original (m)	orisinal	[orisinal]
célèbre (adj)	terkenal	[tərkenal]
inconnu (adj)	tidak dikenali	[tida' dikenali]
intéressant (adj)	menarik	[mənari']

best-seller (m)	buku laris	[buku laris]
dictionnaire (m)	kamus	[kamus]
manuel (m)	buku pelajaran	[buku peladʒaran]
encyclopédie (f)	ensiklopedi	[ensiklopedi]

158. La chasse. La péche

chasse (f)	perburuan	[pərburuan]
chasser (vi, vt)	berburu	[bərburu]
chasseur (m)	pemburu	[pemburu]

tirer (vi)	menembak	[mənembaʔ]
fusil (m)	senapan	[senapan]
cartouche (f)	peluru, patrun	[peluru], [patrun]
grains (m pl) de plomb	peluru gotri	[peluru gotri]

piège (m) à mâchoires	perangkap	[pəraŋkap]
piège (m)	perangkap	[pəraŋkap]
être pris dans un piège	terperangkap	[tərperaŋkap]
mettre un piège	memasang perangkap	[memasaŋ pəraŋkap]

braconnier (m)	pemburu ilegal	[pemburu ilegal]
gibier (m)	binatang buruan	[binataŋ buruan]
chien (m) de chasse	anjing pemburu	[andʒiŋ pemburu]
safari (m)	safari	[safari]
animal (m) empaillé	patung binatang	[patuŋ binataŋ]

pêcheur (m)	nelayan, pemancing	[nelajan], [pemantʃiŋ]
pêche (f)	memancing	[memantʃiŋ]
pêcher (vi)	memancing	[memantʃiŋ]

canne (f) à pêche	joran	[dʒoran]
ligne (f) de pêche	tali pancing	[tali pantʃiŋ]
hameçon (m)	kail	[kail]
flotteur (m)	pelampung	[pelampuŋ]
amorce (f)	umpan	[umpan]

| lancer la ligne | melempar pancing | [melempar pantʃiŋ] |
| mordre (vt) | memakan umpan | [memakan umpan] |

| pêche (f) (poisson capturé) | tangkapan | [taŋkapan] |
| trou (m) dans la glace | lubang es | [lubaŋ es] |

| filet (m) | jala | [dʒala] |
| barque (f) | perahu | [pərahu] |

pêcher au filet	menjala	[məndʒala]
jeter un filet	menabur jala	[mənabur dʒala]
retirer le filet	menarik jala	[mənariʔ dʒala]
tomber dans le filet	tertangkap dalam jala	[tərtaŋkap dalam dʒala]

baleinier (m)	pemburu paus	[pemburu paus]
baleinière (f)	kapal pemburu paus	[kapal pemburu paus]
harpon (m)	tempuling	[tempuliŋ]

159. Les jeux. Le billard

billard (m)	biliar	[biliar]
salle (f) de billard	kamar biliar	[kamar biliar]
bille (f) de billard	bola	[bola]
empocher une bille	memasukkan bola	[memasuʔkan bola]
queue (f)	stik	[stiʔ]
poche (f)	lubang meja biliar	[lubaŋ medʒʲa biliar]

160. Les jeux de cartes

carreau (m)	wajik	[wadʒiʔ]
pique (m)	sekop	[sekop]
cœur (m)	hati	[hati]
trèfle (m)	keriting	[keritiŋ]
as (m)	as	[as]
roi (m)	raja	[radʒʲa]
dame (f)	ratu	[ratu]
valet (m)	jack	[dʒʲeʔ]
carte (f)	kartu permainan	[kartu pərmajnan]
jeu (m) de cartes	kartu	[kartu]
atout (m)	truf	[truf]
paquet (m) de cartes	pak kartu	[paʔ kartu]
point (m)	poin	[poin]
distribuer (les cartes)	membagikan	[membagikan]
battre les cartes	mengocok	[məŋotʃoʔ]
tour (m) de jouer	giliran	[giliran]
tricheur (m)	pemain kartu curang	[pemajn kartu tʃuraŋ]

161. Le casino. La roulette

casino (m)	kasino	[kasino]
roulette (f)	rolet	[rolet]
mise (f)	bet, taruhan	[bet], [taruhan]
miser (vt)	bertaruh	[bərtaruh]
rouge (m)	merah	[merah]
noir (m)	hitam	[hitam]
miser sur le rouge	memasang warna merah	[memasaŋ warna merah]
miser sur le noir	memasang warna hitam	[memasaŋ warna hitam]
croupier (m)	bandar	[bandar]
faire tourner la roue	memutar roda	[memutar roda]
règles (f pl) du jeu	aturan main	[aturan majn]
fiche (f)	chip	[tʃip]
gagner (vi, vt)	menang	[menaŋ]
gain (m)	kemenangan	[kemenaŋan]

| perdre (vi) | kalah | [kalah] |
| perte (f) | kekalahan | [kekalahan] |

joueur (m)	pemain	[pemajn]
black-jack (m)	Blackjack	[blekdʒie']
jeu (m) de dés	permainan dadu	[pərmajnan dadu]
dés (m pl)	dadu	[dadu]
machine (f) à sous	mesin slot	[mesin slot]

162. Les loisirs. Les jeux

se promener (vp)	berjalan-jalan	[bərdʒialan-dʒialan]
promenade (f)	jalan-jalan	[dʒialan-dʒialan]
promenade (f) (en voiture)	perjalanan	[pərdʒialanan]
aventure (f)	petualangan	[petualaŋan]
pique-nique (m)	piknik	[pikni']

jeu (m)	permainan	[pərmajnan]
joueur (m)	pemain	[pemajn]
partie (f) (~ de cartes, etc.)	partai	[partaj]

collectionneur (m)	kolektor	[kolektor]
collectionner (vt)	mengoleksi	[məŋoleksi]
collection (f)	koleksi	[koleksi]

mots (m pl) croisés	teka-teki silang	[teka-teki silaŋ]
hippodrome (m)	lapangan pacu	[lapaŋan patʃu]
discothèque (f)	diskotik	[diskoti']

| sauna (m) | sauna | [sauna] |
| loterie (f) | lotre | [lotre] |

trekking (m)	darmawisata	[darmawisata]
camp (m)	perkemahan	[pərkemahan]
tente (f)	tenda, kemah	[tenda], [kemah]
boussole (f)	kompas	[kompas]
campeur (m)	pewisata alam	[pewisata alam]

regarder (la télé)	menonton	[mənonton]
téléspectateur (m)	penonton	[penonton]
émission (f) de télé	acara TV	[atʃara ti-vi]

163. La photographie

| appareil (m) photo | kamera | [kamera] |
| photo (f) | foto | [foto] |

photographe (m)	fotografer	[fotografer]
studio (m) de photo	studio foto	[studio foto]
album (m) de photos	album foto	[album foto]
objectif (m)	lensa kamera	[lensa kamera]
téléobjectif (m)	lensa telefoto	[lensa telefoto]

filtre (m)	filter	[filter]
lentille (f)	lensa	[lensa]
optique (f)	alat optik	[alat opti⁷]
diaphragme (m)	diafragma	[diafragma]
temps (m) de pose	kecepatan rana	[ketʃepatan rana]
viseur (m)	jendela pengamat	[dʒ|endela peŋamat]
appareil (m) photo numérique	kamera digital	[kamera digital]
trépied (m)	kakitiga	[kakitiga]
flash (m)	blitz	[blits]
photographier (vt)	memotret	[memotret]
prendre en photo	memotret	[memotret]
se faire prendre en photo	berfoto	[berfoto]
mise (f) au point	fokus	[fokus]
mettre au point	mengatur fokus	[meŋatur fokus]
net (adj)	tajam	[tadʒ|am]
netteté (f)	ketajaman	[ketadʒ|aman]
contraste (m)	kekontrasan	[kekontrasan]
contrasté (adj)	kontras	[kontras]
épreuve (f)	gambar foto	[gambar foto]
négatif (m)	negatif	[negatif]
pellicule (f)	film	[film]
image (f)	frame, gambar diam	[frame], [gambar diam]
tirer (des photos)	mencetak	[mentʃeta⁷]

164. La plage. La baignade

plage (f)	pantai	[pantaj]
sable (m)	pasir	[pasir]
désert (plage ~e)	sepi	[sepi]
bronzage (m)	hitam terbakar matahari	[hitam terbakar matahari]
se bronzer (vp)	berjemur di sinar matahari	[berdʒ|emur di sinar matahari]
bronzé (adj)	hitam terbakar matahari	[hitam terbakar matahari]
crème (f) solaire	tabir surya	[tabir surja]
bikini (m)	bikini	[bikini]
maillot (m) de bain	baju renang	[badʒ|u renaŋ]
slip (m) de bain	celana renang	[tʃelana renaŋ]
piscine (f)	kolam renang	[kolam renaŋ]
nager (vi)	berenang	[berenaŋ]
douche (f)	pancuran	[pantʃuran]
se changer (vp)	berganti pakaian	[berganti pakajan]
serviette (f)	handuk	[handu⁷]
barque (f)	perahu	[perahu]
canot (m) à moteur	perahu motor	[perahu motor]
ski (m) nautique	ski air	[ski air]

pédalo (m)	sepeda air	[sepeda air]
surf (m)	berselancar	[bərselantʃar]
surfeur (m)	peselancar	[peselantʃar]

scaphandre (m) autonome	alat scuba	[alat skuba]
palmes (f pl)	sirip karet	[sirip karet]
masque (m)	masker	[masker]
plongeur (m)	penyelam	[penjelam]
plonger (vi)	menyelam	[mənjelam]
sous l'eau (adv)	bawah air	[bawah air]

parasol (m)	payung	[pajuŋ]
chaise (f) longue	kursi pantai	[kursi pantaj]
lunettes (f pl) de soleil	kacamata hitam	[katʃamata hitam]
matelas (m) pneumatique	kasur udara	[kasur udara]

| jouer (s'amuser) | bermain | [bərmajn] |
| se baigner (vp) | berenang | [bərenaŋ] |

ballon (m) de plage	bola pantai	[bola pantaj]
gonfler (vt)	meniup	[məniup]
gonflable (adj)	udara	[udara]

vague (f)	gelombang	[gelombaŋ]
bouée (f)	pelampung	[pelampuŋ]
se noyer (vp)	tenggelam	[teŋgelam]

sauver (vt)	menyelamatkan	[mənjelamatkan]
gilet (m) de sauvetage	jaket pelampung	[dʒˈaket pelampuŋ]
observer (vt)	mengamati	[məŋamati]
maître nageur (m)	penyelamat	[penjelamat]

LE MATÉRIEL TECHNIQUE. LES TRANSPORTS

Le matériel technique

165. L'informatique

ordinateur (m)	komputer	[komputer]
PC (m) portable	laptop	[laptop]
allumer (vt)	menyalakan	[mənjalakan]
éteindre (vt)	mematikan	[mematikan]
clavier (m)	keyboard, papan tombol	[keybor], [papan tombol]
touche (f)	tombol	[tombol]
souris (f)	tetikus	[tetikus]
tapis (m) de souris	bantal tetikus	[bantal tetikus]
bouton (m)	tombol	[tombol]
curseur (m)	kursor	[kursor]
moniteur (m)	monitor	[monitor]
écran (m)	layar	[lajar]
disque (m) dur	hard disk, cakram keras	[hard disk], [tʃakram keras]
capacité (f) du disque dur	kapasitas cakram keras	[kapasitas tʃakram keras]
mémoire (f)	memori	[memori]
mémoire (f) vive	memori akses acak	[memori akses atʃaʔ]
fichier (m)	file, berkas	[file], [bərkas]
dossier (m)	folder	[folder]
ouvrir (vt)	membuka	[membuka]
fermer (vt)	menutup	[mənutup]
sauvegarder (vt)	menyimpan	[mənjimpan]
supprimer (vt)	menghapus	[məŋhapus]
copier (vt)	menyalin	[mənjalin]
trier (vt)	menyortir	[mənjortir]
copier (vt)	mentransfer	[məntransfer]
programme (m)	program	[program]
logiciel (m)	perangkat lunak	[pəraŋkat lunaʔ]
programmeur (m)	pemrogram	[pemrogram]
programmer (vt)	memprogram	[memprogram]
hacker (m)	peretas	[pəretas]
mot (m) de passe	kata sandi	[kata sandi]
virus (m)	virus	[virus]
découvrir (détecter)	mendeteksi	[məndeteksi]
bit (m)	bita	[bita]

mégabit (m)	megabita	[megabita]
données (f pl)	data	[data]
base (f) de données	basis data, pangkalan data	[basis data], [paŋkalan data]

câble (m)	kabel	[kabel]
déconnecter (vt)	melepaskan	[melepaskan]
connecter (vt)	menyambungkan	[mənjambuŋkan]

166. L'Internet. Le courrier électronique

Internet (m)	Internet	[internet]
navigateur (m)	peramban	[pəramban]
moteur (m) de recherche	mesin telusur	[mesin telusur]
fournisseur (m) d'accès	provider	[provider]

administrateur (m) de site	webmaster, perancang web	[webmaster], [perantʃaŋ web]
site (m) web	situs web	[situs web]
page (f) web	halaman web	[halaman web]

| adresse (f) | alamat | [alamat] |
| carnet (m) d'adresses | buku alamat | [buku alamat] |

boîte (f) de réception	kotak surat	[kotaʔ surat]
courrier (m)	surat	[surat]
pleine (adj)	penuh	[penuh]

message (m)	pesan	[pesan]
messages (pl) entrants	pesan masuk	[pesan masuʔ]
messages (pl) sortants	pesan keluar	[pesan keluar]

expéditeur (m)	pengirim	[peŋirim]
envoyer (vt)	mengirim	[məŋirim]
envoi (m)	pengiriman	[peŋiriman]

| destinataire (m) | penerima | [penerima] |
| recevoir (vt) | menerima | [mənerima] |

| correspondance (f) | surat-menyurat | [surat-menyurat] |
| être en correspondance | surat-menyurat | [surat-menyurat] |

fichier (m)	file, berkas	[file], [bərkas]
télécharger (vt)	mengunduh	[məŋunduh]
créer (vt)	membuat	[membuat]
supprimer (vt)	menghapus	[məŋhapus]
supprimé (adj)	terhapus	[tərhapus]

connexion (f) (ADSL, etc.)	koneksi	[koneksi]
vitesse (f)	kecepatan	[ketʃepatan]
modem (m)	modem	[modem]
accès (m)	akses	[akses]
port (m)	porta	[porta]

| connexion (f) (établir la ~) | koneksi | [koneksi] |
| se connecter à … | terhubung ke … | [tərhubuŋ ke …] |

| sélectionner (vt) | memilih | [memilih] |
| rechercher (vt) | mencari ... | [mǝntʃari ...] |

167. L'électricité

électricité (f)	listrik	[listri']
électrique (adj)	listrik	[listri']
centrale (f) électrique	pembangkit listrik	[pembaŋkit listri']
énergie (f)	energi, tenaga	[energi], [tenaga]
énergie (f) électrique	tenaga listrik	[tenaga listri']

ampoule (f)	bohlam	[bohlam]
torche (f)	lentera	[lentera]
réverbère (m)	lampu jalan	[lampu dʒ'alan]

lumière (f)	lampu	[lampu]
allumer (vt)	menyalakan	[mǝnjalakan]
éteindre (vt)	mematikan	[mematikan]
éteindre la lumière	mematikan lampu	[mematikan lampu]

être grillé	mati	[mati]
court-circuit (m)	korsleting	[korsletiŋ]
rupture (f)	kabel putus	[kabel putus]
contact (m)	kontak	[konta']

interrupteur (m)	sakelar	[sakelar]
prise (f)	colokan	[tʃolokan]
fiche (f)	steker	[steker]
rallonge (f)	kabel ekstensi	[kabel ekstensi]

fusible (m)	sekering	[sekeriŋ]
fil (m)	kabel, kawat	[kabel], [kawat]
installation (f) électrique	rangkaian kabel	[raŋkajan kabel]

ampère (m)	ampere	[ampere]
intensité (f) du courant	kuat arus listrik	[kuat arus listri']
volt (m)	volt	[volt]
tension (f)	voltase	[voltase]

| appareil (m) électrique | perkakas listrik | [perkakas listri'] |
| indicateur (m) | indikator | [indikator] |

électricien (m)	tukang listrik	[tukaŋ listri']
souder (vt)	mematri	[mematri]
fer (m) à souder	besi solder	[besi solder]
courant (m)	arus listrik	[arus listri']

168. Les outils

outil (m)	alat	[alat]
outils (m pl)	peralatan	[peralatan]
équipement (m)	perlengkapan	[perleŋkapan]

marteau (m)	martil, palu	[martil], [palu]
tournevis (m)	obeng	[obeŋ]
hache (f)	kapak	[kapaʔ]
scie (f)	gergaji	[gergadʒi]
scier (vt)	menggergaji	[məŋgergadʒi]
rabot (m)	serut	[serut]
raboter (vt)	menyerut	[mənjerut]
fer (m) à souder	besi solder	[besi solder]
souder (vt)	mematri	[mematri]
lime (f)	kikir	[kikir]
tenailles (f pl)	tang	[taŋ]
pince (f) plate	catut	[tʃatut]
ciseau (m)	pahat	[pahat]
foret (m)	mata bor	[mata bor]
perceuse (f)	bor listrik	[bor listriʔ]
percer (vt)	mengebor	[məŋebor]
couteau (m)	pisau	[pisau]
canif (m)	pisau saku	[pisau saku]
pliant (adj)	pisau lipat	[pisau lipat]
lame (f)	mata pisau	[mata pisau]
bien affilé (adj)	tajam	[tadʒʲam]
émoussé (adj)	tumpul	[tumpul]
s'émousser (vp)	menjadi tumpul	[məndʒʲadi tumpul]
affiler (vt)	mengasah	[məŋasah]
boulon (m)	baut	[baut]
écrou (m)	mur	[mur]
filetage (m)	ulir	[ulir]
vis (f) à bois	sekrup	[sekrup]
clou (m)	paku	[paku]
tête (f) de clou	paku payung	[paku pajuŋ]
règle (f)	mistar, penggaris	[mistar], [peŋgaris]
mètre (m) à ruban	meteran	[meteran]
niveau (m) à bulle	pengukur kedataran	[peŋukur kedataran]
loupe (f)	kaca pembesar	[katʃa pembesar]
appareil (m) de mesure	alat ukur	[alat ukur]
mesurer (vt)	mengukur	[məŋukur]
échelle (f) (~ métrique)	skala	[skala]
relevé (m)	pencatatan	[pentʃatatan]
compresseur (m)	kompresor	[kompresor]
microscope (m)	mikroskop	[mikroskop]
pompe (f)	pompa	[pompa]
robot (m)	robot	[robot]
laser (m)	laser	[laser]
clé (f) de serrage	kunci pas	[kuntʃi pas]
ruban (m) adhésif	selotip	[selotip]

colle (f)	lem	[lem]
papier (m) d'émeri	kertas amplas	[kertas amplas]
ressort (m)	pegas, per	[pegas], [pər]
aimant (m)	magnet	[magnet]
gants (m pl)	sarung tangan	[saruŋ taŋan]

corde (f)	tali	[tali]
cordon (m)	tambang, tali	[tambaŋ], [tali]
fil (m) (~ électrique)	kabel, kawat	[kabel], [kawat]
câble (m)	kabel, kawat	[kabel], [kawat]

masse (f)	palu godam	[palu godam]
pic (m)	linggis	[liŋgis]
escabeau (m)	tangga	[taŋga]
échelle (f) double	tangga	[taŋga]

visser (vt)	mengencangkan	[məŋentʃaŋkan]
dévisser (vt)	mengendurkan	[məŋendurkan]
serrer (vt)	mengencangkan	[məŋentʃaŋkan]
coller (vt)	menempelkan	[mənempelkan]
couper (vt)	memotong	[memotoŋ]

défaut (m)	malafungsi, kerusakan	[malafuŋsi], [kerusakan]
réparation (f)	perbaikan	[pərbajkan]
réparer (vt)	mereparasi, memperbaiki	[mereparasi], [memperbajki]
régler (vt)	menyetel	[mənetel]

vérifier (vt)	memeriksa	[memeriksa]
vérification (f)	pemeriksaan	[pemeriksa'an]
relevé (m)	pencatatan	[pentʃatatan]

fiable (machine ~)	andal	[andal]
complexe (adj)	rumit	[rumit]

rouiller (vi)	berkarat, karatan	[bərkarat], [karatan]
rouillé (adj)	berkarat, karatan	[bərkarat], [karatan]
rouille (f)	karat	[karat]

Les transports

169. L'avion

avion (m)	pesawat terbang	[pesawat tərbaŋ]
billet (m) d'avion	tiket pesawat terbang	[tiket pesawat tərbaŋ]
compagnie (f) aérienne	maskapai penerbangan	[maskapaj penerbaŋan]
aéroport (m)	bandara	[bandara]
supersonique (adj)	supersonik	[supersoniʔ]
commandant (m) de bord	kapten	[kapten]
équipage (m)	awak	[awaʔ]
pilote (m)	pilot	[pilot]
hôtesse (f) de l'air	pramugari	[pramugari]
navigateur (m)	navigator, penavigasi	[navigator], [penavigasi]
ailes (f pl)	sayap	[sajap]
queue (f)	ekor	[ekor]
cabine (f)	kokpit	[kokpit]
moteur (m)	mesin	[mesin]
train (m) d'atterrissage	roda pendarat	[roda pendarat]
turbine (f)	turbin	[turbin]
hélice (f)	baling-baling	[baliŋ-baliŋ]
boîte (f) noire	kotak hitam	[kotaʔ hitam]
gouvernail (m)	kemudi	[kemudi]
carburant (m)	bahan bakar	[bahan bakar]
consigne (f) de sécurité	instruksi keselamatan	[instruksi keselamatan]
masque (m) à oxygène	masker oksigen	[masker oksigen]
uniforme (m)	seragam	[seragam]
gilet (m) de sauvetage	jaket pelampung	[dʒ¡aket pelampuŋ]
parachute (m)	parasut	[parasut]
décollage (m)	lepas landas	[lepas landas]
décoller (vi)	bertolak	[bərtolaʔ]
piste (f) de décollage	jalur lepas landas	[dʒ¡alur lepas landas]
visibilité (f)	visibilitas, pandangan	[visibilitas], [pandaŋan]
vol (m) (~ d'oiseau)	penerbangan	[penerbaŋan]
altitude (f)	ketinggian	[ketiŋgian]
trou (m) d'air	lubang udara	[lubaŋ udara]
place (f)	tempat duduk	[tempat duduʔ]
écouteurs (m pl)	headphone, fonkepala	[headphone], [fonkepala]
tablette (f)	meja lipat	[medʒ¡a lipat]
hublot (m)	jendela pesawat	[dʒ¡endela pesawat]
couloir (m)	lorong	[loroŋ]

170. Le train

train (m)	kereta api	[kereta api]
train (m) de banlieue	kereta api listrik	[kereta api listri?]
TGV (m)	kereta api cepat	[kereta api t∫epat]
locomotive (f) diesel	lokomotif diesel	[lokomotif disel]
locomotive (f) à vapeur	lokomotif uap	[lokomotif uap]
wagon (m)	gerbong penumpang	[gerboŋ penumpaŋ]
wagon-restaurant (m)	gerbong makan	[gerboŋ makan]
rails (m pl)	rel	[rel]
chemin (m) de fer	rel kereta api	[rel kereta api]
traverse (f)	bantalan rel	[bantalan rel]
quai (m)	platform	[platform]
voie (f)	jalur	[dʒ'alur]
sémaphore (m)	semafor	[semafor]
station (f)	stasiun	[stasiun]
conducteur (m) de train	masinis	[masinis]
porteur (m)	porter	[porter]
steward (m)	kondektur	[kondektur]
passager (m)	penumpang	[penumpaŋ]
contrôleur (m) de billets	kondektur	[kondektur]
couloir (m)	koridor	[koridor]
frein (m) d'urgence	rem darurat	[rem darurat]
compartiment (m)	kabin	[kabin]
couchette (f)	bangku	[baŋku]
couchette (f) d'en haut	bangku atas	[baŋku atas]
couchette (f) d'en bas	bangku bawah	[baŋku bawah]
linge (m) de lit	kain kasur	[kain kasur]
ticket (m)	tiket	[tiket]
horaire (m)	jadwal	[dʒ'adwal]
tableau (m) d'informations	layar informasi	[lajar informasi]
partir (vi)	berangkat	[beraŋkat]
départ (m) (du train)	keberangkatan	[keberaŋkatan]
arriver (le train)	datang	[dataŋ]
arrivée (f)	kedatangan	[kedataŋan]
arriver en train	datang naik kereta api	[dataŋ naj? kereta api]
prendre le train	naik ke kereta	[nai? ke kereta]
descendre du train	turun dari kereta	[turun dari kereta]
accident (m) ferroviaire	kecelakaan kereta	[ket∫elaka?an kereta]
dérailler (vi)	keluar rel	[keluar rel]
locomotive (f) à vapeur	lokomotif uap	[lokomotif uap]
chauffeur (m)	juru api	[dʒ'uru api]
chauffe (f)	tungku	[tuŋku]
charbon (m)	batu bara	[batu bara]

171. Le bateau

bateau (m)	kapal	[kapal]
navire (m)	kapal	[kapal]
bateau (m) à vapeur	kapal uap	[kapal uap]
paquebot (m)	kapal api	[kapal api]
bateau (m) de croisière	kapal laut	[kapal laut]
croiseur (m)	kapal penjelajah	[kapal pendʒ'eladʒ'ah]
yacht (m)	perahu pesiar	[pərahu pesiar]
remorqueur (m)	kapal tunda	[kapal tunda]
péniche (f)	tongkang	[toŋkaŋ]
ferry (m)	feri	[feri]
voilier (m)	kapal layar	[kapal lajar]
brigantin (m)	kapal brigantin	[kapal brigantin]
brise-glace (m)	kapal pemecah es	[kapal pemetʃah es]
sous-marin (m)	kapal selam	[kapal selam]
canot (m) à rames	perahu	[pərahu]
dinghy (m)	sekoci	[sekotʃi]
canot (m) de sauvetage	sekoci penyelamat	[sekotʃi penjelamat]
canot (m) à moteur	perahu motor	[pərahu motor]
capitaine (m)	kapten	[kapten]
matelot (m)	kelasi	[kelasi]
marin (m)	pelaut	[pelaut]
équipage (m)	awak	[awa']
maître (m) d'équipage	bosman, bosun	[bosman], [bosun]
mousse (m)	kadet laut	[kadet laut]
cuisinier (m) du bord	koki	[koki]
médecin (m) de bord	dokter kapal	[dokter kapal]
pont (m)	dek	[de']
mât (m)	tiang	[tiaŋ]
voile (f)	layar	[lajar]
cale (f)	lambung kapal	[lambuŋ kapal]
proue (f)	haluan	[haluan]
poupe (f)	buritan	[buritan]
rame (f)	dayung	[dajuŋ]
hélice (f)	baling-baling	[baliŋ-baliŋ]
cabine (f)	kabin	[kabin]
carré (m) des officiers	ruang rekreasi	[ruaŋ rekreasi]
salle (f) des machines	ruang mesin	[ruaŋ mesin]
passerelle (f)	anjungan kapal	[andʒ'uŋan kapal]
cabine (f) de T.S.F.	ruang radio	[ruaŋ radio]
onde (f)	gelombang radio	[gelombaŋ radio]
journal (m) de bord	buku harian kapal	[buku harian kapal]
longue-vue (f)	teropong	[təropoŋ]
cloche (f)	lonceng	[lontʃeŋ]

pavillon (m)	bendera	[bendera]
grosse corde (f) tressée	tali	[tali]
nœud (m) marin	simpul	[simpul]

| rampe (f) | pegangan | [peɡaŋan] |
| passerelle (f) | tangga kapal | [taŋɡa kapal] |

ancre (f)	jangkar	[dʒ¡aŋkar]
lever l'ancre	mengangkat jangkar	[məŋaŋkat dʒ¡aŋkar]
jeter l'ancre	menjatuhkan jangkar	[məndʒ¡atuhkan dʒ¡aŋkar]
chaîne (f) d'ancrage	rantai jangkar	[rantaj dʒ¡aŋkar]

port (m)	pelabuhan	[pelabuhan]
embarcadère (m)	dermaga	[dermaga]
accoster (vi)	merapat	[merapat]
larguer les amarres	bertolak	[bertola²]

voyage (m) (à l'étranger)	pengembaraan	[peŋembara²an]
croisière (f)	pesiar	[pesiar]
cap (m) (suivre un ~)	haluan	[haluan]
itinéraire (m)	rute	[rute]

| bas-fond (m) | beting | [betiŋ] |
| échouer sur un bas-fond | kandas | [kandas] |

tempête (f)	badai	[badaj]
signal (m)	sinyal	[sinjal]
sombrer (vi)	tenggelam	[teŋgelam]
Un homme à la mer!	Orang hanyut!	[oraŋ hanyut!]
SOS (m)	SOS	[es-o-es]
bouée (f) de sauvetage	pelampung penyelamat	[pelampuŋ penjelamat]

172. L'aêroport

aéroport (m)	bandara	[bandara]
avion (m)	pesawat terbang	[pesawat tərbaŋ]
compagnie (f) aérienne	maskapai penerbangan	[maskapaj penerbaŋan]
contrôleur (m) aérien	pengawas lalu lintas udara	[peɲawas lalu lintas udara]

départ (m)	keberangkatan	[keberaŋkatan]
arrivée (f)	kedatangan	[kedataŋan]
arriver (par avion)	datang	[dataŋ]

| temps (m) de départ | waktu keberangkatan | [waktu keberaŋkatan] |
| temps (m) d'arrivée | waktu kedatangan | [waktu kedataŋan] |

| être retardé | terlambat | [tərlambat] |
| retard (m) de l'avion | penundaan penerbangan | [penunda²an penerbaŋan] |

tableau (m) d'informations	papan informasi	[papan informasi]
information (f)	informasi	[informasi]
annoncer (vt)	mengumumkan	[məŋumumkan]
vol (m)	penerbangan	[penerbaŋan]
douane (f)	pabean	[pabean]

douanier (m)	petugas pabean	[petugas pabean]
déclaration (f) de douane	pernyataan pabean	[pərnjata'an pabean]
remplir (vt)	mengisi	[məŋisi]
remplir la déclaration	mengisi formulir bea cukai	[məŋisi formulir bea ʧukaj]
contrôle (m) de passeport	pemeriksaan paspor	[pemeriksa'an paspor]

bagage (m)	bagasi	[bagasi]
bagage (m) à main	jinjingan	[dʒindʒiŋan]
chariot (m)	troli bagasi	[troli bagasi]

atterrissage (m)	pendaratan	[pendaratan]
piste (f) d'atterrissage	jalur pendaratan	[dʒʲalur pendaratan]
atterrir (vi)	mendarat	[məndarat]
escalier (m) d'avion	tangga pesawat	[taŋga pesawat]

enregistrement (m)	check-in	[ʧekin]
comptoir (m) d'enregistrement	meja check-in	[medʒʲa ʧekin]
s'enregistrer (vp)	check-in	[ʧekin]
carte (f) d'embarquement	kartu pas	[kartu pas]
porte (f) d'embarquement	gerbang keberangkatan	[gerbaŋ keberaŋkatan]

transit (m)	transit	[transit]
attendre (vt)	menunggu	[mənuŋgu]
salle (f) d'attente	ruang tunggu	[ruaŋ tuŋgu]
raccompagner	mengantar	[məŋantar]
(à l'aéroport, etc.)		
dire au revoir	berpamitan	[bərpamitan]

173. Le vélo. La moto

vélo (m)	sepeda	[sepeda]
scooter (m)	skuter	[skuter]
moto (f)	sepeda motor	[sepeda motor]

faire du vélo	naik sepeda	[nai' sepeda]
guidon (m)	kemudi, setang	[kemudi], [setaŋ]
pédale (f)	pedal	[pedal]
freins (m pl)	rem	[rem]
selle (f)	sadel	[sadel]

pompe (f)	pompa	[pompa]
porte-bagages (m)	boncengan	[bontʃeŋan]
phare (m)	lampu depan, berko	[lampu depan], [bərko]
casque (m)	helm	[helm]

roue (f)	roda	[roda]
garde-boue (m)	sayap roda	[sajap roda]
jante (f)	bingkai	[biŋkaj]
rayon (m)	jari-jari, ruji	[dʒʲari-dʒʲari], [rudʒi]

La voiture

174. Les différents types de voiture

automobile (f)	mobil	[mobil]
voiture (f) de sport	mobil sports	[mobil sports]
limousine (f)	limusin	[limusin]
tout-terrain (m)	kendaraan lintas medan	[kendaraʔan lintas medan]
cabriolet (m)	kabriolet	[kabriolet]
minibus (m)	minibus	[minibus]
ambulance (f)	ambulans	[ambulans]
chasse-neige (m)	truk pembersih salju	[truʔ pembersih saldʒʲu]
camion (m)	truk	[truʔ]
camion-citerne (m)	truk tangki	[truʔ taŋki]
fourgon (m)	mobil van	[mobil van]
tracteur (m) routier	truk semi trailer	[traʔ semi treyler]
remorque (f)	trailer	[treyler]
confortable (adj)	nyaman	[njaman]
d'occasion (adj)	bekas	[bekas]

175. La voiture. La carrosserie

capot (m)	kap	[kap]
aile (f)	sepatbor	[sepatbor]
toit (m)	atap	[atap]
pare-brise (m)	kaca depan	[katʃa depan]
rétroviseur (m)	spion belakang	[spion belakaŋ]
lave-glace (m)	pencuci kaca	[pentʃutʃi katʃa]
essuie-glace (m)	karet wiper	[karet wiper]
fenêtre (f) latéral	jendela mobil	[dʒʲendela mobil]
lève-glace (m)	pemutar jendela	[pemutar dʒʲendela]
antenne (f)	antena	[antena]
toit (m) ouvrant	panel atap	[panel atap]
pare-chocs (m)	bumper	[bumper]
coffre (m)	bagasi mobil	[bagasi mobil]
galerie (f) de toit	rak bagasi atas	[raʔ bagasi atas]
portière (f)	pintu	[pintu]
poignée (f)	gagang pintu	[gagaŋ pintu]
serrure (f)	kunci	[kuntʃi]
plaque (f) d'immatriculation	pelat nomor	[pelat nomor]
silencieux (m)	peredam suara	[peredam suara]

| réservoir (m) d'essence | tangki bahan bakar | [taŋki bahan bakar] |
| pot (m) d'échappement | knalpot | [knalpot] |

accélérateur (m)	gas	[gas]
pédale (f)	pedal	[pedal]
pédale (f) d'accélérateur	pedal gas	[pedal gas]

frein (m)	rem	[rem]
pédale (f) de frein	pedal rem	[pedal rem]
freiner (vi)	mengerem	[məŋerem]
frein (m) à main	rem tangan	[rem taŋan]

embrayage (m)	kopling	[kopliŋ]
pédale (f) d'embrayage	pedal kopling	[pedal kopliŋ]
disque (m) d'embrayage	pelat kopling	[pelat kopliŋ]
amortisseur (m)	peredam kejut	[pəredam kedʒ|ut]

roue (f)	roda	[roda]
roue (f) de rechange	ban serep	[ban serep]
pneu (m)	ban	[ban]
enjoliveur (m)	dop	[dop]

roues (f pl) motrices	roda penggerak	[roda peŋgera ʔ]
à traction avant	penggerak roda depan	[peŋgera ʔ roda depan]
à traction arrière	penggerak roda belakang	[peŋgera ʔ roda belakaŋ]
à traction intégrale	penggerak roda empat	[peŋgera ʔ roda empat]

boîte (f) de vitesses	transmisi, girboks	[transmisi], [girboks]
automatique (adj)	otomatis	[otomatis]
mécanique (adj)	mekanis	[mekanis]
levier (m) de vitesse	tuas persneling	[tuas pərsneliŋ]

| phare (m) | lampu depan | [lampu depan] |
| feux (m pl) | lampu depan | [lampu depan] |

feux (m pl) de croisement	lampu dekat	[lampu dekat]
feux (m pl) de route	lampu jauh	[lampu dʒ|auh]
feux (m pl) stop	lampu rem	[lampu rem]

feux (m pl) de position	lampu kecil	[lampu ketʃil]
feux (m pl) de détresse	lampu bahaya	[lampu bahaja]
feux (m pl) de brouillard	lampu kabut	[lampu kabut]
clignotant (m)	lampu sein	[lampu sein]
feux (m pl) de recul	lampu belakang	[lampu belakaŋ]

176. La voiture. L'habitacle

habitacle (m)	kabin, interior	[kabin], [interior]
en cuir (adj)	kulit	[kulit]
en velours (adj)	velour	[velour]
revêtement (m)	pelapis jok	[pelapis dʒo ʔ]

| instrument (m) | alat pengukur | [alat peŋukur] |
| tableau (m) de bord | dasbor | [dasbor] |

| indicateur (m) de vitesse | spidometer | [spidometer] |
| aiguille (f) | jarum | [dʒ'arum] |

compteur (m) de kilomètres	odometer	[odometer]
indicateur (m)	indikator, sensor	[indikator], [sensor]
niveau (m)	level	[level]
témoin (m)	lampu indikator	[lampu indikator]

volant (m)	setir	[setir]
klaxon (m)	klakson	[klakson]
bouton (m)	tombol	[tombol]
interrupteur (m)	tuas	[tuas]

siège (m)	jok	[dʒoʔ]
dossier (m)	sandaran	[sandaran]
appui-tête (m)	sandaran kepala	[sandaran kepala]
ceinture (f) de sécurité	sabuk pengaman	[sabu' peŋaman]
mettre la ceinture	mengencangkan	[məŋentʃaŋkan
	sabuk pengaman	sabu' peŋaman]
réglage (m)	penyetelan	[penjetelan]

| airbag (m) | bantal udara | [bantal udara] |
| climatiseur (m) | penyejuk udara | [penjedʒ'u' udara] |

radio (f)	radio	[radio]
lecteur (m) de CD	pemutar CD	[pemutar si-di]
allumer (vt)	menyalakan	[menjalakan]
antenne (f)	antena	[antena]
boîte (f) à gants	laci depan	[latʃi depan]
cendrier (m)	asbak	[asbaʔ]

177. La voiture. Le moteur

moteur (m)	mesin	[mesin]
moteur (m)	motor	[motor]
diesel (adj)	diesel	[disel]
à essence (adj)	bensin	[bensin]

capacité (f) du moteur	kapasitas mesin	[kapasitas mesin]
puissance (f)	daya, tenaga	[daja], [tenaga]
cheval-vapeur (m)	tenaga kuda	[tenaga kuda]
piston (m)	piston	[piston]
cylindre (m)	silinder	[silinder]
soupape (f)	katup	[katup]

injecteur (m)	injektor	[indʒ'ektor]
générateur (m)	generator	[generator]
carburateur (m)	karburator	[karburator]
huile (f) moteur	oli	[oli]

radiateur (m)	radiator	[radiator]
liquide (m) de refroidissement	cairan pendingin	[tʃajran pendiŋin]
ventilateur (m)	kipas angin	[kipas aŋin]
batterie (f)	aki	[aki]

starter (m)	starter	[starter]
allumage (m)	pengapian	[peŋapian]
bougie (f) d'allumage	busi	[busi]

borne (f)	elektroda	[elektroda]
borne (f) positive	terminal positif	[tərminal positif]
borne (f) négative	terminal negatif	[tərminal negatif]
fusible (m)	sekering	[sekeriŋ]

filtre (m) à air	filter udara	[filter udara]
filtre (m) à huile	filter oli	[filter oli]
filtre (m) à essence	filter bahan bakar	[filter bahan bakar]

178. La voiture. La réparation

accident (m) de voiture	kecelakaan mobil	[ketʃelaka'an mobil]
accident (m) de route	kecelakaan jalan raya	[ketʃelaka'an dʒalan raja]
percuter contre …	menabrak	[mənabra']
s'écraser (vp)	mengalami kecelakaan	[məŋalami ketʃelaka'an]
dégât (m)	kerusakan	[kerusakan]
intact (adj)	tidak tersentuh	[tida' tərsentuh]

panne (f)	kerusakan	[kerusakan]
tomber en panne	rusak	[rusa']
corde (f) de remorquage	tali penyeret	[tali penjeret]

crevaison (f)	ban bocor	[ban botʃor]
crever (vi) (pneu)	kempes	[kempes]
gonfler (vt)	memompa	[memompa]
pression (f)	tekanan	[tekanan]
vérifier (vt)	memeriksa	[memeriksa]

réparation (f)	reparasi	[reparasi]
garage (m) (atelier)	bengkel mobil	[beŋkel mobil]
pièce (f) détachée	onderdil, suku cadang	[onderdil], [suku tʃadaŋ]
pièce (f)	komponen	[komponen]

boulon (m)	baut	[baut]
vis (f)	sekrup	[sekrup]
écrou (m)	mur	[mur]
rondelle (f)	ring	[riŋ]
palier (m)	bantalan luncur	[bantalan luntʃur]

tuyau (m)	pipa	[pipa]
joint (m)	gasket	[gasket]
fil (m)	kabel, kawat	[kabel], [kawat]

cric (m)	dongkrak	[doŋkra']
clé (f) de serrage	kunci pas	[kuntʃi pas]
marteau (m)	martil, palu	[martil], [palu]
pompe (f)	pompa	[pompa]
tournevis (m)	obeng	[obeŋ]
extincteur (m)	pemadam api	[pemadam api]
triangle (m) de signalisation	segi tiga pengaman	[segi tiga peŋaman]

caler (vi)	mogok	[mogoʔ]
calage (m)	mogok	[mogoʔ]
être en panne	rusak	[rusaʔ]

surchauffer (vi)	kepanasan	[kepanasan]
se boucher (vp)	tersumbat	[tersumbat]
geler (vi)	membeku	[membeku]
éclater (tuyau, etc.)	pecah	[petʃah]

pression (f)	tekanan	[tekanan]
niveau (m)	level	[level]
lâche (courroie ~)	longgar	[loŋgar]

fosse (f)	penyok	[penjoʔ]
bruit (m) anormal	ketukan	[ketukan]
fissure (f)	retak	[retaʔ]
égratignure (f)	gores	[gores]

179. La voiture. La route

route (f)	jalan	[dʒʲalan]
grande route (autoroute)	jalan raya	[dʒʲalan raja]
autoroute (f)	jalan raya	[dʒʲalan raja]
direction (f)	arah	[arah]
distance (f)	jarak	[dʒʲaraʔ]

pont (m)	jembatan	[dʒʲembatan]
parking (m)	tempat parkir	[tempat parkir]
place (f)	lapangan	[lapaŋan]
échangeur (m)	jembatan simpang susun	[dʒʲembatan simpaŋ susun]
tunnel (m)	terowongan	[terowoŋan]

station-service (f)	SPBU, stasiun bensin	[es-pe-be-u], [stasjun bensin]
parking (m)	tempat parkir	[tempat parkir]
poste (m) d'essence	stasiun bahan bakar	[stasiun bahan bakar]
garage (m) (atelier)	bengkel mobil	[beŋkel mobil]
se ravitailler (vp)	mengisi bahan bakar	[məŋisi bahan bakar]
carburant (m)	bahan bakar	[bahan bakar]
jerrycan (m)	jeriken	[dʒʲeriken]

asphalte (m)	aspal	[aspal]
marquage (m)	penandaan jalan	[penandaʔan dʒʲalan]
bordure (f)	kerb jalan	[kerb dʒʲalan]
barrière (f) de sécurité	pagar pematas	[pagar pematas]
fossé (m)	parit	[parit]
bas-côté (m)	bahu jalan	[bahu dʒʲalan]
réverbère (m)	tiang lampu	[tiaŋ lampu]

conduire (une voiture)	menyetir	[mənjetir]
tourner (~ à gauche)	membelok	[membeloʔ]
faire un demi-tour	memutar arah	[memutar arah]
marche (f) arrière	mundur	[mundur]
klaxonner (vi)	membunyikan klakson	[membunjikan klakson]
coup (m) de klaxon	suara klakson	[suara klakson]

s'embourber (vp)	terjebak	[tərdʒˈeba²]
déraper (vi)	terjebak	[tərdʒˈeba²]
couper (le moteur)	mematikan	[mematikan]

vitesse (f)	kecepatan	[ketʃepatan]
dépasser la vitesse	melebihi batas kecepatan	[melebihi batas ketʃepatan]
mettre une amende	memberikan surat tilang	[memberikan surat tilaŋ]
feux (m pl) de circulation	lampu lalu lintas	[lampu lalu lintas]
permis (m) de conduire	Surat Izin Mengemudi, SIM	[surat izin məŋemudi], [sim]

passage (m) à niveau	lintasan	[lintasan]
carrefour (m)	persimpangan	[pərsimpaŋan]
passage (m) piéton	penyeberangan	[penjeberaŋan]
virage (m)	tikungan	[tikuŋan]
zone (f) piétonne	kawasan pejalan kaki	[kawasan pedʒˈalan kaki]

180. Les panneaux de signalisation

code (m) de la route	peraturan lalu lintas	[pəraturan lalu lintas]
signe (m)	rambu	[rambu]
dépassement (m)	mendahului	[məndahului]
virage (m)	tikungan	[tikuŋan]
demi-tour (m)	putaran	[putaran]
sens (m) giratoire	bundaran lalu lintas	[bundaran lalu lintas]

sens interdit	Dilarang masuk	[dilaraŋ masu²]
circulation interdite	Kendaraan dilarang masuk	[kendara²an dilaraŋ masu²]
interdiction de dépasser	Dilarang mendahului	[dilaraŋ məndahului]
stationnement interdit	Dilarang parkir	[dilaraŋ parkir]
arrêt interdit	Dilarang berhenti	[dilaraŋ bərhenti]

virage dangereux	tikungan tajam	[tikuŋan tadʒˈam]
descente dangereuse	turunan terjal	[turunan tərdʒˈal]
sens unique	jalan satu arah	[dʒˈalan satu arah]
passage (m) piéton	penyeberangan	[penjeberaŋan]
chaussée glissante	jalan licin	[dʒˈalan litʃin]
cédez le passage	beri jalan	[beri dʒˈalan]

LES GENS. LES ÉVÉNEMENTS

Les grands événements de la vie

181. Les fêtes et les événements

fête (f)	perayaan	[pəraja'an]
fête (f) nationale	hari besar nasional	[hari besar nasional]
jour (m) férié	hari libur	[hari libur]
fêter (vt)	merayakan	[merajakan]

événement (m) (~ du jour)	peristiwa, kejadian	[peristiwa], [kedʒiadian]
événement (m) (soirée, etc.)	acara	[atʃara]
banquet (m)	banket	[banket]
réception (f)	resepsi	[resepsi]
festin (m)	pesta	[pesta]

anniversaire (m)	hari jadi, HUT	[hari dʒiadi], [ha-u-te]
jubilé (m)	yubileum	[yubileum]
célébrer (vt)	merayakan	[merajakan]

Nouvel An (m)	Tahun Baru	[tahun baru]
Bonne année!	Selamat Tahun Baru!	[selamat tahun baru!]
Père Noël (m)	Sinterklas	[sinterklas]

Noël (m)	Natal	[natal]
Joyeux Noël!	Selamat Hari Natal!	[selamat hari natal!]
arbre (m) de Noël	pohon Natal	[pohon natal]
feux (m pl) d'artifice	kembang api	[kembaŋ api]

mariage (m)	pernikahan	[pərnikahan]
fiancé (m)	mempelai lelaki	[mempelaj lelaki]
fiancée (f)	mempelai perempuan	[mempelaj pərempuan]

inviter (vt)	mengundang	[məŋundaŋ]
lettre (f) d'invitation	kartu undangan	[kartu undaŋan]

invité (m)	tamu	[tamu]
visiter (~ les amis)	mengunjungi	[məŋundʒiuŋi]
accueillir les invités	menyambut tamu	[mənjambut tamu]

cadeau (m)	hadiah	[hadiah]
offrir (un cadeau)	memberi	[memberi]
recevoir des cadeaux	menerima hadiah	[mənerima hadiah]
bouquet (m)	buket	[buket]

félicitations (f pl)	ucapan selamat	[utʃapan selamat]
féliciter (vt)	mengucapkan selamat	[mənutʃapkan selamat]
carte (f) de veux	kartu ucapan selamat	[kartu utʃapan selamat]

envoyer une carte	**mengirim kartu pos**	[məŋirim kartu pos]
recevoir une carte	**menerima kartu pos**	[mənerima kartu pos]
toast (m)	**toas**	[toas]
offrir (un verre, etc.)	**menawari**	[mənawari]
champagne (m)	**sampanye**	[sampanje]
s'amuser (vp)	**bersukaria**	[bərsukaria]
gaieté (f)	**keriangan, kegembiraan**	[kerianan], [kegembira'an]
joie (f) (émotion)	**kegembiraan**	[kegembira'an]
danse (f)	**dansa, tari**	[dansa], [tari]
danser (vi, vt)	**berdansa, menari**	[bərdansa], [menari]
valse (f)	**wals**	[wals]
tango (m)	**tango**	[taŋo]

182. L'enterrement. Le deuil

cimetière (m)	**pemakaman**	[pemakaman]
tombe (f)	**makam**	[makam]
croix (f)	**salib**	[salib]
pierre (f) tombale	**batu nisan**	[batu nisan]
clôture (f)	**pagar**	[pagar]
chapelle (f)	**kapel**	[kapel]
mort (f)	**kematian**	[kematian]
mourir (vi)	**mati, meninggal**	[mati], [meniŋgal]
défunt (m)	**almarhum**	[almarhum]
deuil (m)	**perkabungan**	[pərkabuŋan]
enterrer (vt)	**memakamkan**	[memakamkan]
maison (f) funéraire	**rumah duka**	[rumah duka]
enterrement (m)	**pemakaman**	[pemakaman]
couronne (f)	**karangan bunga**	[karaŋan buŋa]
cercueil (m)	**keranda**	[keranda]
corbillard (m)	**mobil jenazah**	[mobil dʒʲenazah]
linceul (m)	**kain kafan**	[kain kafan]
cortège (m) funèbre	**prosesi pemakaman**	[prosesi pemakaman]
urne (f) funéraire	**guci abu jenazah**	[gutʃi abu dʒʲenazah]
crématoire (m)	**krematorium**	[krematorium]
nécrologue (m)	**obituarium**	[obituarium]
pleurer (vi)	**menangis**	[mənaŋis]
sangloter (vi)	**meratap**	[meratap]

183. La guerre. Les soldats

section (f)	**peleton**	[peleton]
compagnie (f)	**kompi**	[kompi]

régiment (m)	resimen	[resimen]
armée (f)	tentara	[tentara]
division (f)	divisi	[divisi]

| détachement (m) | pasukan | [pasukan] |
| armée (f) (Moyen Âge) | tentara | [tentara] |

| soldat (m) (un militaire) | tentara, serdadu | [tentara], [serdadu] |
| officier (m) | perwira | [pərwira] |

soldat (m) (grade)	prajurit	[pradʒˈurit]
sergent (m)	sersan	[sersan]
lieutenant (m)	letnan	[letnan]

capitaine (m)	kapten	[kapten]
commandant (m)	mayor	[major]
colonel (m)	kolonel	[kolonel]
général (m)	jenderal	[dʒˈenderal]

marin (m)	pelaut	[pelaut]
capitaine (m)	kapten	[kapten]
maître (m) d'équipage	bosman, bosun	[bosman], [bosun]

artilleur (m)	tentara artileri	[tentara artileri]
parachutiste (m)	pasukan penerjun	[pasukan penerdʒˈun]
pilote (m)	pilot	[pilot]
navigateur (m)	navigator, penavigasi	[navigator], [penavigasi]
mécanicien (m)	mekanik	[mekaniʔ]

démineur (m)	pencari ranjau	[pentʃari randʒˈau]
parachutiste (m)	parasutis	[parasutis]
éclaireur (m)	pengintai	[peŋintaj]
tireur (m) d'élite	penembak jitu	[penembaʔ dʒitu]

patrouille (f)	patroli	[patroli]
patrouiller (vi)	berpatroli	[bərpatroli]
sentinelle (f)	pengawal	[peŋawal]

guerrier (m)	prajurit	[pradʒˈurit]
héros (m)	pahlawan	[pahlawan]
héroïne (f)	pahlawan wanita	[pahlawan wanita]
patriote (m)	patriot	[patriot]

| traître (m) | pengkhianat | [peŋhianat] |
| trahir (vt) | mengkhianati | [məŋhianati] |

| déserteur (m) | desertir | [desertir] |
| déserter (vt) | melakukan desersi | [melakukan desersi] |

mercenaire (m)	tentara bayaran	[tentara bajaran]
recrue (f)	rekrut, calon tentara	[rekrut], [tʃalon tentara]
volontaire (m)	sukarelawan	[sukarelawan]

mort (m)	korban meninggal	[korban meniŋgal]
blessé (m)	korban luka	[korban luka]
prisonnier (m) de guerre	tawanan perang	[tawanan pəraŋ]

184. La guerre. Partie 1

guerre (f)	perang	[peraŋ]
faire la guerre	berperang	[bərperaŋ]
guerre (f) civile	perang saudara	[pəraŋ saudara]
perfidement (adv)	secara curang	[setʃara tʃuraŋ]
déclaration (f) de guerre	pernyataan perang	[pərnjata'an pəraŋ]
déclarer (la guerre)	menyatakan perang	[mənjatakan pəraŋ]
agression (f)	agresi	[agresi]
attaquer (~ un pays)	menyerang	[mənjeraŋ]
envahir (vt)	menduduki	[mənduduki]
envahisseur (m)	penduduk	[pendudu']
conquérant (m)	penakluk	[penaklu']
défense (f)	pertahanan	[pərtahanan]
défendre (vt)	mempertahankan	[mempertahankan]
se défendre (vp)	bertahan ...	[bərtahan ...]
ennemi (m)	musuh	[musuh]
adversaire (m)	lawan	[lawan]
ennemi (adj) (territoire ~)	musuh	[musuh]
stratégie (f)	strategi	[strategi]
tactique (f)	taktik	[takti']
ordre (m)	perintah	[pərintah]
commande (f)	perintah	[pərintah]
ordonner (vt)	memerintahkan	[memerintahkan]
mission (f)	tugas	[tugas]
secret (adj)	rahasia	[rahasia]
bataille (f)	pertempuran	[pərtempuran]
combat (m)	pertempuran	[pərtempuran]
attaque (f)	serangan	[seraŋan]
assaut (m)	serbuan	[serbuan]
prendre d'assaut	menyerbu	[mənjerbu]
siège (m)	kepungan	[kepuŋan]
offensive (f)	serangan	[seraŋan]
passer à l'offensive	menyerang	[mənjeraŋ]
retraite (f)	pengunduran	[peŋunduran]
faire retraite	mundur	[mundur]
encerclement (m)	pengepungan	[peŋepuŋan]
encercler (vt)	mengepung	[məŋepuŋ]
bombardement (m)	pengeboman	[peŋeboman]
lancer une bombe	menjatuhkan bom	[məndʒʲatuhkan bom]
bombarder (vt)	mengebom	[məŋebom]
explosion (f)	ledakan	[ledakan]
coup (m) de feu	tembakan	[tembakan]

tirer un coup de feu	melepaskan	[melepaskan]
fusillade (f)	penembakan	[penembakan]
viser ... (cible)	membidik	[membidi']
pointer (sur ...)	mengarahkan	[məŋarahkan]
atteindre (cible)	mengenai	[məŋenaj]
faire sombrer	menenggelamkan	[mənəŋgelamkan]
trou (m) (dans un bateau)	lubang	[lubaŋ]
sombrer (navire)	karam	[karam]
front (m)	garis depan	[garis depan]
évacuation (f)	evakuasi	[evakuasi]
évacuer (vt)	mengevakuasi	[məŋevakuasi]
tranchée (f)	parit perlindungan	[parit pərlinduŋan]
barbelés (m pl)	kawat berduri	[kawat bərduri]
barrage (m) (~ antichar)	rintangan	[rintaŋan]
tour (f) de guet	menara	[mənara]
hôpital (m)	rumah sakit militer	[rumah sakit militer]
blesser (vt)	melukai	[melukaj]
blessure (f)	luka	[luka]
blessé (m)	korban luka	[korban luka]
être blessé	terluka	[tərluka]
grave (blessure)	parah	[parah]

185. La guerre. Partie 2

captivité (f)	tawanan	[tawanan]
captiver (vt)	menawan	[mənawan]
être prisonnier	ditawan	[ditawan]
être fait prisonnier	tertawan	[tərtawan]
camp (m) de concentration	kamp konsentrasi	[kamp konsentrasi]
prisonnier (m) de guerre	tawanan perang	[tawanan pəraŋ]
s'enfuir (vp)	melarikan diri	[melarikan diri]
trahir (vt)	mengkhianati	[məŋhianati]
traître (m)	pengkhianat	[peŋhianat]
trahison (f)	pengkhianatan	[peŋhianatan]
fusiller (vt)	mengeksekusi	[məŋeksekusi]
fusillade (f) (exécution)	eksekusi	[eksekusi]
équipement (m) (uniforme, etc.)	perlengkapan	[pərleŋkapan]
épaulette (f)	epolet	[epolet]
masque (m) à gaz	masker gas	[masker gas]
émetteur (m) radio	pemancar radio	[pemantʃar radio]
chiffre (m) (code)	kode	[kode]
conspiration (f)	kerahasiaan	[kerahasia'an]
mot (m) de passe	kata sandi	[kata sandi]

mine (f) terrestre	ranjau darat	[randʒiau darat]
miner (poser des mines)	memasang ranjau	[memasaŋ randʒiau]
champ (m) de mines	padang yang dipenuhi ranjau	[padaŋ yaŋ dipenuhi randʒiau]
alerte (f) aérienne	peringatan serangan udara	[pəriŋatan seraŋan udara]
signal (m) d'alarme	alarm serangan udara	[alarm seraŋan udara]
signal (m)	sinyal	[sinjal]
fusée signal (f)	roket sinyal	[roket sinjal]
état-major (m)	markas	[markas]
reconnaissance (f)	pengintaian	[pəŋintajan]
situation (f)	keadaan	[keadaʔan]
rapport (m)	laporan	[laporan]
embuscade (f)	penyergapan	[penjergapan]
renfort (m)	bala bantuan	[bala bantuan]
cible (f)	sasaran	[sasaran]
polygone (m)	lapangan tembak	[lapaŋan tembaʔ]
manœuvres (f pl)	latihan perang	[latihan pəraŋ]
panique (f)	panik	[paniʔ]
dévastation (f)	pengrusakan	[peŋrusakan]
destructions (f pl) (ruines)	penghancuran	[peŋhantʃuran]
détruire (vt)	menghancurkan	[məŋhantʃurkan]
survivre (vi)	menyintas	[mənjintas]
désarmer (vt)	melucuti	[melutʃuti]
manier (une arme)	mengendalikan	[məŋendalikan]
Garde-à-vous! Fixe!	Siap!	[siap!]
Repos!	Istirahat di tempat!	[istirahat di tempat!]
exploit (m)	keberanian	[keberanian]
serment (m)	sumpah	[sumpah]
jurer (de faire qch)	bersumpah	[bərsumpah]
décoration (f)	anugerah	[anugerah]
décorer (de la médaille)	menganugerahi	[məŋanugerahi]
médaille (f)	medali	[medali]
ordre (m) (~ du Mérite)	bintang kehormatan	[bintaŋ kehormatan]
victoire (f)	kemenangan	[kemenaŋan]
défaite (f)	kekalahan	[kekalahan]
armistice (m)	gencatan senjata	[gentʃatan sendʒiata]
drapeau (m)	bendera	[bendera]
gloire (f)	kehormatan	[kehormatan]
défilé (m)	parade	[parade]
marcher (défiler)	berbaris	[bərbaris]

186. Les armes

arme (f)	senjata	[sendʒiata]
armes (f pl) à feu	senjata api	[sendʒiata api]

armes (f pl) blanches	sejata tajam	[sedʒ¡ata tadʒ¡am]
arme (f) chimique	senjata kimia	[sendʒ¡ata kimia]
nucléaire (adj)	nuklir	[nuklir]
arme (f) nucléaire	senjata nuklir	[sendʒ¡ata nuklir]
bombe (f)	bom	[bom]
bombe (f) atomique	bom atom	[bom atom]
pistolet (m)	pistol	[pistol]
fusil (m)	senapan	[senapan]
mitraillette (f)	senapan otomatis	[senapan otomatis]
mitrailleuse (f)	senapan mesin	[senapan mesin]
bouche (f)	moncong	[montʃoŋ]
canon (m)	laras	[laras]
calibre (m)	kaliber	[kaliber]
gâchette (f)	pelatuk	[pelatuʔ]
mire (f)	pembidik	[pembidiʔ]
magasin (m)	magasin	[magasin]
crosse (f)	pantat senapan	[pantat senapan]
grenade (f) à main	granat tangan	[granat taŋan]
explosif (m)	bahan peledak	[bahan peledaʔ]
balle (f)	peluru	[peluru]
cartouche (f)	patrun	[patrun]
charge (f)	isian	[isian]
munitions (f pl)	amunisi	[amunisi]
bombardier (m)	pesawat pengebom	[pesawat peŋebom]
avion (m) de chasse	pesawat pemburu	[pesawat pemburu]
hélicoptère (m)	helikopter	[helikopter]
pièce (f) de D.C.A.	meriam penangkis serangan udara	[meriam penaŋkis seraŋan udara]
char (m)	tank	[tanʔ]
canon (m) d'un char	meriam tank	[meriam tanʔ]
artillerie (f)	artileri	[artileri]
canon (m)	meriam	[meriam]
pointer (~ l'arme)	mengarahkan	[məŋarahkan]
obus (m)	peluru	[peluru]
obus (m) de mortier	peluru mortir	[peluru mortir]
mortier (m)	mortir	[mortir]
éclat (m) d'obus	serpihan	[serpihan]
sous-marin (m)	kapal selam	[kapal selam]
torpille (f)	torpedo	[torpedo]
missile (m)	rudal	[rudal]
charger (arme)	mengisi	[məŋisi]
tirer (vi)	menembak	[mənembaʔ]
viser ... (cible)	membidik	[membidiʔ]
baïonnette (f)	bayonet	[bajonet]

épée (f)	pedang rapier	[pedaŋ rapier]
sabre (m)	pedang saber	[pedaŋ saber]
lance (f)	lembing	[lembiŋ]
arc (m)	busur panah	[busur panah]
flèche (f)	anak panah	[ana' panah]
mousquet (m)	senapan lantak	[senapan lanta']
arbalète (f)	busur silang	[busur silaŋ]

187. Les hommes préhistoriques

primitif (adj)	primitif	[primitif]
préhistorique (adj)	prasejarah	[prasedʒⁱarah]
ancien (adj)	kuno	[kuno]

Âge (m) de pierre	Zaman Batu	[zaman batu]
Âge (m) de bronze	Zaman Perunggu	[zaman pəruŋgu]
période (f) glaciaire	Zaman Es	[zaman es]

tribu (f)	suku	[suku]
cannibale (m)	kanibal	[kanibal]
chasseur (m)	pemburu	[pemburu]
chasser (vi, vt)	berburu	[bərburu]
mammouth (m)	mamut	[mamut]

caverne (f)	gua	[gua]
feu (m)	api	[api]
feu (m) de bois	api unggun	[api uŋgun]
dessin (m) rupestre	lukisan gua	[lukisan gua]

outil (m)	alat kerja	[alat kerdʒⁱa]
lance (f)	tombak	[tomba']
hache (f) en pierre	kapak batu	[kapa' batu]
faire la guerre	berperang	[bərperaŋ]
domestiquer (vt)	menjinakkan	[məndʒina'kan]

idole (f)	berhala	[bərhala]
adorer, vénérer (vt)	memuja	[memudʒⁱa]
superstition (f)	takhayul	[tahajul]
rite (m)	upacara	[upatʃara]

| évolution (f) | evolusi | [evolusi] |
| développement (m) | perkembangan | [pərkembaŋan] |

| disparition (f) | kehilangan | [kehilaŋan] |
| s'adapter (vp) | menyesuaikan diri | [mənjesuajkan diri] |

archéologie (f)	arkeologi	[arkeologi]
archéologue (m)	arkeolog	[arkeolog]
archéologique (adj)	arkeologis	[arkeologis]

site (m) d'excavation	situs ekskavasi	[situs ekskavasi]
fouilles (f pl)	ekskavasi	[ekskavasi]
trouvaille (f)	penemuan	[penemuan]
fragment (m)	fragmen	[fragmen]

188. Le Moyen Âge

peuple (m)	rakyat	[rakjat]
peuples (m pl)	bangsa-bangsa	[baŋsa-baŋsa]
tribu (f)	suku	[suku]
tribus (f pl)	suku-suku	[suku-suku]
Barbares (m pl)	kaum barbar	[kaum barbar]
Gaulois (m pl)	kaum Gaul	[kaum gaul]
Goths (m pl)	kaum Goth	[kaum got]
Slaves (m pl)	kaum Slavia	[kaum slavia]
Vikings (m pl)	kaum Viking	[kaum vikiŋ]
Romains (m pl)	kaum Roma	[kaum roma]
romain (adj)	Romawi	[romawi]
byzantins (m pl)	kaum Byzantium	[kaum bizantium]
Byzance (f)	Byzantium	[bizantium]
byzantin (adj)	Byzantium	[bizantium]
empereur (m)	kaisar	[kajsar]
chef (m)	pemimpin	[pemimpin]
puissant (adj)	adikuasa, berkuasa	[adikuasa], [bərkuasa]
roi (m)	raja	[radʒʲa]
gouverneur (m)	penguasa	[peŋuasa]
chevalier (m)	ksatria	[ksatria]
féodal (m)	tuan	[tuan]
féodal (adj)	feodal	[feodal]
vassal (m)	vasal	[vasal]
duc (m)	duke	[duke]
comte (m)	earl	[earl]
baron (m)	baron	[baron]
évêque (m)	uskup	[uskup]
armure (f)	baju besi	[badʒʲu besi]
bouclier (m)	perisai	[pərisaj]
glaive (m)	pedang	[pedaŋ]
visière (f)	visor, topeng besi	[visor], [topeŋ besi]
cotte (f) de mailles	baju zirah	[badʒʲu zirah]
croisade (f)	Perang Salib	[pəraŋ salib]
croisé (m)	kaum salib	[kaum salib]
territoire (m)	wilayah	[wilajah]
attaquer (~ un pays)	menyerang	[mənjeraŋ]
conquérir (vt)	menaklukkan	[mənakluˀkan]
occuper (envahir)	menduduki	[mənduduki]
siège (m)	kepungan	[kepuŋan]
assiégé (adj)	terkepung	[tərkepuŋ]
assiéger (vt)	mengepung	[məŋepuŋ]
inquisition (f)	inkuisisi	[inkuisisi]
inquisiteur (m)	inkuisitor	[inkuisitor]

torture (f)	siksaan	[siksa'an]
cruel (adj)	kejam	[kedʒam]
hérétique (m)	penganut bidah	[peŋanut bidah]
hérésie (f)	bidah	[bidah]

navigation (f) en mer	pelayaran laut	[pelajaran laut]
pirate (m)	bajak laut	[badʒa' laut]
piraterie (f)	pembajakan	[pembadʒakan]
abordage (m)	serangan terhadap kapal dari dekat	[seraŋan terhadap kapal dari dekat]
butin (m)	rampasan	[rampasan]
trésor (m)	harta karun	[harta karun]

découverte (f)	penemuan	[penemuan]
découvrir (vt)	menemukan	[mənemukan]
expédition (f)	ekspedisi	[ekspedisi]

mousquetaire (m)	musketir	[musketir]
cardinal (m)	kardinal	[kardinal]
héraldique (f)	heraldik	[heraldi']
héraldique (adj)	heraldik	[heraldi']

189. Les dirigeants. Les responsables. Les autorités

roi (m)	raja	[radʒa]
reine (f)	ratu	[ratu]
royal (adj)	kerajaan, raja	[keradʒa'an], [radʒa]
royaume (m)	kerajaan	[keradʒa'an]

| prince (m) | pangeran | [paŋeran] |
| princesse (f) | putri | [putri] |

président (m)	presiden	[presiden]
vice-président (m)	wakil presiden	[wakil presiden]
sénateur (m)	senator	[senator]

monarque (m)	monark	[monar']
gouverneur (m)	penguasa	[peŋuasa]
dictateur (m)	diktator	[diktator]
tyran (m)	tiran	[tiran]
magnat (m)	magnat	[magnat]

directeur (m)	direktur	[direktur]
chef (m)	atasan	[atasan]
gérant (m)	manajer	[manadʒer]
boss (m)	bos	[bos]
patron (m)	pemilik	[pemili']

leader (m)	pemimpin	[pemimpin]
chef (m) (~ d'une délégation)	kepala	[kepala]
autorités (f pl)	pihak berwenang	[piha' bərwenaŋ]
supérieurs (m pl)	atasan	[atasan]
gouverneur (m)	gabernur	[gabernur]
consul (m)	konsul	[konsul]

diplomate (m)	diplomat	[diplomat]
maire (m)	walikota	[walikota]
shérif (m)	sheriff	[ʃeriff]

empereur (m)	kaisar	[kajsar]
tsar (m)	tsar, raja	[tsar], [radʒʲa]
pharaon (m)	firaun	[firaun]
khan (m)	khan	[han]

190. L'itinéraire. La direction. Le chemin

| route (f) | jalan | [dʒʲalan] |
| voie (f) | jalan | [dʒʲalan] |

autoroute (f)	jalan raya	[dʒʲalan raja]
grande route (autoroute)	jalan raya	[dʒʲalan raja]
route (f) nationale	jalan nasional	[dʒʲalan nasional]

| route (f) principale | jalan utama | [dʒʲalan utama] |
| route (f) de campagne | jalan tanah | [dʒʲalan tanah] |

| chemin (m) (sentier) | jalan setapak | [dʒʲalan setapaʔ] |
| sentier (m) | jalan setapak | [dʒʲalan setapaʔ] |

Où?	Di mana?	[di mana?]
Où? (~ vas-tu?)	Ke mana?	[ke mana?]
D'où?	Dari mana?	[dari mana?]

| direction (f) | arah | [arah] |
| indiquer (le chemin) | menunjuk | [mənundʒʲuʔ] |

à gauche (tournez ~)	ke kiri	[ke kiri]
à droite (tournez ~)	ke kanan	[ke kanan]
tout droit (adv)	terus lurus	[terus lurus]
en arrière (adv)	balik	[baliʔ]

virage (m)	tikungan	[tikuŋan]
tourner (~ à gauche)	membelok	[membeloʔ]
faire un demi-tour	memutar arah	[memutar arah]

| se dessiner (vp) | kelihatan | [kelihatan] |
| apparaître (vi) | muncul | [muntʃul] |

halte (f)	perhentian	[pərhentian]
se reposer (vp)	beristirahat	[bəristirahat]
repos (m)	istirahat	[istirahat]

s'égarer (vp)	tersesat	[tərsesat]
mener à ... (le chemin)	menuju ...	[mənudʒʲu ...]
arriver à ...	sampai	[sampaj]
tronçon (m) (de chemin)	trayek	[traeʔ]

| asphalte (m) | aspal | [aspal] |
| bordure (f) | kerb jalan | [kerb dʒʲalan] |

fossé (m)	parit	[parit]
bouche (f) d'égout	lubang penutup jalan	[lubaŋ penutup dʒʲalan]
bas-côté (m)	bahu jalan	[bahu dʒʲalan]
nid-de-poule (m)	lubang	[lubaŋ]
aller (à pied)	berjalan	[bərdʒʲalan]
dépasser (vt)	mendahului	[məndahului]
pas (m)	langkah	[laŋkah]
à pied	berjalan kaki	[bərdʒʲalan kaki]
barrer (vt)	merintangi	[merintaɲi]
barrière (f)	palang jalan	[palaŋ dʒʲalan]
impasse (f)	jalan buntu	[dʒʲalan buntu]

191. Les crimes. Les criminels. Partie 1

bandit (m)	bandit	[bandit]
crime (m)	kejahatan	[kedʒʲahatan]
criminel (m)	penjahat	[pendʒʲahat]
voleur (m)	pencuri	[pentʃuri]
voler (qch à qn)	mencuri	[məntʃuri]
vol (m)	pencurian	[pentʃurian]
kidnapper (vt)	menculik	[məntʃuliʔ]
kidnapping (m)	penculikan	[pentʃulikan]
kidnappeur (m)	penculik	[pentʃuliʔ]
rançon (f)	uang tebusan	[uaŋ tebusan]
exiger une rançon	menuntut uang tebusan	[mənuntut uaŋ tebusan]
cambrioler (vt)	merampok	[merampoʔ]
cambriolage (m)	perampokan	[pərampokan]
cambrioleur (m)	perampok	[pərampoʔ]
extorquer (vt)	memeras	[memeras]
extorqueur (m)	pemeras	[pemeras]
extorsion (f)	pemerasan	[pemerasan]
tuer (vt)	membunuh	[membunuh]
meurtre (m)	pembunuhan	[pembunuhan]
meurtrier (m)	pembunuh	[pembunuh]
coup (m) de feu	tembakan	[tembakan]
tirer un coup de feu	melepaskan	[melepaskan]
abattre (par balle)	menembak mati	[mənemba? mati]
tirer (vi)	menembak	[mənemba?]
coups (m pl) de feu	penembakan	[penembakan]
incident (m)	insiden, kejadian	[insiden], [kedʒʲadian]
bagarre (f)	perkelahian	[pərkelahian]
Au secours!	Tolong!	[toloŋ!]
victime (f)	korban	[korban]

endommager (vt)	merusak	[merusaʔ]
dommage (m)	kerusakan	[kerusakan]
cadavre (m)	jenazah, mayat	[dʒenazah], [majat]
grave (~ crime)	berat	[berat]

attaquer (vt)	menyerang	[mənjeraŋ]
battre (frapper)	memukul	[memukul]
passer à tabac	memukuli	[memukuli]
prendre (voler)	merebut	[merebut]
poignarder (vt)	menikam mati	[mənikam mati]
mutiler (vt)	mencederai	[mənt͡ʃederaj]
blesser (vt)	melukai	[melukaj]

chantage (m)	pemerasan	[pemerasan]
faire chanter	memeras	[memeras]
maître (m) chanteur	pemeras	[pemeras]

racket (m) de protection	pemerasan	[pemerasan]
racketteur (m)	pemeras	[pemeras]
gangster (m)	gangster, preman	[gaŋster], [preman]
mafia (f)	mafia	[mafia]

pickpocket (m)	pencopet	[pent͡ʃopet]
cambrioleur (m)	perampok	[perampoʔ]
contrebande (f) (trafic)	penyelundupan	[penjelundupan]
contrebandier (m)	penyelundup	[penjelundup]

contrefaçon (f)	pemalsuan	[pemalsuan]
falsifier (vt)	memalsukan	[memalsukan]
faux (falsifié)	palsu	[palsu]

192. Les crimes. Les criminels. Partie 2

viol (m)	pemerkosaan	[pemerkosaʔan]
violer (vt)	memerkosa	[memerkosa]
violeur (m)	pemerkosa	[pemerkosa]
maniaque (m)	maniak	[maniaʔ]

prostituée (f)	pelacur	[pelat͡ʃur]
prostitution (f)	pelacuran	[pelat͡ʃuran]
souteneur (m)	germo	[germo]

drogué (m)	pecandu narkoba	[pet͡ʃandu narkoba]
trafiquant (m) de drogue	pengedar narkoba	[peŋedar narkoba]

faire exploser	meledakkan	[meledaʔkan]
explosion (f)	ledakan	[ledakan]
mettre feu	membakar	[membakar]
incendiaire (m)	pelaku pembakaran	[pelaku pembakaran]

terrorisme (m)	terorisme	[terorisme]
terroriste (m)	teroris	[teroris]
otage (m)	sandera	[sandera]
escroquer (vt)	menipu	[mənipu]

| escroquerie (f) | penipuan | [penipuan] |
| escroc (m) | penipu | [penipu] |

soudoyer (vt)	menyuap	[mənyuap]
corruption (f)	penyuapan	[penyuapan]
pot-de-vin (m)	uang suap, suapan	[uaŋ suap], [suapan]

poison (m)	racun	[ratʃun]
empoisonner (vt)	meracuni	[meratʃuni]
s'empoisonner (vp)	meracuni diri sendiri	[meratʃuni diri sendiri]

| suicide (m) | bunuh diri | [bunuh diri] |
| suicidé (m) | pelaku bunuh diri | [pelaku bunuh diri] |

menacer (vt)	mengancam	[məŋantʃam]
menace (f)	ancaman	[antʃaman]
attenter (vt)	melakukan percobaan pembunuhan	[melakukan pərtʃoba'an pembunuhan]
attentat (m)	percobaan pembunuhan	[pərtʃoba'an pembunuhan]

| voler (un auto) | mencuri | [məntʃuri] |
| détourner (un avion) | membajak | [membadʒ'a'] |

| vengeance (f) | dendam | [dendam] |
| se venger (vp) | membalas dendam | [membalas dendam] |

torturer (vt)	menyiksa	[mənjiksa]
torture (f)	siksaan	[siksa'an]
tourmenter (vt)	menyiksa	[mənjiksa]

pirate (m)	bajak laut	[badʒ'a' laut]
voyou (m)	berandal	[bərandal]
armé (adj)	bersenjata	[bərsendʒ'ata]
violence (f)	kekerasan	[kekerasan]
illégal (adj)	ilegal	[ilegal]

| espionnage (m) | spionase | [spionase] |
| espionner (vt) | memata-matai | [memata-mataj] |

193. La police. La justice. Partie 1

| justice (f) | keadilan | [keadilan] |
| tribunal (m) | pengadilan | [peŋadilan] |

juge (m)	hakim	[hakim]
jury (m)	anggota juri	[aŋgota dʒ'uri]
cour (f) d'assises	pengadilan juri	[peŋadilan dʒ'uri]
juger (vt)	mengadili	[məŋadili]

avocat (m)	advokat, pengacara	[advokat], [peŋatʃara]
accusé (m)	terdakwa	[tərdakwa]
banc (m) des accusés	bangku terdakwa	[baŋku tərdakwa]
inculpation (f)	tuduhan	[tuduhan]
inculpé (m)	terdakwa	[tərdakwa]

| condamnation (f) | hukuman | [hukuman] |
| condamner (vt) | menjatuhkan hukuman | [məndʒ'atuhkan hukuman] |

coupable (m)	bersalah	[bərsalah]
punir (vt)	menghukum	[məŋhukum]
punition (f)	hukuman	[hukuman]

amende (f)	denda	[denda]
détention (f) à vie	penjara seumur hidup	[pendʒ'ara seumur hidup]
peine (f) de mort	hukuman mati	[hukuman mati]
chaise (f) électrique	kursi listrik	[kursi listri']
potence (f)	tiang gantungan	[tiaŋ gantuŋan]

| exécuter (vt) | menjalankan hukuman mati | [məndʒ'alankan hukuman mati] |
| exécution (f) | hukuman mati | [hukuman mati] |

prison (f)	penjara	[pendʒ'ara]
cellule (f)	sel	[sel]
escorte (f)	pengawal	[peŋawal]
gardien (m) de prison	sipir, penjaga penjara	[sipir], [pendʒ'aga pendʒ'ara]
prisonnier (m)	tahanan	[tahanan]

| menottes (f pl) | borgol | [borgol] |
| mettre les menottes | memborgol | [memborgol] |

évasion (f)	pelarian	[pelarian]
s'évader (vp)	melarikan diri	[melarikan diri]
disparaître (vi)	menghilang	[məŋhilaŋ]
libérer (vt)	membebaskan	[membebaskan]
amnistie (f)	amnesti	[amnesti]

police (f)	polisi, kepolisian	[polisi], [kepolisian]
policier (m)	polisi	[polisi]
commissariat (m) de police	kantor polisi	[kantor polisi]
matraque (f)	pentungan karet	[pentuŋan karet]
haut parleur (m)	pengeras suara	[peŋeras suara]

voiture (f) de patrouille	mobil patroli	[mobil patroli]
sirène (f)	sirene	[sirene]
enclencher la sirène	membunyikan sirene	[membunjikan sirene]
hurlement (m) de la sirène	suara sirene	[suara sirene]

lieu (m) du crime	tempat kejadian perkara	[tempat kedʒ'adian pərkara]
témoin (m)	saksi	[saksi]
liberté (f)	kebebasan	[kebebasan]
complice (m)	kaki tangan	[kaki taŋan]
s'enfuir (vp)	melarikan diri	[melarikan diri]
trace (f)	jejak	[dʒ'edʒ'a']

194. La police. La justice. Partie 2

| recherche (f) | pencarian | [pentʃarian] |
| rechercher (vt) | mencari ... | [məntʃari ...] |

175

suspicion (f)	kecurigaan	[ketʃuriga'an]
suspect (adj)	mencurigakan	[mәntʃurigakan]
arrêter (dans la rue)	menghentikan	[mәŋhentikan]
détenir (vt)	menahan	[mәnahan]

affaire (f) (~ pénale)	kasus, perkara	[kasus], [pәrkara]
enquête (f)	investigasi, penyidikan	[investigasi], [penjidikan]
détective (m)	detektif	[detektif]
enquêteur (m)	penyidik	[penjidi']
hypothèse (f)	hipotesis	[hipotesis]

motif (m)	motif	[motif]
interrogatoire (m)	interogasi	[interogasi]
interroger (vt)	menginterogasi	[mәŋinterogasi]
interroger (~ les voisins)	menanyai	[mәnanjaj]
inspection (f)	pemeriksaan	[pemeriksa'an]

rafle (f)	razia	[razia]
perquisition (f)	penggeledahan	[peŋgeledahan]
poursuite (f)	pengejaran, perburuan	[peŋedʒʲaran], [pәrburuan]
poursuivre (vt)	mengejar	[mәŋedʒʲar]
dépister (vt)	melacak	[melatʃa']

arrestation (f)	penahanan	[penahanan]
arrêter (vt)	menahan	[mәnahan]
attraper (~ un criminel)	menangkap	[mәnaŋkap]
capture (f)	penangkapan	[penaŋkapan]

document (m)	dokumen	[dokumen]
preuve (f)	bukti	[bukti]
prouver (vt)	membuktikan	[membuktikan]
empreinte (f) de pied	jejak	[dʒʲedʒʲa']
empreintes (f pl) digitales	sidik jari	[sidi' dʒʲari]
élément (m) de preuve	barang bukti	[baraŋ bukti]

alibi (m)	alibi	[alibi]
innocent (non coupable)	tidak bersalah	[tida' bәrsalah]
injustice (f)	ketidakadilan	[ketidakadilan]
injuste (adj)	tidak adil	[tida' adil]

criminel (adj)	pidana	[pidana]
confisquer (vt)	menyita	[mәnjita]
drogue (f)	narkoba	[narkoba]
arme (f)	senjata	[sendʒʲata]
désarmer (vt)	melucuti	[melutʃuti]
ordonner (vt)	memerintahkan	[memerintahkan]
disparaître (vi)	menghilang	[mәŋhilaŋ]

loi (f)	hukum	[hukum]
légal (adj)	sah	[sah]
illégal (adj)	tidak sah	[tida' sah]

| responsabilité (f) | tanggung jawab | [taŋguŋ dʒʲawab] |
| responsable (adj) | bertanggung jawab | [bәrtaŋguŋ dʒʲawab] |

LA NATURE

La Terre. Partie 1

195. L'espace cosmique

cosmos (m)	angkasa	[aŋkasa]
cosmique (adj)	angkasa	[aŋkasa]
espace (m) cosmique	ruang angkasa	[ruaŋ aŋkasa]
monde (m)	dunia	[dunia]
univers (m)	jagat raya	[dʒ¡agat raja]
galaxie (f)	galaksi	[galaksi]
étoile (f)	bintang	[bintaŋ]
constellation (f)	gugusan bintang	[gugusan bintaŋ]
planète (f)	planet	[planet]
satellite (m)	satelit	[satelit]
météorite (m)	meteorit	[meteorit]
comète (f)	komet	[komet]
astéroïde (m)	asteroid	[asteroid]
orbite (f)	orbit	[orbit]
tourner (vi)	berputar	[bərputar]
atmosphère (f)	atmosfer	[atmosfer]
Soleil (m)	matahari	[matahari]
système (m) solaire	tata surya	[tata surja]
éclipse (f) de soleil	gerhana matahari	[gerhana matahari]
Terre (f)	Bumi	[bumi]
Lune (f)	Bulan	[bulan]
Mars (m)	Mars	[mars]
Vénus (f)	Venus	[venus]
Jupiter (m)	Yupiter	[yupiter]
Saturne (m)	Saturnus	[saturnus]
Mercure (m)	Merkurius	[merkurius]
Uranus (m)	Uranus	[uranus]
Neptune	Neptunus	[neptunus]
Pluton (m)	Pluto	[pluto]
la Voie Lactée	Bimasakti	[bimasakti]
la Grande Ours	Ursa Major	[ursa madʒor]
la Polaire	Bintang Utara	[bintaŋ utara]
martien (m)	makhluk Mars	[mahlu' mars]
extraterrestre (m)	makhluk ruang angkasa	[mahlu' ruaŋ aŋkasa]

| alien (m) | alien, makhluk asing | [alien], [mahlu' asiŋ] |
| soucoupe (f) volante | piring terbang | [piriŋ tərbaŋ] |

vaisseau (m) spatial	kapal antariksa	[kapal antariksa]
station (f) orbitale	stasiun antariksa	[stasiun antariksa]
lancement (m)	peluncuran	[peluntʃuran]

moteur (m)	mesin	[mesin]
tuyère (f)	nosel	[nosel]
carburant (m)	bahan bakar	[bahan bakar]

cabine (f)	kokpit	[kokpit]
antenne (f)	antena	[antena]
hublot (m)	jendela	[dʒˈendela]
batterie (f) solaire	sel surya	[sel surja]
scaphandre (m)	pakaian antariksa	[pakajan antariksa]

| apesanteur (f) | keadaan tanpa bobot | [keada'an tanpa bobot] |
| oxygène (m) | oksigen | [oksigen] |

| arrimage (m) | penggabungan | [peŋgabuŋan] |
| s'arrimer à ... | bergabung | [bərgabuŋ] |

observatoire (m)	observatorium	[observatorium]
télescope (m)	teleskop	[teleskop]
observer (vt)	mengamati	[məŋamati]
explorer (un cosmos)	mengeksplorasi	[məŋeksplorasi]

196. La Terre

Terre (f)	Bumi	[bumi]
globe (m) terrestre	bola Bumi	[bola bumi]
planète (f)	planet	[planet]

atmosphère (f)	atmosfer	[atmosfer]
géographie (f)	geografi	[geografi]
nature (f)	alam	[alam]

globe (m) de table	globe	[globe]
carte (f)	peta	[peta]
atlas (m)	atlas	[atlas]

| Europe (f) | Eropa | [eropa] |
| Asie (f) | Asia | [asia] |

| Afrique (f) | Afrika | [afrika] |
| Australie (f) | Australia | [australia] |

Amérique (f)	Amerika	[amerika]
Amérique (f) du Nord	Amerika Utara	[amerika utara]
Amérique (f) du Sud	Amerika Selatan	[amerika selatan]

| l'Antarctique (m) | Antartika | [antartika] |
| l'Arctique (m) | Arktika | [arktika] |

197. Les quatre parties du monde

nord (m)	utara	[utara]
vers le nord	ke utara	[ke utara]
au nord	di utara	[di utara]
du nord (adj)	utara	[utara]
sud (m)	selatan	[selatan]
vers le sud	ke selatan	[ke selatan]
au sud	di selatan	[di selatan]
du sud (adj)	selatan	[selatan]
ouest (m)	barat	[barat]
vers l'occident	ke barat	[ke barat]
à l'occident	di barat	[di barat]
occidental (adj)	barat	[barat]
est (m)	timur	[timur]
vers l'orient	ke timur	[ke timur]
à l'orient	di timur	[di timur]
oriental (adj)	timur	[timur]

198. Les océans et les mers

mer (f)	laut	[laut]
océan (m)	samudra	[samudra]
golfe (m)	teluk	[teluʔ]
détroit (m)	selat	[selat]
terre (f) ferme	daratan	[daratan]
continent (m)	benua	[benua]
île (f)	pulau	[pulau]
presqu'île (f)	semenanjung, jazirah	[semenandʒʲuŋ], [dʒʲazirah]
archipel (m)	kepulauan	[kepulauan]
baie (f)	teluk	[teluʔ]
port (m)	pelabuhan	[pelabuhan]
lagune (f)	laguna	[laguna]
cap (m)	tanjung	[tandʒʲuŋ]
atoll (m)	pulau karang	[pulau karaŋ]
récif (m)	terumbu	[terumbu]
corail (m)	karang	[karaŋ]
récif (m) de corail	terumbu karang	[terumbu karaŋ]
profond (adj)	dalam	[dalam]
profondeur (f)	kedalaman	[kedalaman]
abîme (m)	jurang	[dʒʲuraŋ]
fosse (f) océanique	palung	[paluŋ]
courant (m)	arus	[arus]
baigner (vt) (mer)	berbatasan dengan	[berbatasan deŋan]

| littoral (m) | pantai | [pantaj] |
| côte (f) | pantai | [pantaj] |

marée (f) haute	air pasang	[air pasaŋ]
marée (f) basse	air surut	[air surut]
banc (m) de sable	beting	[betiŋ]
fond (m)	dasar	[dasar]

vague (f)	gelombang	[gelombaŋ]
crête (f) de la vague	puncak gelombang	[puntʃaʔ gelombaŋ]
mousse (f)	busa, buih	[busa], [buih]

tempête (f) en mer	badai	[badaj]
ouragan (m)	topan	[topan]
tsunami (m)	tsunami	[tsunami]
calme (m)	angin tenang	[aŋin tenaŋ]
calme (tranquille)	tenang	[tenaŋ]

| pôle (m) | kutub | [kutub] |
| polaire (adj) | kutub | [kutub] |

latitude (f)	lintang	[lintaŋ]
longitude (f)	garis bujur	[garis budʒʲur]
parallèle (f)	sejajar	[sedʒʲadʒʲar]
équateur (m)	khatulistiwa	[hatulistiwa]

ciel (m)	langit	[laŋit]
horizon (m)	horizon	[horizon]
air (m)	udara	[udara]

phare (m)	mercusuar	[mertʃusuar]
plonger (vi)	menyelam	[mənjelam]
sombrer (vi)	karam	[karam]
trésor (m)	harta karun	[harta karun]

199. Les noms des mers et des océans

océan (m) Atlantique	Samudra Atlantik	[samudra atlantiʔ]
océan (m) Indien	Samudra Hindia	[samudra hindia]
océan (m) Pacifique	Samudra Pasifik	[samudra pasifiʔ]
océan (m) Glacial	Samudra Arktik	[samudra arktiʔ]

mer (f) Noire	Laut Hitam	[laut hitam]
mer (f) Rouge	Laut Merah	[laut merah]
mer (f) Jaune	Laut Kuning	[laut kuniŋ]
mer (f) Blanche	Laut Putih	[laut putih]

mer (f) Caspienne	Laut Kaspia	[laut kaspia]
mer (f) Morte	Laut Mati	[laut mati]
mer (f) Méditerranée	Laut Tengah	[laut teŋah]

mer (f) Égée	Laut Aegean	[laut aegean]
mer (f) Adriatique	Laut Adriatik	[laut adriatiʔ]
mer (f) Arabique	Laut Arab	[laut arab]

mer (f) du Japon	Laut Jepang	[laut dʒʲepaŋ]
mer (f) de Béring	Laut Bering	[laut beriŋ]
mer (f) de Chine Méridionale	Laut Cina Selatan	[laut tʃina selatan]

mer (f) de Corail	Laut Karang	[laut karaŋ]
mer (f) de Tasman	Laut Tasmania	[laut tasmania]
mer (f) Caraïbe	Laut Karibia	[laut karibia]

| mer (f) de Barents | Laut Barents | [laut barents] |
| mer (f) de Kara | Laut Kara | [laut kara] |

mer (f) du Nord	Laut Utara	[laut utara]
mer (f) Baltique	Laut Baltik	[laut balti']
mer (f) de Norvège	Laut Norwegia	[laut norwegia]

200. Les montagnes

montagne (f)	gunung	[gunuŋ]
chaîne (f) de montagnes	jajaran gunung	[dʒʲadʒʲaran gunuŋ]
crête (f)	sisir gunung	[sisir gunuŋ]

sommet (m)	puncak	[puntʃa']
pic (m)	puncak	[puntʃa']
pied (m)	kaki	[kaki]
pente (f)	lereng	[lereŋ]

volcan (m)	gunung api	[gunuŋ api]
volcan (m) actif	gunung api yang aktif	[gunuŋ api yaŋ aktif]
volcan (m) éteint	gunung api yang tidak aktif	[gunuŋ api yaŋ tida' aktif]

éruption (f)	erupsi, letusan	[erupsi], [letusan]
cratère (m)	kawah	[kawah]
magma (m)	magma	[magma]
lave (f)	lava, lahar	[lava], [lahar]
en fusion (lave ~)	pijar	[pidʒʲar]

canyon (m)	kanyon	[kanjon]
défilé (m) (gorge)	jurang	[dʒʲuraŋ]
crevasse (f)	celah	[tʃelah]
précipice (m)	jurang	[dʒʲuraŋ]

col (m) de montagne	pass, celah	[pass], [tʃelah]
plateau (m)	plato, dataran tinggi	[plato], [dataran tiŋgi]
rocher (m)	tebing	[tebiŋ]
colline (f)	bukit	[bukit]

glacier (m)	gletser	[gletser]
chute (f) d'eau	air terjun	[air terdʒʲun]
geyser (m)	geiser	[geyser]
lac (m)	danau	[danau]

plaine (f)	dataran	[dataran]
paysage (m)	landskap	[landskap]
écho (m)	gema	[gema]

alpiniste (m)	pendaki gunung	[pendaki gunuŋ]
varappeur (m)	pemanjat tebing	[pemandʒʲat tebiŋ]
conquérir (vt)	menaklukkan	[mənakluʔkan]
ascension (f)	pendakian	[pendakian]

201. Les noms des chaînes de montagne

Alpes (f pl)	Alpen	[alpen]
Mont Blanc (m)	Mont Blanc	[mon blan]
Pyrénées (f pl)	Pirenia	[pirenia]

Carpates (f pl)	Pegunungan Karpatia	[pegunuŋan karpatia]
Monts Oural (m pl)	Pegunungan Ural	[pegunuŋan ural]
Caucase (m)	Kaukasus	[kaukasus]
Elbrous (m)	Elbrus	[elbrus]

Altaï (m)	Altai	[altaj]
Tian Chan (m)	Tien Shan	[tjen ʃan]
Pamir (m)	Pegunungan Pamir	[pegunuŋan pamir]
Himalaya (m)	Himalaya	[himalaja]
Everest (m)	Everest	[everest]

| Andes (f pl) | Andes | [andes] |
| Kilimandjaro (m) | Kilimanjaro | [kilimandʒʲaro] |

202. Les fleuves

rivière (f), fleuve (m)	sungai	[suŋaj]
source (f)	mata air	[mata air]
lit (m) (d'une rivière)	badan sungai	[badan suŋaj]
bassin (m)	basin	[basin]
se jeter dans …	mengalir ke …	[məŋalir ke …]

| affluent (m) | anak sungai | [anaʔ suŋaj] |
| rive (f) | tebing sungai | [tebiŋ suŋaj] |

courant (m)	arus	[arus]
en aval	ke hilir	[ke hilir]
en amont	ke hulu	[ke hulu]

inondation (f)	banjir	[bandʒir]
les grandes crues	banjir	[bandʒir]
déborder (vt)	membanjiri	[membandʒiri]
inonder (vt)	membanjiri	[membandʒiri]

| bas-fond (m) | beting | [betiŋ] |
| rapide (m) | jeram | [dʒʲeram] |

barrage (m)	dam, bendungan	[dam], [benduŋan]
canal (m)	kanal, terusan	[kanal], [terusan]
lac (m) de barrage	waduk	[waduʔ]
écluse (f)	pintu air	[pintu air]

plan (m) d'eau	kolam	[kolam]
marais (m)	rawa	[rawa]
fondrière (f)	bencah, paya	[bentʃah], [paja]
tourbillon (m)	pusaran air	[pusaran air]
ruisseau (m)	selokan	[selokan]
potable (adj)	minum	[minum]
douce (l'eau ~)	tawar	[tawar]
glace (f)	es	[es]
être gelé	membeku	[membeku]

203. Les noms des fleuves

Seine (f)	Seine	[seine]
Loire (f)	Loire	[loire]
Tamise (f)	Thames	[tems]
Rhin (m)	Rein	[reyn]
Danube (m)	Donau	[donau]
Volga (f)	Volga	[volga]
Don (m)	Don	[don]
Lena (f)	Lena	[lena]
Huang He (m)	Suang Kuning	[suaŋ kuniŋ]
Yangzi Jiang (m)	Yangtze	[yaŋtze]
Mékong (m)	Mekong	[mekoŋ]
Gange (m)	Gangga	[gaŋga]
Nil (m)	Sungai Nil	[suŋaj nil]
Congo (m)	Kongo	[koŋo]
Okavango (m)	Okavango	[okavaŋo]
Zambèze (m)	Zambezi	[zambezi]
Limpopo (m)	Limpopo	[limpopo]
Mississippi (m)	Mississippi	[misisipi]

204. La forêt

forêt (f)	hutan	[hutan]
forestier (adj)	hutan	[hutan]
fourré (m)	hutan lebat	[hutan lebat]
bosquet (m)	hutan kecil	[hutan ketʃil]
clairière (f)	pembukaan hutan	[pembuka'an hutan]
broussailles (f pl)	semak belukar	[sema' belukar]
taillis (m)	belukar	[belukar]
sentier (m)	jalan setapak	[dʒalan setapa']
ravin (m)	parit	[parit]
arbre (m)	pohon	[pohon]

feuille (f)	daun	[daun]
feuillage (m)	daun-daunan	[daun-daunan]
chute (f) de feuilles	daun berguguran	[daun bərguguran]
tomber (feuilles)	luruh	[luruh]
sommet (m)	puncak	[puntʃaʔ]
rameau (m)	cabang	[tʃabaŋ]
branche (f)	dahan	[dahan]
bourgeon (m)	tunas	[tunas]
aiguille (f)	daun jarum	[daun dʒ'arum]
pomme (f) de pin	buah pinus	[buah pinus]
creux (m)	lubang pohon	[lubaŋ pohon]
nid (m)	sarang	[saraŋ]
terrier (m) (~ d'un renard)	lubang	[lubaŋ]
tronc (m)	batang	[bataŋ]
racine (f)	akar	[akar]
écorce (f)	kulit	[kulit]
mousse (f)	lumut	[lumut]
déraciner (vt)	mencabut	[məntʃabut]
abattre (un arbre)	menebang	[mənebaŋ]
déboiser (vt)	deforestasi, penggundulan hutan	[deforestasi], [peŋgundulan hutan]
souche (f)	tunggul	[tuŋgul]
feu (m) de bois	api unggun	[api uŋgun]
incendie (m)	kebakaran hutan	[kebakaran hutan]
éteindre (feu)	memadamkan	[memadamkan]
garde (m) forestier	penjaga hutan	[pendʒ'aga hutan]
protection (f)	perlindungan	[pərlinduŋan]
protéger (vt)	melindungi	[melinduŋi]
braconnier (m)	pemburu ilegal	[pemburu ilegal]
piège (m) à mâchoires	perangkap	[pəraŋkap]
cueillir (vt)	memetik	[memetiʔ]
s'égarer (vp)	tersesat	[tərsesat]

205. Les ressources naturelles

ressources (f pl) naturelles	sumber daya alam	[sumber daja alam]
minéraux (m pl)	bahan tambang	[bahan tambaŋ]
gisement (m)	endapan	[endapan]
champ (m) (~ pétrolifère)	ladang	[ladaŋ]
extraire (vt)	menambang	[mənambaŋ]
extraction (f)	pertambangan	[pərtambaŋan]
minerai (m)	bijih	[bidʒih]
mine (f) (site)	tambang	[tambaŋ]
puits (m) de mine	sumur tambang	[sumur tambaŋ]
mineur (m)	penambang	[penambaŋ]

| gaz (m) | gas | [gas] |
| gazoduc (m) | pipa saluran gas | [pipa saluran gas] |

pétrole (m)	petroleum, minyak	[petroleum], [minja']
pipeline (m)	pipa saluran minyak	[pipa saluran minja']
tour (f) de forage	sumur minyak	[sumur minja']
derrick (m)	menara bor minyak	[menara bor minja']
pétrolier (m)	kapal tangki	[kapal taŋki]

sable (m)	pasir	[pasir]
calcaire (m)	batu kapur	[batu kapur]
gravier (m)	kerikil	[kerikil]
tourbe (f)	gambut	[gambut]
argile (f)	tanah liat	[tanah liat]
charbon (m)	arang	[araŋ]

fer (m)	besi	[besi]
or (m)	emas	[emas]
argent (m)	perak	[pera']
nickel (m)	nikel	[nikel]
cuivre (m)	tembaga	[tembaga]

zinc (m)	seng	[seŋ]
manganèse (m)	mangan	[maŋan]
mercure (m)	air raksa	[air raksa]
plomb (m)	timbal	[timbal]

minéral (m)	mineral	[mineral]
cristal (m)	kristal, hablur	[kristal], [hablur]
marbre (m)	marmer	[marmer]
uranium (m)	uranium	[uranium]

La Terre. Partie 2

206. Le temps

temps (m)	cuaca	[ʧuaʧa]
météo (f)	prakiraan cuaca	[prakira'an ʧuaʧa]
température (f)	temperatur, suhu	[temperatur], [suhu]
thermomètre (m)	termometer	[tərmometər]
baromètre (m)	barometer	[barometer]
humide (adj)	lembap	[lembap]
humidité (f)	kelembapan	[kelembapan]
chaleur (f) (canicule)	panas, gerah	[panas], [gerah]
torride (adj)	panas terik	[panas təri']
il fait très chaud	panas	[panas]
il fait chaud	hangat	[haŋat]
chaud (modérément)	hangat	[haŋat]
il fait froid	dingin	[diŋin]
froid (adj)	dingin	[diŋin]
soleil (m)	matahari	[matahari]
briller (soleil)	bersinar	[bərsinar]
ensoleillé (jour ~)	cerah	[ʧerah]
se lever (vp)	terbit	[terbit]
se coucher (vp)	terbenam	[tərbenam]
nuage (m)	awan	[awan]
nuageux (adj)	berawan	[bərawan]
nuée (f)	awan mendung	[awan menduŋ]
sombre (adj)	mendung	[menduŋ]
pluie (f)	hujan	[hudʒian]
il pleut	hujan turun	[hudʒian turun]
pluvieux (adj)	hujan	[hudʒian]
bruiner (v imp)	gerimis	[gerimis]
pluie (f) torrentielle	hujan lebat	[hudʒian lebat]
averse (f)	hujan lebat	[hudʒian lebat]
forte (la pluie ~)	lebat	[lebat]
flaque (f)	kubangan	[kubaŋan]
se faire mouiller	kehujanan	[kehudʒianan]
brouillard (m)	kabut	[kabut]
brumeux (adj)	berkabut	[bərkabut]
neige (f)	salju	[saldʒiu]
il neige	turun salju	[turun saldʒiu]

207. Les intempéries. Les catastrophes naturelles

orage (m)	hujan badai	[hudʒʲan badaj]
éclair (m)	kilat	[kilat]
éclater (foudre)	berkilau	[bərkilau]
tonnerre (m)	petir	[petir]
gronder (tonnerre)	bergemuruh	[bərgemuruh]
le tonnerre gronde	bergemuruh	[bərgemuruh]
grêle (f)	hujan es	[hudʒʲan es]
il grêle	hujan es	[hudʒʲan es]
inonder (vt)	membanjiri	[membandʒiri]
inondation (f)	banjir	[bandʒir]
tremblement (m) de terre	gempa bumi	[gempa bumi]
secousse (f)	gempa	[gempa]
épicentre (m)	episentrum	[episentrum]
éruption (f)	erupsi, letusan	[erupsi], [letusan]
lave (f)	lava, lahar	[lava], [lahar]
tourbillon (m)	puting beliung	[putiŋ beliuŋ]
tornade (f)	tornado	[tornado]
typhon (m)	topan	[topan]
ouragan (m)	topan	[topan]
tempête (f)	badai	[badaj]
tsunami (m)	tsunami	[tsunami]
cyclone (m)	siklon	[siklon]
intempéries (f pl)	cuaca buruk	[tʃuatʃa buruʔ]
incendie (m)	kebakaran	[kebakaran]
catastrophe (f)	bencana	[bentʃana]
météorite (m)	meteorit	[meteorit]
avalanche (f)	longsor	[loŋsor]
éboulement (m)	salju longsor	[saldʒʲu loŋsor]
blizzard (m)	badai salju	[badaj saldʒʲu]
tempête (f) de neige	badai salju	[badaj saldʒʲu]

208. Les bruits. Les sons

silence (m)	kesunyian	[kesunjian]
son (m)	bunyi	[bunji]
bruit (m)	bising	[bisiŋ]
faire du bruit	membuat bising	[membuat bisiŋ]
bruyant (adj)	bising	[bisiŋ]
fort (adv)	keras	[keras]
fort (voix ~e)	lantang	[lantaŋ]
constant (bruit, etc.)	terus menerus	[terus menerus]

cri (m)	teriakan	[teriakan]
crier (vi)	berteriak	[bərteria?]
chuchotement (m)	bisikan	[bisikan]
chuchoter (vi, vt)	berbisik	[bərbisi?]

| aboiement (m) | salak | [sala?] |
| aboyer (vi) | menyalak | [mənjala?] |

gémissement (m)	rintihan	[rintihan]
gémir (vi)	merintih	[merintih]
toux (f)	batuk	[batu?]
tousser (vi)	batuk	[batu?]

sifflement (m)	siulan	[siulan]
siffler (vi)	bersiul	[bərsiul]
coups (m pl) à la porte	ketukan	[ketukan]
frapper (~ à la porte)	mengetuk	[mənetu?]

| craquer (vi) | retak | [reta?] |
| craquement (m) | gemeretak | [gemereta?] |

sirène (f)	sirene	[sirene]
sifflement (m) (de train)	peluit	[peluit]
siffler (train, etc.)	membunyikan peluit	[membunjikan peluit]
coup (m) de klaxon	klakson	[klakson]
klaxonner (vi)	membunyikan klakson	[membunjikan klakson]

209. L'hiver

hiver (m)	musim dingin	[musim diŋin]
d'hiver (adj)	musim dingin	[musim diŋin]
en hiver	pada musim dingin	[pada musim diŋin]

neige (f)	salju	[saldʒiu]
il neige	turun salju	[turun saldʒiu]
chute (f) de neige	hujan salju	[hudʒian saldʒiu]
congère (f)	timbunan salju	[timbunan saldʒiu]

flocon (m) de neige	kepingan salju	[kepiŋan saldʒiu]
boule (f) de neige	bola salju	[bola saldʒiu]
bonhomme (m) de neige	patung salju	[patuŋ saldʒiu]
glaçon (m)	tetes air beku	[tetes air beku]

décembre (m)	Desember	[desember]
janvier (m)	Januari	[dʒianuari]
février (m)	Februari	[februari]

| gel (m) | dingin | [diŋin] |
| glacial (nuit ~) | dingin | [diŋin] |

au-dessous de zéro	di bawah nol	[di bawah nol]
premières gelées (f pl)	es pertama	[es pərtama]
givre (m)	embun beku	[embun beku]
froid (m)	cuaca dingin	[tʃuatʃa diŋin]

il fait froid	dingin	[diŋin]
manteau (m) de fourrure	mantel bulu	[mantel bulu]
moufles (f pl)	sarung tangan	[saruŋ taŋan]
tomber malade	sakit, jatuh sakit	[sakit], [dʒatuh sakit]
refroidissement (m)	pilek, selesma	[pilek], [selesma]
prendre froid	masuk angin	[masu' aŋin]
glace (f)	es	[es]
verglas (m)	es hitam	[es hitam]
être gelé	membeku	[membeku]
bloc (m) de glace	gumpalan es terapung	[gumpalan es terapuŋ]
skis (m pl)	ski	[ski]
skieur (m)	pemain ski	[pemajn ski]
faire du ski	bermain ski	[bermajn ski]
patiner (vi)	berseluncur	[berseluntʃur]

La faune

210. Les mammifères. Les prédateurs

prédateur (m)	predator, pemangsa	[predator], [pemaŋsa]
tigre (m)	harimau	[harimau]
lion (m)	singa	[siŋa]
loup (m)	serigala	[serigala]
renard (m)	rubah	[rubah]
jaguar (m)	jaguar	[dʒ'aguar]
léopard (m)	leopard, macan tutul	[leopard], [matʃan tutul]
guépard (m)	cheetah	[tʃeetah]
panthère (f)	harimau kumbang	[harimau kumbaŋ]
puma (m)	singa gunung	[siŋa gunuŋ]
léopard (m) de neiges	harimau bintang salju	[harimau bintaŋ saldʒ'u]
lynx (m)	lynx	[links]
coyote (m)	koyote	[koyot]
chacal (m)	jakal	[dʒ'akal]
hyène (f)	hiena	[hiena]

211. Les animaux sauvages

animal (m)	binatang	[binataŋ]
bête (f)	binatang buas	[binataŋ buas]
écureuil (m)	bajing	[badʒiŋ]
hérisson (m)	landak susu	[landaʔ susu]
lièvre (m)	terwelu	[tərwelu]
lapin (m)	kelinci	[kelintʃi]
blaireau (m)	luak	[luaʔ]
raton (m)	rakun	[rakun]
hamster (m)	hamster	[hamster]
marmotte (f)	marmut	[marmut]
taupe (f)	tikus mondok	[tikus mondoʔ]
souris (f)	tikus	[tikus]
rat (m)	tikus besar	[tikus besar]
chauve-souris (f)	kelelawar	[kelelawar]
hermine (f)	ermin	[ermin]
zibeline (f)	sabel	[sabel]
martre (f)	marten	[marten]
belette (f)	musang	[musaŋ]
vison (m)	cerpelai	[tʃerpelaj]

| castor (m) | beaver | [beaver] |
| loutre (f) | berang-berang | [bəraŋ-bəraŋ] |

cheval (m)	kuda	[kuda]
élan (m)	rusa besar	[rusa besar]
cerf (m)	rusa	[rusa]
chameau (m)	unta	[unta]

bison (m)	bison	[bison]
aurochs (m)	aurochs	[oroks]
buffle (m)	kerbau	[kerbau]

zèbre (m)	kuda belang	[kuda belaŋ]
antilope (f)	antelop	[antelop]
chevreuil (m)	kijang	[kidʒ'aŋ]
biche (f)	rusa	[rusa]
chamois (m)	chamois	[ʃemva]
sanglier (m)	babi hutan jantan	[babi hutan dʒ'antan]

baleine (f)	ikan paus	[ikan paus]
phoque (m)	anjing laut	[andʒiŋ laut]
morse (m)	walrus	[walrus]
ours (m) de mer	anjing laut berbulu	[andʒiŋ laut bərbulu]
dauphin (m)	lumba-lumba	[lumba-lumba]

ours (m)	beruang	[bəruaŋ]
ours (m) blanc	beruang kutub	[bəruaŋ kutub]
panda (m)	panda	[panda]

singe (m)	monyet	[monjet]
chimpanzé (m)	simpanse	[simpanse]
orang-outang (m)	orang utan	[oraŋ utan]
gorille (m)	gorila	[gorila]
macaque (m)	kera	[kera]
gibbon (m)	siamang, ungka	[siamaŋ], [uŋka]

éléphant (m)	gajah	[gadʒ'ah]
rhinocéros (m)	badak	[bada']
girafe (f)	jerapah	[dʒ'erapah]
hippopotame (m)	kuda nil	[kuda nil]

| kangourou (m) | kanguru | [kaŋuru] |
| koala (m) | koala | [koala] |

mangouste (f)	garangan	[garaŋan]
chinchilla (m)	chinchilla	[tʃintʃilla]
mouffette (f)	sigung	[siguŋ]
porc-épic (m)	landak	[landa']

212. Les animaux domestiques

chat (m) (femelle)	kucing betina	[kutʃiŋ betina]
chat (m) (mâle)	kucing jantan	[kutʃiŋ dʒ'antan]
chien (m)	anjing	[andʒiŋ]

cheval (m)	kuda	[kuda]
étalon (m)	kuda jantan	[kuda dʒʲantan]
jument (f)	kuda betina	[kuda betina]

vache (f)	sapi	[sapi]
taureau (m)	sapi jantan	[sapi dʒʲantan]
bœuf (m)	lembu jantan	[lembu dʒʲantan]

brebis (f)	domba	[domba]
mouton (m)	domba jantan	[domba dʒʲantan]
chèvre (f)	kambing betina	[kambiŋ betina]
bouc (m)	kambing jantan	[kambiŋ dʒʲantan]

| âne (m) | keledai | [keledaj] |
| mulet (m) | bagal | [bagal] |

cochon (m)	babi	[babi]
pourceau (m)	anak babi	[ana' babi]
lapin (m)	kelinci	[kelintʃi]

| poule (f) | ayam betina | [ajam betina] |
| coq (m) | ayam jago | [ajam dʒʲago] |

canard (m)	bebek	[bebe']
canard (m) mâle	bebek jantan	[bebe' dʒʲantan]
oie (f)	angsa	[aŋsa]

| dindon (m) | kalkun jantan | [kalkun dʒʲantan] |
| dinde (f) | kalkun betina | [kalkun betina] |

animaux (m pl) domestiques	binatang piaraan	[binataŋ piara'an]
apprivoisé (adj)	jinak	[dʒina']
apprivoiser (vt)	menjinakkan	[məndʒina'kan]
élever (vt)	membiakkan	[membia'kan]

ferme (f)	peternakan	[peternakan]
volaille (f)	unggas	[uŋgas]
bétail (m)	ternak	[terna']
troupeau (m)	kawanan	[kawanan]

écurie (f)	kandang kuda	[kandaŋ kuda]
porcherie (f)	kandang babi	[kandaŋ babi]
vacherie (f)	kandang sapi	[kandaŋ sapi]
cabane (f) à lapins	sangkar kelinci	[saŋkar kelintʃi]
poulailler (m)	kandang ayam	[kandaŋ ajam]

213. Le chien. Les races

chien (m)	anjing	[andʒiŋ]
berger (m)	anjing gembala	[andʒiŋ gembala]
berger (m) allemand	anjing gembala jerman	[andʒiŋ gembala dʒʲerman]
caniche (f)	pudel	[pudel]
teckel (m)	anjing tekel	[andʒiŋ tekel]
bouledogue (m)	buldog	[buldog]

boxer (m)	boxer	[bokser]
mastiff (m)	Mastiff	[mastiff]
rottweiler (m)	Rottweiler	[rotweyler]
doberman (m)	Doberman	[doberman]

basset (m)	Basset	[basset]
bobtail (m)	bobtail	[bobteyl]
dalmatien (m)	Dalmatian	[dalmatian]
cocker (m)	Cocker Spaniel	[koker spaniel]

| terre-neuve (m) | Newfoundland | [njufaundland] |
| saint-bernard (m) | Saint Bernard | [sen bərnar] |

husky (m)	Husky	[haski]
chow-chow (m)	Chow Chow	[tʃau tʃau]
spitz (m)	Spitz	[spits]
carlin (m)	Pug	[pag]

214. Les cris des animaux

aboiement (m)	salak	[salaʔ]
aboyer (vi)	menyalak	[mənjalaʔ]
miauler (vi)	mengeong	[məŋeoŋ]
ronronner (vi)	mendengkur	[məndəŋkur]

meugler (vi)	melenguh	[meləŋuh]
beugler (taureau)	menguak	[məŋuaʔ]
rugir (chien)	menggeram	[məŋgeram]

hurlement (m)	auman	[auman]
hurler (loup)	mengaum	[məŋaum]
geindre (vi)	merengek	[mereŋeʔ]

bêler (vi)	mengembik	[məŋembiʔ]
grogner (cochon)	menguik	[məŋuiʔ]
glapir (cochon)	memekik	[memekiʔ]

coasser (vi)	berdengkang	[bərdəŋkaŋ]
bourdonner (vi)	mendengung	[məndəŋuŋ]
striduler (vi)	mencicit	[məntʃitʃit]

215. Les jeunes animaux

bébé (m) (~ lapin)	anak	[anaʔ]
chaton (m)	anak kucing	[anaʔ kutʃiŋ]
souriceau (m)	anak tikus	[anaʔ tikus]
chiot (m)	anak anjing	[anaʔ andʒiŋ]

levraut (m)	anak terwelu	[anaʔ tərwelu]
lapereau (m)	anak kelinci	[anaʔ kelintʃi]
louveteau (m)	anak serigala	[anaʔ serigala]
renardeau (m)	anak rubah	[anaʔ rubah]

ourson (m)	anak beruang	[anaˀ beruaŋ]
lionceau (m)	anak singa	[anaˀ siŋa]
bébé (m) tigre	anak harimau	[anaˀ harimau]
éléphanteau (m)	anak gajah	[anaˀ gadʒʲah]
pourceau (m)	anak babi	[anaˀ babi]
veau (m)	anak sapi	[anaˀ sapi]
chevreau (m)	anak kambing	[anaˀ kambiŋ]
agneau (m)	anak domba	[anaˀ domba]
faon (m)	anak rusa	[anaˀ rusa]
bébé (m) chameau	anak unta	[anaˀ unta]
serpenteau (m)	anak ular	[anaˀ ular]
bébé (m) grenouille	anak katak	[anaˀ kataˀ]
oisillon (m)	anak burung	[anaˀ buruŋ]
poussin (m)	anak ayam	[anaˀ ajam]
canardeau (m)	anak bebek	[anaˀ bebeˀ]

216. Les oiseaux

oiseau (m)	burung	[buruŋ]
pigeon (m)	burung dara	[buruŋ dara]
moineau (m)	burung gereja	[buruŋ geredʒʲa]
mésange (f)	burung tit	[buruŋ tit]
pie (f)	burung murai	[buruŋ muraj]
corbeau (m)	burung raven	[buruŋ raven]
corneille (f)	burung gagak	[buruŋ gagaˀ]
choucas (m)	burung gagak kecil	[buruŋ gagaˀ ketʃil]
freux (m)	burung rook	[buruŋ rooˀ]
canard (m)	bebek	[bebeˀ]
oie (f)	angsa	[aŋsa]
faisan (m)	burung kuau	[buruŋ kuau]
aigle (m)	rajawali	[radʒʲawali]
épervier (m)	elang	[elaŋ]
faucon (m)	alap-alap	[alap-alap]
vautour (m)	hering	[heriŋ]
condor (m)	kondor	[kondor]
cygne (m)	angsa	[aŋsa]
grue (f)	burung jenjang	[buruŋ dʒʲendʒʲaŋ]
cigogne (f)	bangau	[baŋau]
perroquet (m)	burung nuri	[buruŋ nuri]
colibri (m)	burung kolibri	[buruŋ kolibri]
paon (m)	burung merak	[buruŋ meraˀ]
autruche (f)	burung unta	[buruŋ unta]
héron (m)	kuntul	[kuntul]
flamant (m)	burung flamingo	[buruŋ flamiŋo]
pélican (m)	pelikan	[pelikan]

rossignol (m)	burung bulbul	[buruŋ bulbul]
hirondelle (f)	burung walet	[buruŋ walet]
merle (m)	burung jalak	[buruŋ dʒ¡ala']
grive (f)	burung jalak suren	[buruŋ dʒ¡ala' suren]
merle (m) noir	burung jalak hitam	[buruŋ dʒ¡ala' hitam]
martinet (m)	burung apus-apus	[buruŋ apus-apus]
alouette (f) des champs	burung lark	[buruŋ lar']
caille (f)	burung puyuh	[buruŋ puyuh]
pivert (m)	burung pelatuk	[buruŋ pelatu']
coucou (m)	burung kukuk	[buruŋ kuku']
chouette (f)	burung hantu	[buruŋ hantu]
hibou (m)	burung hantu bertanduk	[buruŋ hantu bertandu']
tétras (m)	burung murai kayu	[buruŋ muraj kaju]
tétras-lyre (m)	burung belibis hitam	[buruŋ belibis hitam]
perdrix (f)	ayam hutan	[ajam hutan]
étourneau (m)	burung starling	[buruŋ starliŋ]
canari (m)	burung kenari	[buruŋ kenari]
gélinotte (f) des bois	ayam hutan hazel	[ajam hutan hazel]
pinson (m)	burung chaffinch	[buruŋ tʃaffintʃ]
bouvreuil (m)	burung bullfinch	[buruŋ bullfintʃ]
mouette (f)	burung camar	[buruŋ tʃamar]
albatros (m)	albatros	[albatros]
pingouin (m)	penguin	[peŋuin]

217. Les oiseaux. Le chant, les cris

chanter (vi)	menyanyi	[mǝnjanji]
crier (vi)	berteriak	[bǝrteria']
chanter (le coq)	berkokok	[bǝrkoko']
cocorico (m)	kukuruyuk	[kukuruyu']
glousser (vi)	berkotek	[bǝrkote']
croasser (vi)	berkaok-kaok	[berkao'-kao']
cancaner (vi)	meleter	[meleter]
piauler (vi)	berdecit	[bǝrdetʃit]
pépier (vi)	berkicau	[bǝrkitʃau]

218. Les poissons. Les animaux marins

brème (f)	ikan bream	[ikan bream]
carpe (f)	ikan karper	[ikan karper]
perche (f)	ikan tilapia	[ikan tilapia]
silure (m)	lais junggang	[lajs dʒ¡uŋgaŋ]
brochet (m)	ikan pike	[ikan paik]
saumon (m)	salmon	[salmon]
esturgeon (m)	ikan sturgeon	[ikan sturdʒ¡en]

hareng (m)	ikan haring	[ikan hariŋ]
saumon (m) atlantique	ikan salem	[ikan salem]
maquereau (m)	ikan kembung	[ikan kembuŋ]
flet (m)	ikan sebelah	[ikan sebelah]

sandre (f)	ikan seligi tenggeran	[ikan seligi teŋgeran]
morue (f)	ikan kod	[ikan kod]
thon (m)	tuna	[tuna]
truite (f)	ikan forel	[ikan forel]

anguille (f)	belut	[belut]
torpille (f)	ikan pari listrik	[ikan pari listri']
murène (f)	belut moray	[belut morey]
piranha (m)	ikan piranha	[ikan piranha]

requin (m)	ikan hiu	[ikan hiu]
dauphin (m)	lumba-lumba	[lumba-lumba]
baleine (f)	ikan paus	[ikan paus]

crabe (m)	kepiting	[kepitiŋ]
méduse (f)	ubur-ubur	[ubur-ubur]
pieuvre (f), poulpe (m)	gurita	[gurita]

étoile (f) de mer	bintang laut	[bintaŋ laut]
oursin (m)	landak laut	[landa' laut]
hippocampe (m)	kuda laut	[kuda laut]

huître (f)	tiram	[tiram]
crevette (f)	udang	[udaŋ]
homard (m)	udang karang	[udaŋ karaŋ]
langoustine (f)	lobster berduri	[lobster bərduri]

219. Les amphibiens. Les reptiles

| serpent (m) | ular | [ular] |
| venimeux (adj) | berbisa | [bərbisa] |

vipère (f)	ular viper	[ular viper]
cobra (m)	kobra	[kobra]
python (m)	ular sanca	[ular santʃa]
boa (m)	ular boa	[ular boa]

couleuvre (f)	ular tanah	[ular tanah]
serpent (m) à sonnettes	ular derik	[ular deri']
anaconda (m)	ular anakonda	[ular anakonda]

lézard (m)	kadal	[kadal]
iguane (m)	iguana	[iguana]
varan (m)	biawak	[biawa']
salamandre (f)	salamander	[salamander]
caméléon (m)	bunglon	[buŋlon]
scorpion (m)	kalajengking	[kaladʒˈeŋkiŋ]
tortue (f)	kura-kura	[kura-kura]
grenouille (f)	katak	[kata']

crapaud (m)	kodok	[kodoʔ]
crocodile (m)	buaya	[buaja]

220. Les insectes

insecte (m)	serangga	[seraŋga]
papillon (m)	kupu-kupu	[kupu-kupu]
fourmi (f)	semut	[semut]
mouche (f)	lalat	[lalat]
moustique (m)	nyamuk	[njamuʔ]
scarabée (m)	kumbang	[kumbaŋ]

guêpe (f)	tawon	[tawon]
abeille (f)	lebah	[lebah]
bourdon (m)	kumbang	[kumbaŋ]
œstre (m)	lalat kerbau	[lalat kerbau]

araignée (f)	laba-laba	[laba-laba]
toile (f) d'araignée	sarang laba-laba	[saraŋ laba-laba]

libellule (f)	capung	[ʧapuŋ]
sauterelle (f)	belalang	[belalaŋ]
papillon (m)	ngengat	[ŋeŋat]

cafard (m)	kecoa	[keʧoa]
tique (f)	kutu	[kutu]
puce (f)	kutu loncat	[kutu lonʧat]
moucheron (m)	agas	[agas]

criquet (m)	belalang	[belalaŋ]
escargot (m)	siput	[siput]
grillon (m)	jangkrik	[ʤˈaŋkriʔ]
luciole (f)	kunang-kunang	[kunaŋ-kunaŋ]
coccinelle (f)	kumbang koksi	[kumbaŋ koksi]
hanneton (m)	kumbang Cockchafer	[kumbaŋ kokʃafer]

sangsue (f)	lintah	[lintah]
chenille (f)	ulat	[ulat]
ver (m)	cacing	[ʧatʃiŋ]
larve (f)	larva	[larva]

221. Les parties du corps des animaux

bec (m)	paruh	[paruh]
ailes (f pl)	sayap	[sajap]
patte (f)	kaki	[kaki]
plumage (m)	bulu-bulu	[bulu-bulu]
plume (f)	bulu	[bulu]
houppe (f)	jambul	[ʤˈambul]

ouïes (f pl)	insang	[insaŋ]
œufs (m pl)	telur ikan	[telur ikan]

larve (f)	larva	[larva]
nageoire (f)	sirip	[sirip]
écaille (f)	sisik	[sisi']

croc (m)	taring	[tariŋ]
patte (f)	kaki	[kaki]
museau (m)	moncong	[montʃoŋ]
gueule (f)	mulut	[mulut]
queue (f)	ekor	[ekor]
moustaches (f pl)	kumis	[kumis]

| sabot (m) | tapak, kuku | [tapak], [kuku] |
| corne (f) | tanduk | [tandu'] |

carapace (f)	cangkang	[tʃaŋkaŋ]
coquillage (m)	kerang	[keraŋ]
coquille (f) d'œuf	kulit telur	[kulit telur]

| poil (m) | bulu | [bulu] |
| peau (f) | kulit | [kulit] |

222. Les mouvements des animaux

| voler (vi) | terbang | [tərbaŋ] |
| faire des cercles | berputar-putar | [bərputar-putar] |

| s'envoler (vp) | terbang | [tərbaŋ] |
| battre des ailes | mengepakkan | [məŋepa'kan] |

| picorer (vt) | mematuk | [mematu'] |
| couver (vt) | mengeram | [məŋeram] |

| éclore (vt) | menetas | [mənetas] |
| faire un nid | membuat sarang | [membuat saraŋ] |

ramper (vi)	merayap, merangkak	[merajap], [məraŋka']
piquer (insecte)	menyengat	[mənjeŋat]
mordre (animal)	menggigit	[məŋgigit]

flairer (vt)	mencium	[məntʃium]
aboyer (vi)	menyalak	[mənjala']
siffler (serpent)	mendesis	[məndesis]

| effrayer (vt) | menakuti | [mənakuti] |
| attaquer (vt) | menyerang | [mənjeraŋ] |

ronger (vt)	menggerogoti	[məŋgerogoti]
griffer (vt)	mencakar	[məntʃakar]
se cacher (vp)	bersembunyi	[bərsembunji]

jouer (chatons, etc.)	bermain	[bərmajn]
chasser (vi, vt)	berburu	[bərburu]
être en hibernation	hibernasi, tidur	[hibernasi], [tidur]
disparaître (dinosaures)	punah	[punah]

223. Les habitats des animaux

habitat (m) naturel	habitat	[habitat]
migration (f)	migrasi	[migrasi]
montagne (f)	gunung	[gunuŋ]
récif (m)	terumbu	[tərumbu]
rocher (m)	tebing	[tebiŋ]
forêt (f)	hutan	[hutan]
jungle (f)	rimba	[rimba]
savane (f)	sabana	[sabana]
toundra (f)	tundra	[tundra]
steppe (f)	stepa	[stepa]
désert (m)	gurun	[gurun]
oasis (f)	oasis, oase	[oasis], [oase]
mer (f)	laut	[laut]
lac (m)	danau	[danau]
océan (m)	samudra	[samudra]
marais (m)	rawa	[rawa]
d'eau douce (adj)	air tawar	[air tawar]
étang (m)	kolam	[kolam]
rivière (f), fleuve (m)	sungai	[suŋai]
tanière (f)	goa	[goa]
nid (m)	sarang	[saraŋ]
creux (m)	lubang pohon	[lubaŋ pohon]
terrier (m) (~ d'un renard)	lubang	[lubaŋ]
fourmilière (f)	sarang semut	[saraŋ semut]

224. Les soins aux animaux

zoo (m)	kebun binatang	[kebun binataŋ]
réserve (f) naturelle	cagar alam	[ʧagar alam]
pépinière (f)	peternak, penangkar	[peternak], [penaŋkar]
volière (f)	kandang terbuka	[kandaŋ tərbuka]
cage (f)	sangkar	[saŋkar]
niche (f)	rumah anjing	[rumah andʒiŋ]
pigeonnier (m)	rumah burung dara	[rumah buruŋ dara]
aquarium (m)	akuarium	[akuarium]
delphinarium (m)	dolfinarium	[dolfinarium]
élever (vt)	mengembangbiakkan	[məŋembaŋbia'kan]
nichée (f), portée (f)	mengerami	[məŋerami]
apprivoiser (vt)	menjinakkan	[məndʒina'kan]
aliments (pl) pour animaux	pakan	[pakan]
nourrir (vt)	memberi pakan	[memberi pakan]
dresser (un chien)	melatih	[melatih]

magasin (m) d'animaux	toko binatang piaraan	[toko binataŋ piara²an]
muselière (f)	berangus	[beraŋus]
collier (m)	kalung anjing	[kaluŋ andʒiŋ]
nom (m) (d'un animal)	nama	[nama]
pedigree (m)	silsilah, trah	[silsilah], [trah]

225. Les animaux. Divers

meute (f) (~ de loups)	kawanan	[kawanan]
volée (f) d'oiseaux	kawanan	[kawanan]
banc (m) de poissons	kawanan	[kawanan]
troupeau (m)	kawanan	[kawanan]
mâle (m)	jantan	[dʒ¡antan]
femelle (f)	betina	[betina]
affamé (adj)	lapar	[lapar]
sauvage (adj)	liar	[liar]
dangereux (adj)	berbahaya	[bərbahaja]

226. Les chevaux

cheval (m)	kuda	[kuda]
race (f)	keturunan	[keturunan]
poulain (m)	anak kuda	[ana² kuda]
jument (f)	kuda betina	[kuda betina]
mustang (m)	mustang	[mustaŋ]
poney (m)	kuda poni	[kuda poni]
cheval (m) de trait	kuda penarik	[kuda penari²]
crin (m)	surai	[suraj]
queue (f)	ekor	[ekor]
sabot (m)	tapak, kuku	[tapak], [kuku]
fer (m) à cheval	ladam	[ladam]
ferrer (vt)	memakaikan ladam	[memakajkan ladam]
maréchal-ferrant (m)	tukang besi	[tukaŋ besi]
selle (f)	pelana	[pelana]
étrier (m)	sanggurdi	[saŋgurdi]
bride (f)	kendali	[kendali]
rênes (f pl)	tali kendali	[tali kendali]
fouet (m)	cemeti	[tʃemeti]
cavalier (m)	penunggang	[penuŋgaŋ]
seller (vt)	memelanai	[memelanaj]
se mettre en selle	berpelana	[bərpelana]
galop (m)	congklang	[derap]
aller au galop	mencongklang	[məntʃoŋlaŋ]

| trot (m) | derap, drap | [derap], [drap] |
| aller au trot | menderap | [mənderap] |

| cheval (m) de course | kuda pacuan | [kuda patʃuan] |
| courses (f pl) à chevaux | pacuan kuda | [patʃuan kuda] |

écurie (f)	kandang kuda	[kandaŋ kuda]
nourrir (vt)	memberi pakan	[memberi pakan]
foin (m)	rumput kering	[rumput keriŋ]
abreuver (vt)	memberi minum	[memberi minum]
laver (le cheval)	membersihkan	[membersihkan]

charrette (f)	pedati	[pedati]
paître (vi)	bergembala	[bərgembala]
hennir (vi)	meringkuk	[meriŋkuʔ]
ruer (vi)	menendang	[mənendaŋ]

La flore

227. Les arbres

arbre (m)	pohon	[pohon]
à feuilles caduques	daun luruh	[daun luruh]
conifère (adj)	pohon jarum	[pohon ʤˈarum]
à feuilles persistantes	selalu hijau	[selalu hiʤ̍au]
pommier (m)	pohon apel	[pohon apel]
poirier (m)	pohon pir	[pohon pir]
merisier (m)	pohon ceri manis	[pohon ʧeri manis]
cerisier (m)	pohon ceri asam	[pohon ʧeri asam]
prunier (m)	pohon plum	[pohon plum]
bouleau (m)	pohon berk	[pohon bər']
chêne (m)	pohon eik	[pohon ei']
tilleul (m)	pohon linden	[pohon linden]
tremble (m)	pohon aspen	[pohon aspen]
érable (m)	pohon mapel	[pohon mapel]
épicéa (m)	pohon den	[pohon den]
pin (m)	pohon pinus	[pohon pinus]
mélèze (m)	pohon larch	[pohon larʧ]
sapin (m)	pohon fir	[pohon fir]
cèdre (m)	pohon aras	[pohon aras]
peuplier (m)	pohon poplar	[pohon poplar]
sorbier (m)	pohon rowan	[pohon rowan]
saule (m)	pohon dedalu	[pohon dedalu]
aune (m)	pohon alder	[pohon alder]
hêtre (m)	pohon nothofagus	[pohon nothofagus]
orme (m)	pohon elm	[pohon elm]
frêne (m)	pohon abu	[pohon abu]
marronnier (m)	kastanye	[kastanje]
magnolia (m)	magnolia	[magnolia]
palmier (m)	palem	[palem]
cyprès (m)	pokok cipres	[poko' sipres]
palétuvier (m)	bakau	[bakau]
baobab (m)	baobab	[baobab]
eucalyptus (m)	kayu putih	[kaju putih]
séquoia (m)	sequoia	[sekuoia]

228. Les arbustes

buisson (m)	rumpun	[rumpun]
arbrisseau (m)	semak	[sema']

vigne (f)	**pohon anggur**	[pohon aŋgur]
vigne (f) (vignoble)	**kebun anggur**	[kebun aŋgur]
framboise (f)	**pohon frambus**	[pohon frambus]
cassis (m)	**pohon blackcurrant**	[pohon bleˀkaren]
groseille (f) rouge	**pohon redcurrant**	[pohon redkaren]
groseille (f) verte	**pohon arbei hijau**	[pohon arbei hiʤˈau]
acacia (m)	**pohon akasia**	[pohon akasia]
berbéris (m)	**pohon barberis**	[pohon barberis]
jasmin (m)	**melati**	[melati]
genévrier (m)	**pohon juniper**	[pohon ʤˈuniper]
rosier (m)	**pohon mawar**	[pohon mawar]
églantier (m)	**pohon mawar liar**	[pohon mawar liar]

229. Les champignons

champignon (m)	**jamur**	[ʤˈamur]
champignon (m) comestible	**jamur makanan**	[ʤˈamur makanan]
champignon (m) vénéneux	**jamur beracun**	[ʤˈamur beratʃun]
chapeau (m)	**kepala jamur**	[kepala ʤˈamur]
pied (m)	**batang jamur**	[bataŋ ʤˈamur]
cèpe (m)	**jamur boletus**	[ʤˈamur boletus]
bolet (m) orangé	**jamur topi jingga**	[ʤˈamur topi ʤiŋga]
bolet (m) bai	**jamur boletus berk**	[ʤˈamur boletus berˀ]
girolle (f)	**jamur chanterelle**	[ʤˈamur tʃanterelle]
russule (f)	**jamur rusula**	[ʤˈamur rusula]
morille (f)	**jamur morel**	[ʤˈamur morel]
amanite (f) tue-mouches	**jamur Amanita muscaria**	[ʤˈamur amanita mustʃaria]
oronge (f) verte	**jamur topi kematian**	[ʤˈamur topi kematian]

230. Les fruits. Les baies

fruit (m)	**buah**	[buah]
fruits (m pl)	**buah-buahan**	[buah-buahan]
pomme (f)	**apel**	[apel]
poire (f)	**pir**	[pir]
prune (f)	**plum**	[plum]
fraise (f)	**stroberi**	[stroberi]
cerise (f)	**buah ceri asam**	[buah tʃeri asam]
merise (f)	**buah ceri manis**	[buah tʃeri manis]
raisin (m)	**buah anggur**	[buah aŋgur]
framboise (f)	**buah frambus**	[buah frambus]
cassis (m)	**blackcurrant**	[bleˀkaren]
groseille (f) rouge	**redcurrant**	[redkaren]
groseille (f) verte	**buah arbei hijau**	[buah arbei hiʤˈau]

canneberge (f)	**buah kranberi**	[buah kranberi]
orange (f)	**jeruk manis**	[dʒⁱeruˀ manis]
mandarine (f)	**jeruk mandarin**	[dʒⁱeruˀ mandarin]
ananas (m)	**nanas**	[nanas]
banane (f)	**pisang**	[pisaŋ]
datte (f)	**buah kurma**	[buah kurma]
citron (m)	**jeruk sitrun**	[dʒⁱeruˀ sitrun]
abricot (m)	**aprikot**	[aprikot]
pêche (f)	**persik**	[persiˀ]
kiwi (m)	**kiwi**	[kiwi]
pamplemousse (m)	**jeruk Bali**	[dʒⁱeruˀ bali]
baie (f)	**buah beri**	[buah bəri]
baies (f pl)	**buah-buah beri**	[buah-buah bəri]
airelle (f) rouge	**buah cowberry**	[buah kowberi]
fraise (f) des bois	**stroberi liar**	[stroberi liar]
myrtille (f)	**buah bilberi**	[buah bilberi]

231. Les fleurs. Les plantes

fleur (f)	**bunga**	[buŋa]
bouquet (m)	**buket**	[buket]
rose (f)	**mawar**	[mawar]
tulipe (f)	**tulip**	[tulip]
oeillet (m)	**bunga anyelir**	[buŋa anjelir]
glaïeul (m)	**bunga gladiol**	[buŋa gladiol]
bleuet (m)	**cornflower**	[kornflawa]
campanule (f)	**bunga lonceng biru**	[buŋa lontʃeŋ biru]
dent-de-lion (f)	**dandelion**	[dandelion]
marguerite (f)	**bunga margrit**	[buŋa margrit]
aloès (m)	**lidah buaya**	[lidah buaja]
cactus (m)	**kaktus**	[kaktus]
ficus (m)	**pohon ara**	[pohon ara]
lis (m)	**bunga lili**	[buŋa lili]
géranium (m)	**geranium**	[geranium]
jacinthe (f)	**bunga bakung lembayung**	[buŋa bakuŋ lembajuŋ]
mimosa (m)	**putri malu**	[putri malu]
jonquille (f)	**bunga narsis**	[buŋa narsis]
capucine (f)	**bunga nasturtium**	[buŋa nasturtium]
orchidée (f)	**anggrek**	[aŋgreˀ]
pivoine (f)	**bunga peoni**	[buŋa peoni]
violette (f)	**bunga violet**	[buŋa violet]
pensée (f)	**bunga pansy**	[buŋa pansi]
myosotis (m)	**bunga jangan-lupakan-daku**	[buŋa dʒⁱaŋan-lupakan-daku]
pâquerette (f)	**bunga desi**	[buŋa desi]

coquelicot (m)	bunga madat	[buŋa madat]
chanvre (m)	rami	[rami]
menthe (f)	mint	[min]

| muguet (m) | lili lembah | [lili lembah] |
| perce-neige (f) | bunga tetesan salju | [buŋa tetesan saldʒiu] |

ortie (f)	jelatang	[dʒielataŋ]
oseille (f)	daun sorrel	[daun sorrel]
nénuphar (m)	lili air	[lili air]
fougère (f)	pakis	[pakis]
lichen (m)	lichen	[litʃen]

serre (f) tropicale	rumah kaca	[rumah katʃa]
gazon (m)	halaman berumput	[halaman bərumput]
parterre (m) de fleurs	bedeng bunga	[bedeŋ buŋa]

plante (f)	tumbuhan	[tumbuhan]
herbe (f)	rumput	[rumput]
brin (m) d'herbe	sehelai rumput	[sehelaj rumput]

feuille (f)	daun	[daun]
pétale (m)	kelopak	[kelopaʔ]
tige (f)	batang	[bataŋ]
tubercule (m)	ubi	[ubi]

| pousse (f) | tunas | [tunas] |
| épine (f) | duri | [duri] |

fleurir (vi)	berbunga	[bərbuŋa]
se faner (vp)	layu	[laju]
odeur (f)	bau	[bau]
couper (vt)	memotong	[memotoŋ]
cueillir (fleurs)	memetik	[memetiʔ]

232. Les céréales

grains (m pl)	biji-bijian	[bidʒi-bidʒian]
céréales (f pl) (plantes)	padi-padian	[padi-padian]
épi (m)	bulir	[bulir]

blé (m)	gandum	[gandum]
seigle (m)	gandum hitam	[gandum hitam]
avoine (f)	oat	[oat]
millet (m)	jawawut	[dʒiawawut]
orge (f)	jelai	[dʒielaj]

maïs (m)	jagung	[dʒiaguŋ]
riz (m)	beras	[beras]
sarrasin (m)	buckwheat	[bakvit]

pois (m)	kacang polong	[katʃaŋ poloŋ]
haricot (m)	kacang buncis	[katʃaŋ buntʃis]
soja (m)	kacang kedelai	[katʃaŋ kedelaj]

| lentille (f) | kacang lentil | [katʃaŋ lentil] |
| fèves (f pl) | kacang-kacangan | [katʃaŋ-katʃaŋan] |

233. Les légumes

| légumes (m pl) | sayuran | [sajuran] |
| verdure (f) | sayuran hijau | [sajuran hidʒiau] |

tomate (f)	tomat	[tomat]
concombre (m)	mentimun, ketimun	[məntimun], [ketimun]
carotte (f)	wortel	[wortel]
pomme (f) de terre	kentang	[kentaŋ]
oignon (m)	bawang	[bawaŋ]
ail (m)	bawang putih	[bawaŋ putih]

chou (m)	kol	[kol]
chou-fleur (m)	kembang kol	[kembaŋ kol]
chou (m) de Bruxelles	kol Brussels	[kol brusels]
brocoli (m)	brokoli	[brokoli]

betterave (f)	ubi bit merah	[ubi bit merah]
aubergine (f)	terung, terong	[teruŋ], [teroŋ]
courgette (f)	labu siam	[labu siam]
potiron (m)	labu	[labu]
navet (m)	turnip	[turnip]

persil (m)	peterseli	[peterseli]
fenouil (m)	adas sowa	[adas sowa]
laitue (f) (salade)	selada	[selada]
céleri (m)	seledri	[seledri]
asperge (f)	asparagus	[asparagus]
épinard (m)	bayam	[bajam]

pois (m)	kacang polong	[katʃaŋ poloŋ]
fèves (f pl)	kacang-kacangan	[katʃaŋ-katʃaŋan]
maïs (m)	jagung	[dʒiaguŋ]
haricot (m)	kacang buncis	[katʃaŋ buntʃis]

poivron (m)	cabai	[tʃabaj]
radis (m)	radis	[radis]
artichaut (m)	artisyok	[artiʃoʔ]

LA GÉOGRAPHIE RÉGIONALE

Les pays du monde. Les nationalités

234. L'Europe de l'Ouest

Europe (f)	Eropa	[eropa]
Union (f) européenne	Uni Eropa	[uni eropa]
européen (m)	orang Eropa	[oraŋ eropa]
européen (adj)	Eropa	[eropa]
Autriche (f)	Austria	[austria]
Autrichien (m)	lelaki Austria	[lelaki austria]
Autrichienne (f)	wanita Austria	[wanita austria]
autrichien (adj)	Austria	[austria]
Grande-Bretagne (f)	Britania Raya	[britania raja]
Angleterre (f)	Inggris	[iŋgris]
Anglais (m)	lelaki Inggris	[lelaki iŋgris]
Anglaise (f)	wanita Inggris	[wanita iŋgris]
anglais (adj)	Inggris	[iŋgris]
Belgique (f)	Belgia	[belgia]
Belge (m)	lelaki Belgia	[lelaki belgia]
Belge (f)	wanita Belgia	[wanita belgia]
belge (adj)	Belgia	[belgia]
Allemagne (f)	Jerman	[dʒʲerman]
Allemand (m)	lelaki Jerman	[lelaki dʒʲerman]
Allemande (f)	wanita Jerman	[wanita dʒʲerman]
allemand (adj)	Jerman	[dʒʲerman]
Pays-Bas (m)	Belanda	[belanda]
Hollande (f)	Belanda	[belanda]
Hollandais (m)	lelaki Belanda	[lelaki belanda]
Hollandaise (f)	wanita Belanda	[wanita belanda]
hollandais (adj)	Belanda	[belanda]
Grèce (f)	Yunani	[yunani]
Grec (m)	lelaki Yunani	[lelaki yunani]
Grecque (f)	wanita Yunani	[wanita yunani]
grec (adj)	Yunani	[yunani]
Danemark (m)	Denmark	[denmarʔ]
Danois (m)	lelali Denmark	[lelali denmarʔ]
Danoise (f)	wanita Denmark	[wanita denmarʔ]
danois (adj)	Denmark	[denmarʔ]
Irlande (f)	Irlandia	[irlandia]
Irlandais (m)	lelaki Irlandia	[lelaki irlandia]

| Irlandaise (f) | wanita Irlandia | [wanita irlandia] |
| irlandais (adj) | Irlandia | [irlandia] |

Islande (f)	Islandia	[islandia]
Islandais (m)	lelaki Islandia	[lelaki islandia]
Islandaise (f)	wanita Islandia	[wanita islandia]
islandais (adj)	Islandia	[islandia]

Espagne (f)	Spanyol	[spanjol]
Espagnol (m)	lelaki Spanyol	[lelaki spanjol]
Espagnole (f)	wanita Spanyol	[wanita spanjol]
espagnol (adj)	Spanyol	[spanjol]

Italie (f)	Italia	[italia]
Italien (m)	lelaki Italia	[lelaki italia]
Italienne (f)	wanita Italia	[wanita italia]
italien (adj)	Italia	[italia]

Chypre (m)	Siprus	[siprus]
Chypriote (m)	lelaki Siprus	[lelaki siprus]
Chypriote (f)	wanita Siprus	[wanita siprus]
chypriote (adj)	Siprus	[siprus]

Malte (f)	Malta	[malta]
Maltais (m)	lelaki Malta	[lelaki malta]
Maltaise (f)	wanita Malta	[wanita malta]
maltais (adj)	Malta	[malta]

Norvège (f)	Norwegia	[norwegia]
Norvégien (m)	lelaki Norwegia	[lelaki norwegia]
Norvégienne (f)	wanita Norwegia	[wanita norwegia]
norvégien (adj)	Norwegia	[norwegia]

Portugal (m)	Portugal	[portugal]
Portugais (m)	lelaki Portugis	[lelaki portugis]
Portugaise (f)	wanita Portugis	[wanita portugis]
portugais (adj)	Portugis	[portugis]

Finlande (f)	Finlandia	[finlandia]
Finlandais (m)	lelaki Finlandia	[lelaki finlandia]
Finlandaise (f)	wanita Finlandia	[wanita finlandia]
finlandais (adj)	Finlandia	[finlandia]

France (f)	Prancis	[prantʃis]
Français (m)	lelaki Prancis	[lelaki prantʃis]
Française (f)	wanita Prancis	[wanita prantʃis]
français (adj)	Prancis	[prantʃis]

Suède (f)	Swedia	[swedia]
Suédois (m)	lelaki Swedia	[lelaki swedia]
Suédoise (f)	wanita Swedia	[wanita swedia]
suédois (adj)	Swedia	[swedia]

Suisse (f)	Swiss	[swiss]
Suisse (m)	lelaki Swiss	[lelaki swiss]
Suissesse (f)	wanita Swiss	[wanita swiss]

suisse (adj)	**Swiss**	[swiss]
Écosse (f)	**Skotlandia**	[skotlandia]
Écossais (m)	**lelaki Skotlandia**	[lelaki skotlandia]
Écossaise (f)	**wanita Skotlandia**	[wanita skotlandia]
écossais (adj)	**Skotlandia**	[skotlandia]
Vatican (m)	**Vatikan**	[vatikan]
Liechtenstein (m)	**Liechtenstein**	[lajhtensteyn]
Luxembourg (m)	**Luksemburg**	[luksemburg]
Monaco (m)	**Monako**	[monako]

235. L'Europe Centrale et l'Europe de l'Est

Albanie (f)	**Albania**	[albania]
Albanais (m)	**lelaki Albania**	[lelaki albania]
Albanaise (f)	**wanita Albania**	[wanita albania]
albanais (adj)	**Albania**	[albania]
Bulgarie (f)	**Bulgaria**	[bulgaria]
Bulgare (m)	**lelaki Bulgaria**	[lelaki bulgaria]
Bulgare (f)	**wanita Bulgaria**	[wanita bulgaria]
bulgare (adj)	**Bulgaria**	[bulgaria]
Hongrie (f)	**Hongaria**	[hoŋaria]
Hongrois (m)	**lelaki Hongaria**	[lelaki hoŋaria]
Hongroise (f)	**wanita Hongaria**	[wanita hoŋaria]
hongrois (adj)	**Hongaria**	[hoŋaria]
Lettonie (f)	**Latvia**	[latvia]
Letton (m)	**lelaki Latvia**	[lelaki latvia]
Lettonne (f)	**wanita Latvia**	[wanita latvia]
letton (adj)	**Latvia**	[latvia]
Lituanie (f)	**Lituania**	[lituania]
Lituanien (m)	**lelaki Lituania**	[lelaki lituania]
Lituanienne (f)	**wanita Lituania**	[wanita lituania]
lituanien (adj)	**Lituania**	[lituania]
Pologne (f)	**Polandia**	[polandia]
Polonais (m)	**lelaki Polandia**	[lelaki polandia]
Polonaise (f)	**wanita Polandia**	[wanita polandia]
polonais (adj)	**Polandia**	[polandia]
Roumanie (f)	**Romania**	[romania]
Roumain (m)	**lelaki Romania**	[lelaki romania]
Roumaine (f)	**wanita Romania**	[wanita romania]
roumain (adj)	**Romania**	[romania]
Serbie (f)	**Serbia**	[serbia]
Serbe (m)	**lelaki Serbia**	[lelaki serbia]
Serbe (f)	**wanita Serbia**	[wanita serbia]
serbe (adj)	**Serbia**	[serbia]
Slovaquie (f)	**Slowakia**	[slowakia]
Slovaque (m)	**lelaki Slowakia**	[lelaki slowakia]

| Slovaque (f) | wanita Slowakia | [wanita slowakia] |
| slovaque (adj) | Slowakia | [slowakia] |

Croatie (f)	Kroasia	[kroasia]
Croate (m)	lelaki Kroasia	[lelaki kroasia]
Croate (f)	wanita Kroasia	[wanita kroasia]
croate (adj)	Kroasia	[kroasia]

République (f) Tchèque	Republik Ceko	[republi' tʃeko]
Tchèque (m)	lelaki Ceko	[lelaki tʃeko]
Tchèque (f)	wanita Ceko	[wanita tʃeko]
tchèque (adj)	Ceko	[tʃeko]

Estonie (f)	Estonia	[estonia]
Estonien (m)	lelaki Estonia	[lelaki estonia]
Estonienne (f)	wanita Estonia	[wanita estonia]
estonien (adj)	Estonia	[estonia]

Bosnie (f)	Bosnia-Hercegovina	[bosnia-hersegovina]
Macédoine (f)	Makedonia	[makedonia]
Slovénie (f)	Slovenia	[slovenia]
Monténégro (m)	Montenegro	[montenegro]

236. Les pays de l'ex-U.R.S.S.

Azerbaïdjan (m)	Azerbaijan	[azerbajdʒ'an]
Azerbaïdjanais (m)	lelaki Azerbaijan	[lelaki azerbajdʒ'an]
Azerbaïdjanaise (f)	wanita Azerbaijan	[wanita azerbajdʒ'an]
azerbaïdjanais (adj)	Azerbaijan	[azerbajdʒ'an]

Arménie (f)	Armenia	[armenia]
Arménien (m)	lelaki Armenia	[lelaki armenia]
Arménienne (f)	wanita Armenia	[wanita armenia]
arménien (adj)	Armenia	[armenia]

Biélorussie (f)	Belarusia	[belarusia]
Biélorusse (m)	lelaki Belarusia	[lelaki belarusia]
Biélorusse (f)	wanita Belarusia	[wanita belarusia]
biélorusse (adj)	Belarusia	[belarusia]

Géorgie (f)	Georgia	[dʒordʒia]
Géorgien (m)	lelaki Georgia	[lelaki dʒordʒia]
Géorgienne (f)	wanita Georgia	[wanita georgia]
géorgien (adj)	Georgia	[dʒordʒia]

Kazakhstan (m)	Kazakistan	[kazakstan]
Kazakh (m)	lelaki Kazakh	[lelaki kazah]
Kazakhe (f)	wanita Kazakh	[wanita kazah]
kazakh (adj)	Kazakh	[kazah]

Kirghizistan (m)	Kirgizia	[kirgizia]
Kirghiz (m)	lelaki Kirgiz	[lelaki kirgiz]
Kirghize (f)	wanita Kirgiz	[wanita kirgiz]
kirghiz (adj)	Kirgiz	[kirgiz]

Moldavie (f)	Moldova	[moldova]
Moldave (m)	lelaki Moldova	[lelaki moldova]
Moldave (f)	wanita Moldova	[wanita moldova]
moldave (adj)	Moldova	[moldova]

Russie (f)	Rusia	[rusia]
Russe (m)	lelaki Rusia	[lelaki rusia]
Russe (f)	wanita Rusia	[wanita rusia]
russe (adj)	Rusia	[rusia]

Tadjikistan (m)	Tajikistan	[tadʒikistan]
Tadjik (m)	lelaki Tajik	[lelaki tadʒiʔ]
Tadjik (f)	wanitaTajik	[wanitatadʒiʔ]
tadjik (adj)	Tajik	[tadʒiʔ]

Turkménistan (m)	Turkmenistan	[turkmenistan]
Turkmène (m)	lelaki Turkmen	[lelaki turkmen]
Turkmène (f)	wanita Turkmen	[wanita turkmen]
turkmène (adj)	Turkmen	[turkmen]

Ouzbékistan (m)	Uzbekistan	[uzbekistan]
Ouzbek (m)	lelaki Uzbek	[lelaki uzbeʔ]
Ouzbek (f)	wanita Uzbek	[wanita uzbeʔ]
ouzbek (adj)	Uzbek	[uzbeʔ]

Ukraine (f)	Ukraina	[ukrajna]
Ukrainien (m)	lelaki Ukraina	[lelaki ukrajna]
Ukrainienne (f)	wanita Ukraina	[wanita ukrajna]
ukrainien (adj)	Ukraina	[ukrajna]

237. L'Asie

| Asie (f) | Asia | [asia] |
| asiatique (adj) | Asia | [asia] |

Vietnam (m)	Vietnam	[vjetnam]
Vietnamien (m)	lelaki Vietnam	[lelaki vjetnam]
Vietnamienne (f)	wanita Vietnam	[wanita vjetnam]
vietnamien (adj)	Vietnam	[vjetnam]

Inde (f)	India	[india]
Indien (m)	lelaki India	[lelaki india]
Indienne (f)	wanita India	[wanita india]
indien (adj)	India	[india]

Israël (m)	Israel	[israel]
Israélien (m)	lelaki Israel	[lelaki israel]
Israélienne (f)	wanita Israel	[wanita israel]
israélien (adj)	Israel	[israel]

Juif (m)	lelaki Yahudi	[lelaki yahudi]
Juive (f)	wanita Yahudi	[wanita yahudi]
juif (adj)	Yahudi	[yahudi]
Chine (f)	Tiongkok	[tjoŋkoʔ]

Chinois (m)	Ielaki Tionghoa	[lelaki tioŋhoa]
Chinoise (f)	wanita Tionghoa	[wanita tioŋhoa]
chinois (adj)	Tionghua	[tjoŋhua]

Coréen (m)	Ielaki Korea	[lelaki korea]
Coréenne (f)	wanita Korea	[wanita korea]
coréen (adj)	Korea	[korea]

Liban (m)	Lebanon	[lebanon]
Libanais (m)	Ielaki Lebanon	[lelaki lebanon]
Libanaise (f)	wanita Lebanon	[wanita lebanon]
libanais (adj)	Lebanon	[lebanon]

Mongolie (f)	Mongolia	[moŋolia]
Mongole (m)	Ielaki Mongolia	[lelaki moŋolia]
Mongole (f)	wanita Mongolia	[wanita moŋolia]
mongole (adj)	Mongolia	[moŋolia]

Malaisie (f)	Malaysia	[malajsia]
Malaisien (m)	Ielaki Malaysia	[lelaki malajsia]
Malaisienne (f)	wanita Malaysia	[wanita malajsia]
malais (adj)	Melayu	[melaju]

Pakistan (m)	Pakistan	[pakistan]
Pakistanais (m)	Ielaki Pakistan	[lelaki pakistan]
Pakistanaise (f)	wanita Pakistan	[wanita pakistan]
pakistanais (adj)	Pakistan	[pakistan]

Arabie (f) Saoudite	Arab Saudi	[arab saudi]
Arabe (m)	Ielaki Arab	[lelaki arab]
Arabe (f)	wanita Arab	[wanita arab]
arabe (adj)	Arab	[arab]

Thaïlande (f)	Thailand	[tajland]
Thaïlandais (m)	Ielaki Thai	[lelaki taj]
Thaïlandaise (f)	wanita Thai	[wanita tajwan]
thaïlandais (adj)	Thai	[taj]

Taïwan (m)	Taiwan	[tajwan]
Taïwanais (m)	Ielaki Taiwan	[lelaki tajwan]
Taïwanaise (f)	wanita Taiwan	[wanita tajwan]
taïwanais (adj)	Taiwan	[tajwan]

Turquie (f)	Turki	[turki]
Turc (m)	Ielaki Turki	[lelaki turki]
Turque (f)	wanita Turki	[wanita turki]
turc (adj)	Turki	[turki]

Japon (m)	Jepang	[dʒʲepaŋ]
Japonais (m)	Ielaki Jepang	[lelaki dʒʲepaŋ]
Japonaise (f)	wanita Jepang	[wanita dʒʲepaŋ]
japonais (adj)	Jepang	[dʒʲepaŋ]

Afghanistan (m)	Afghanistan	[afganistan]
Bangladesh (m)	Bangladesh	[baŋladeʃ]
Indonésie (f)	Indonesia	[indonesia]

Jordanie (f)	Yordania	[yordania]
Iraq (m)	Irak	[ira?]
Iran (m)	Iran	[iran]
Cambodge (m)	Kamboja	[kambodʒia]
Koweït (m)	Kuwait	[kuweyt]
Laos (m)	Laos	[laos]
Myanmar (m)	Myanmar	[myanmar]
Népal (m)	Nepal	[nepal]
Fédération (f) des Émirats Arabes Unis	Uni Emirat Arab	[uni emirat arab]
Syrie (f)	Suriah	[suriah]
Palestine (f)	Palestina	[palestina]
Corée (f) du Sud	Korea Selatan	[korea selatan]
Corée (f) du Nord	Korea Utara	[korea utara]

238. L'Amérique du Nord

Les États Unis	Amerika Serikat	[amerika serikat]
Américain (m)	lelaki Amerika	[lelaki amerika]
Américaine (f)	wanita Amerika	[wanita amerika]
américain (adj)	Amerika	[amerika]
Canada (m)	Kanada	[kanada]
Canadien (m)	lelaki Kanada	[lelaki kanada]
Canadienne (f)	wanita Kanada	[wanita kanada]
canadien (adj)	Kanada	[kanada]
Mexique (m)	Meksiko	[meksiko]
Mexicain (m)	lelaki Meksiko	[lelaki meksiko]
Mexicaine (f)	wanita Meksiko	[wanita meksiko]
mexicain (adj)	Meksiko	[meksiko]

239. L'Amérique Centrale et l'Amérique du Sud

Argentine (f)	Argentina	[argentina]
Argentin (m)	lelaki Argentina	[lelaki argentina]
Argentine (f)	wanita Argentina	[wanita argentina]
argentin (adj)	Argentina	[argentina]
Brésil (m)	Brasil	[brasil]
Brésilien (m)	lelaki Brasil	[lelaki brasil]
Brésilienne (f)	wanita Brasil	[wanita brasil]
brésilien (adj)	Brasil	[brasil]
Colombie (f)	Kolombia	[kolombia]
Colombien (m)	lelaki Kolombia	[lelaki kolombia]
Colombienne (f)	wanita Kolombia	[wanita kolombia]
colombien (adj)	Kolombia	[kolombia]
Cuba (f)	Kuba	[kuba]
Cubain (m)	lelaki Kuba	[lelaki kuba]

| Cubaine (f) | wanita Kuba | [wanita kuba] |
| cubain (adj) | Kuba | [kuba] |

Chili (m)	Chili	[t͡ʃili]
Chilien (m)	lelaki Chili	[lelaki t͡ʃili]
Chilienne (f)	wanita Chili	[wanita t͡ʃili]
chilien (adj)	Chili	[t͡ʃili]

Bolivie (f)	Bolivia	[bolivia]
Venezuela (f)	Venezuela	[venezuela]
Paraguay (m)	Paraguay	[paraguaj]
Pérou (m)	Peru	[peru]

Surinam (m)	Suriname	[suriname]
Uruguay (m)	Uruguay	[uruguaj]
Équateur (m)	Ekuador	[ekuador]

Bahamas (f pl)	Kepulauan Bahama	[kepulauan bahama]
Haïti (m)	Haiti	[haiti]
République (f) Dominicaine	Republik Dominika	[republi' dominika]
Panamá (m)	Panama	[panama]
Jamaïque (f)	Jamaika	[d͡ʒ'amajka]

240. L'Afrique

Égypte (f)	Mesir	[mesir]
Égyptien (m)	lelaki Mesir	[lelaki mesir]
Égyptienne (f)	wanita Mesir	[wanita mesir]
égyptien (adj)	Mesir	[mesir]

Maroc (m)	Maroko	[maroko]
Marocain (m)	lelaki Maroko	[lelaki maroko]
Marocaine (f)	wanita Maroko	[wanita maroko]
marocain (adj)	Maroko	[maroko]

Tunisie (f)	Tunisia	[tunisia]
Tunisien (m)	lelaki Tunisia	[lelaki tunisia]
Tunisienne (f)	wanita Tunisia	[wanita tunisia]
tunisien (adj)	Tunisia	[tunisia]

Ghana (m)	Ghana	[gana]
Zanzibar (m)	Zanzibar	[zanzibar]
Kenya (m)	Kenya	[kenia]
Libye (f)	Libia	[libia]
Madagascar (f)	Madagaskar	[madagaskar]

Namibie (f)	Namibia	[namibia]
Sénégal (m)	Senegal	[senegal]
Tanzanie (f)	Tanzania	[tanzania]
République (f) Sud-africaine	Afrika Selatan	[afrika selatan]

Africain (m)	lelaki Afrika	[lelaki afrika]
Africaine (f)	wanita Afrika	[wanita afrika]
africain (adj)	Afrika	[afrika]

241. L'Australie et Océanie

Australie (f)	Australia	[australia]
Australien (m)	lelaki Australia	[lelaki australia]
Australienne (f)	wanita Australia	[wanita australia]
australien (adj)	Australia	[australia]
Nouvelle Zélande (f)	Selandia Baru	[selandia baru]
Néo-Zélandais (m)	lelaki Selandia Baru	[lelaki selandia baru]
Néo-Zélandaise (f)	wanita Selandia Baru	[wanita selandia baru]
néo-zélandais (adj)	Selandia Baru	[selandia baru]
Tasmanie (f)	Tasmania	[tasmania]
Polynésie (f) Française	Polinesia Prancis	[polinesia prantʃis]

242. Les grandes villes

Amsterdam (f)	Amsterdam	[amsterdam]
Ankara (m)	Ankara	[ankara]
Athènes (m)	Athena	[atena]
Bagdad (m)	Bagdad	[bagdad]
Bangkok (m)	Bangkok	[baŋkoʔ]
Barcelone (f)	Barcelona	[bartʃelona]
Berlin (m)	Berlin	[berlin]
Beyrouth (m)	Beirut	[beyrut]
Bombay (m)	Mumbai	[mumbaj]
Bonn (f)	Bonn	[bonn]
Bordeaux (f)	Bordeaux	[bordo]
Bratislava (m)	Bratislava	[bratislava]
Bruxelles (m)	Brussel	[brusel]
Bucarest (m)	Bukares	[bukares]
Budapest (m)	Budapest	[budapest]
Caire (m)	Kairo	[kajro]
Calcutta (f)	Kolkata	[kolkata]
Chicago (f)	Chicago	[tʃikago]
Copenhague (f)	Kopenhagen	[kopenhagen]
Dar es-Salaam (f)	Darussalam	[darussalam]
Delhi (f)	Delhi	[delhi]
Dubaï (f)	Dubai	[dubaj]
Dublin (f)	Dublin	[dublin]
Düsseldorf (f)	Düsseldorf	[dyuseldorf]
Florence (f)	Firenze	[firenze]
Francfort (f)	Frankfurt	[frankfurt]
Genève (f)	Jenewa	[dʒʲenewa]
Hague (f)	Den Hague	[den hag]
Hambourg (f)	Hamburg	[hamburg]
Hanoi (f)	Hanoi	[hanoi]

Havane (f)	Havana	[havana]
Helsinki (f)	Helsinki	[helsinki]
Hiroshima (f)	Hiroshima	[hiroʃima]
Hong Kong (m)	Hong Kong	[hoŋ koŋ]

Istanbul (f)	Istambul	[istambul]
Jérusalem (f)	Yerusalem	[erusalem]
Kiev (f)	Kiev	[kiev]
Kuala Lumpur (f)	Kuala Lumpur	[kuala lumpur]
Lisbonne (f)	Lisbon	[lisbon]
Londres (m)	London	[london]
Los Angeles (f)	Los Angeles	[los enzheles]
Lyon (f)	Lyons	[lion]

Madrid (f)	Madrid	[madrid]
Marseille (f)	Marseille	[marseille]
Mexico (f)	Meksiko	[meksiko]
Miami (f)	Miami	[miami]
Montréal (f)	Montréal	[montreal]
Moscou (f)	Moskow	[moskow]
Munich (f)	Munich	[munitʃ]

Nairobi (f)	Nairobi	[najrobi]
Naples (f)	Napoli	[napoli]
New York (f)	New York	[nju yor']
Nice (f)	Nice	[nitʃe]
Oslo (m)	Oslo	[oslo]
Ottawa (m)	Ottawa	[ottawa]

Paris (m)	Paris	[paris]
Pékin (m)	Beijing	[beydʒiŋ]
Prague (m)	Praha	[praha]
Rio de Janeiro (m)	Rio de Janeiro	[rio de dʒ'aneyro]
Rome (f)	Roma	[roma]

Saint-Pétersbourg (m)	Saint Petersburg	[sajnt petersburg]
Séoul (m)	Seoul	[seoul]
Shanghai (m)	Shanghai	[ʃanhaj]
Sidney (m)	Sydney	[sidni]
Singapour (f)	Singapura	[siŋapura]
Stockholm (m)	Stockholm	[stokholm]

Taipei (m)	Taipei	[tajpey]
Tokyo (m)	Tokyo	[tokio]
Toronto (m)	Toronto	[toronto]
Varsovie (f)	Warsawa	[warsawa]
Venise (f)	Venesia	[venesia]
Vienne (f)	Wina	[wina]
Washington (f)	Washington	[waʃiŋton]

243. La politique. Le gouvernement. Partie 1

| politique (f) | politik | [politi'] |
| politique (adj) | politis | [politis] |

homme (m) politique	politisi, politikus	[politisi], [politikus]
état (m)	negara	[negara]
citoyen (m)	warganegara	[warganegara]
citoyenneté (f)	kewarganegaraan	[kewarganegara'an]

| armoiries (f pl) nationales | lambang negara | [lambaŋ negara] |
| hymne (m) national | lagu kebangsaan | [lagu kebaŋsa'an] |

gouvernement (m)	pemerintah	[pemerintah]
chef (m) d'état	kepala negara	[kepala negara]
parlement (m)	parlemen	[parlemen]
parti (m)	partai	[partaj]

| capitalisme (m) | kapitalisme | [kapitalisme] |
| capitaliste (adj) | kapitalis | [kapitalis] |

| socialisme (m) | sosialisme | [sosialisme] |
| socialiste (adj) | sosialis | [sosialis] |

communisme (m)	komunisme	[komunisme]
communiste (adj)	komunis	[komunis]
communiste (m)	orang komunis	[oraŋ komunis]

démocratie (f)	demokrasi	[demokrasi]
démocrate (m)	demokrat	[demokrat]
démocratique (adj)	demokratis	[demokratis]
parti (m) démocratique	Partai Demokrasi	[partaj demokrasi]

libéral (m)	orang liberal	[oraŋ liberal]
libéral (adj)	liberal	[liberal]
conservateur (m)	orang yang konservatif	[oraŋ yaŋ konservatif]
conservateur (adj)	konservatif	[konservatif]

république (f)	republik	[republi']
républicain (m)	pendukung Partai Republik	[pendukuŋ partaj republi']
parti (m) républicain	Partai Republik	[partaj republi']

élections (f pl)	pemilu	[pemilu]
élire (vt)	memilih	[memilih]
électeur (m)	pemilih	[pemilih]
campagne (f) électorale	kampanye pemilu	[kampane pemilu]

vote (m)	pemungutan suara	[pemuŋutan suara]
voter (vi)	memberikan suara	[memberikan suara]
droit (m) de vote	hak suara	[ha' suara]

candidat (m)	kandidat, calon	[kandidat], [ʧalon]
poser sa candidature	mencalonkan diri	[menʧalonkan diri]
campagne (f)	kampanye	[kampanje]

| d'opposition (adj) | oposisi | [oposisi] |
| opposition (f) | oposisi | [oposisi] |

visite (f)	kunjungan	[kundʒⁱuŋan]
visite (f) officielle	kunjungan resmi	[kundʒⁱuŋan resmi]
international (adj)	internasional	[internasional]

| négociations (f pl) | negosiasi, perundingan | [negosiasi], [pərundiŋan] |
| négocier (vi) | bernegosiasi | [bərnegosiasi] |

244. La politique. Le gouvernement. Partie 2

société (f)	masyarakat	[maʃarakat]
constitution (f)	Konstitusi, Undang-Undang Dasar	[konstitusi], [undaŋ-undaŋ dasar]
pouvoir (m)	kekuasaan	[kekuasa'an]
corruption (f)	korupsi	[korupsi]
loi (f)	hukum	[hukum]
légal (adj)	sah	[sah]
justice (f)	keadilan	[keadilan]
juste (adj)	adil	[adil]
comité (m)	komite	[komite]
projet (m) de loi	rancangan undang-undang	[rantʃaŋan undaŋ-undaŋ]
budget (m)	anggaran belanja	[aŋgaran belandʒa]
politique (f)	kebijakan	[kebidʒakan]
réforme (f)	reformasi	[reformasi]
radical (adj)	radikal	[radikal]
puissance (f)	kuasa	[kuasa]
puissant (adj)	adikuasa, berkuasa	[adikuasa], [bərkuasa]
partisan (m)	pendukung	[pendukuŋ]
influence (f)	pengaruh	[peŋaruh]
régime (m)	rezim	[rezim]
conflit (m)	konflik	[konfli']
complot (m)	komplotan	[komplotan]
provocation (f)	provokasi	[provokasi]
renverser (le régime)	menggulingkan	[məŋguliŋkan]
renversement (m)	penggulingan	[peŋguliŋan]
révolution (f)	revolusi	[revolusi]
coup (m) d'État	kudeta	[kudeta]
coup (m) d'État militaire	kudeta militer	[kudeta militer]
crise (f)	krisis	[krisis]
baisse (f) économique	resesi ekonomi	[resesi ekonomi]
manifestant (m)	pendemo	[pendemo]
manifestation (f)	demonstrasi	[demonstrasi]
loi (f) martiale	darurat militer	[darurat militer]
base (f) militaire	pangkalan militer	[paŋkalan militer]
stabilité (f)	stabilitas	[stabilitas]
stable (adj)	stabil	[stabil]
exploitation (f)	eksploitasi	[eksploitasi]
exploiter (vt)	mengeksploitasi	[məŋeksploitasi]
racisme (m)	rasisme	[rasisme]
raciste (m)	rasis	[rasis]

| fascisme (m) | fasisme | [fasisme] |
| fasciste (m) | fasis | [fasis] |

245. Les différents pays du monde. Divers

étranger (m)	orang asing	[oraŋ asiŋ]
étranger (adj)	asing	[asiŋ]
à l'étranger (adv)	di luar negeri	[di luar negeri]

émigré (m)	emigran	[emigran]
émigration (f)	emigrasi	[emigrasi]
émigrer (vi)	beremigrasi	[bəremigrasi]

Ouest (m)	Barat	[barat]
Est (m)	Timur	[timur]
Extrême Orient (m)	Timur Jauh	[timur dʒʲauh]

civilisation (f)	peradaban	[pəradaban]
humanité (f)	umat manusia	[umat manusia]
monde (m)	dunia	[dunia]
paix (f)	perdamaian	[perdamajan]
mondial (adj)	sedunia	[sedunia]

patrie (f)	tanah air	[tanah air]
peuple (m)	rakyat	[rakjat]
population (f)	populasi, penduduk	[populasi], [penduduʔ]
gens (m pl)	orang-orang	[oraŋ-oraŋ]
nation (f)	bangsa	[baŋsa]
génération (f)	generasi	[generasi]
territoire (m)	wilayah	[wilajah]
région (f)	kawasan	[kawasan]
état (m) (partie du pays)	negara bagian	[negara bagian]

tradition (f)	tradisi	[tradisi]
coutume (f)	adat	[adat]
écologie (f)	ekologi	[ekologi]

indien (m)	orang Indian	[oraŋ indian]
bohémien (m)	lelaki Gipsi	[lelaki gipsi]
bohémienne (f)	wanita Gipsi	[wanita gipsi]
bohémien (adj)	Gipsi, Rom	[gipsi], [rom]

empire (m)	kekaisaran	[kekajsaran]
colonie (f)	koloni, negeri jajahan	[koloni], [negeri dʒʲadʒʲahan]
esclavage (m)	perbudakan	[pərbudakan]
invasion (f)	invasi, penyerbuan	[invasi], [penerbuan]
famine (f)	kelaparan, paceklik	[kelaparan], [patʃekliʔ]

246. Les groupes religieux. Les confessions

| religion (f) | agama | [agama] |
| religieux (adj) | religius | [religius] |

foi (f)	keyakinan, iman	[keyakinan], [iman]
croire (en Dieu)	percaya	[pərtʃaja]
croyant (m)	penganut agama	[peɲanut agama]
athéisme (m)	ateisme	[ateisme]
athée (m)	ateis	[ateis]
christianisme (m)	agama Kristen	[agama kristen]
chrétien (m)	orang Kristen	[oraŋ kristen]
chrétien (adj)	Kristen	[kristen]
catholicisme (m)	agama Katolik	[agama katoliʔ]
catholique (m)	orang Katolik	[oraŋ katoliʔ]
catholique (adj)	Katolik	[katoliʔ]
protestantisme (m)	Protestanisme	[protestanisme]
Église (f) protestante	Gereja Protestan	[geredʒʲa protestan]
protestant (m)	Protestan	[protestan]
Orthodoxie (f)	Kristen Ortodoks	[kristen ortodoks]
Église (f) orthodoxe	Gereja Kristen Ortodoks	[geredʒʲa kristen ortodoks]
orthodoxe (m)	Ortodoks	[ortodoks]
Presbytérianisme (m)	Gereja Presbiterian	[geredʒʲa presbiterian]
Église (f) presbytérienne	Gereja Presbiterian	[geredʒʲa presbiterian]
presbytérien (m)	penganut	[peɲanut
	Gereja Presbiterian	geredʒʲa presbiterian]
Église (f) luthérienne	Gereja Lutheran	[geredʒʲa luteran]
luthérien (m)	pengikut Gereja Lutheran	[peɲikut geredʒʲa luteran]
Baptisme (m)	Gereja Baptis	[geredʒʲa baptis]
baptiste (m)	penganut Gereja Baptis	[peɲanut geredʒʲa baptis]
Église (f) anglicane	Gereja Anglikan	[geredʒʲa aŋlikan]
anglican (m)	penganut Anglikanisme	[peɲanut aŋlikanisme]
Mormonisme (m)	Mormonisme	[mormonisme]
mormon (m)	Mormon	[mormon]
judaïsme (m)	agama Yahudi	[agama yahudi]
juif (m)	orang Yahudi	[oraŋ yahudi]
Bouddhisme (m)	agama Buddha	[agama budda]
bouddhiste (m)	penganut Buddha	[peɲanut budda]
hindouisme (m)	agama Hindu	[agama hindu]
hindouiste (m)	penganut Hindu	[peɲanut hindu]
islam (m)	Islam	[islam]
musulman (m)	Muslim	[muslim]
musulman (adj)	Muslim	[muslim]
Chiisme (m)	Syi'ah	[ʃi-a]
chiite (m)	penganut Syi'ah	[peɲanut ʃi-a]
Sunnisme (m)	Sunni	[sunni]
sunnite (m)	ahli Sunni	[ahli sunni]

247. Les principales religions. Le clergé

prêtre (m)	pendeta	[pendeta]
Pape (m)	Paus	[paus]
moine (m)	biarawan, rahib	[biarawan], [rahib]
bonne sœur (f)	biarawati	[biarawati]
pasteur (m)	pastor	[pastor]
abbé (m)	abbas	[abbas]
vicaire (m)	vikaris	[vikaris]
évêque (m)	uskup	[uskup]
cardinal (m)	kardinal	[kardinal]
prédicateur (m)	pengkhotbah	[peŋhotbah]
sermon (m)	khotbah	[hotbah]
paroissiens (m pl)	ahli paroki	[ahli paroki]
croyant (m)	penganut agama	[peŋanut agama]
athée (m)	ateis	[ateis]

248. La foi. Le Christianisme. L'Islam

Adam	Adam	[adam]
Ève	Hawa	[hawa]
Dieu (m)	Tuhan	[tuhan]
le Seigneur	Tuhan	[tuhan]
le Tout-Puissant	Yang Maha Kuasa	[yaŋ maha kuasa]
péché (m)	dosa	[dosa]
pécher (vi)	berdosa	[berdosa]
pécheur (m)	pedosa lelaki	[pedosa lelaki]
pécheresse (f)	pedosa wanita	[pedosa wanita]
enfer (m)	neraka	[neraka]
paradis (m)	surga	[surga]
Jésus	Yesus	[yesus]
Jésus Christ	Yesus Kristus	[yesus kristus]
le Saint-Esprit	Roh Kudus	[roh kudus]
le Sauveur	Juru Selamat	[dʒuru selamat]
la Sainte Vierge	Perawan Maria	[perawan maria]
le Diable	Iblis	[iblis]
diabolique (adj)	setan	[setan]
Satan	setan	[setan]
satanique (adj)	setan	[setan]
ange (m)	malaikat	[malajkat]
ange (m) gardien	malaikat pelindung	[malajkat pelinduŋ]
angélique (adj)	malaikat	[malajkat]

apôtre (m)	rasul	[rasul]
archange (m)	malaikat utama	[malajkat utama]
antéchrist (m)	Antikristus	[antikristus]

Église (f)	Gereja	[geredʒʲa]
Bible (f)	Alkitab	[alkitab]
biblique (adj)	Alkitab	[alkitab]

Ancien Testament (m)	Perjanjian Lama	[pərdʒʲandʒian lama]
Nouveau Testament (m)	Perjanjian Baru	[pərdʒʲandʒian baru]
Évangile (m)	Injil	[indʒil]
Sainte Écriture (f)	Kitab Suci	[kitab sutʃi]
Cieux (m pl)	Surga	[surga]

commandement (m)	Perintah Allah	[pərintah allah]
prophète (m)	nabi	[nabi]
prophétie (f)	ramalan	[ramalan]

Allah	Allah	[alah]
Mahomet	Muhammad	[muhammad]
le Coran	Al Quran	[al kurʼan]

mosquée (f)	masjid	[masdʒid]
mulla (m)	mullah	[mullah]
prière (f)	sembahyang, doa	[sembahjaŋ], [doa]
prier (~ Dieu)	bersembahyang, berdoa	[bərsembahjaŋ], [bərdoa]

pèlerinage (m)	ziarah	[ziarah]
pèlerin (m)	peziarah	[peziarah]
La Mecque	Mekah	[mekah]

église (f)	gereja	[geredʒʲa]
temple (m)	kuil, candi	[kuil], [tʃandi]
cathédrale (f)	katedral	[katedral]
gothique (adj)	Gotik	[gotiʼ]
synagogue (f)	sinagoga, kanisah	[sinagoga], [kanisah]
mosquée (f)	masjid	[masdʒid]

chapelle (f)	kapel	[kapel]
abbaye (f)	keabbasan	[keabbasan]
couvent (m)	biara	[biara]
monastère (m)	biara	[biara]

cloche (f)	lonceng	[lontʃeŋ]
clocher (m)	menara lonceng	[mənara lontʃeŋ]
sonner (vi)	berbunyi	[bərbunji]

croix (f)	salib	[salib]
coupole (f)	kubah	[kubah]
icône (f)	ikon	[ikon]

âme (f)	jiwa	[dʒiwa]
sort (m) (destin)	takdir	[takdir]
mal (m)	kejahatan	[kedʒʲahatan]
bien (m)	kebaikan	[kebajkan]
vampire (m)	vampir	[vampir]

sorcière (f)	tukang sihir	[tukaŋ sihir]
démon (m)	iblis	[iblis]
esprit (m)	roh	[roh]

| rachat (m) | penebusan | [penebusan] |
| racheter (pécheur) | menebus | [mənebus] |

office (m), messe (f)	misa	[misa]
dire la messe	menyelenggarakan misa	[mənjeleŋgarakan misa]
confession (f)	pengakuan dosa	[peŋakuan dosa]
se confesser (vp)	mengaku dosa	[məŋaku dosa]

saint (m)	santo	[santo]
sacré (adj)	suci, kudus	[sutʃi], [kudus]
l'eau bénite	air suci	[air sutʃi]

rite (m)	ritus	[ritus]
rituel (adj)	ritual	[ritual]
sacrifice (m)	pengorbangan	[peŋorbaŋan]

superstition (f)	takhayul	[tahajul]
superstitieux (adj)	bertakhayul	[bərtahajul]
vie (f) après la mort	akhirat	[ahirat]
vie (f) éternelle	hidup abadi	[hidup abadi]

223

DIVERS

249. Quelques mots et formules utiles

aide (f)	bantuan	[bantuan]
arrêt (m) (pause)	perhentian	[pərhentian]
balance (f)	keseimbangan	[keseimbaŋan]
barrière (f)	rintangan	[rintaŋan]
base (f)	basis, dasar	[basis], [dasar]
catégorie (f)	kategori	[kategori]
cause (f)	sebab	[sebab]
choix (m)	pilihan	[pilihan]
chose (f) (objet)	barang	[baraŋ]
coïncidence (f)	kebetulan	[kebetulan]
comparaison (f)	perbandingan	[pərbandiŋan]
compensation (f)	kompensasi, ganti rugi	[kompensasi], [ganti rugi]
confortable (adj)	nyaman	[njaman]
croissance (f)	pertumbuhan	[pərtumbuhan]
début (m)	permulaan	[pərmulaʔan]
degré (m) (~ de liberté)	tingkat	[tiŋkat]
développement (m)	perkembangan	[pərkembaŋan]
différence (f)	perbedaan	[pərbedaʔan]
d'urgence (adv)	segera	[segera]
effet (m)	efek, pengaruh	[efek], [peŋaruh]
effort (m)	usaha	[usaha]
élément (m)	unsur	[unsur]
exemple (m)	contoh	[tʃontoh]
fait (m)	fakta	[fakta]
faute, erreur (f)	kesalahan	[kesalahan]
fin (f)	akhir	[ahir]
fond (m) (arrière-plan)	latar belakang	[latar belakaŋ]
forme (f)	bentuk, rupa	[bentuk], [rupa]
fréquent (adj)	kerap, sering	[kerap], [seriŋ]
genre (m) (type, sorte)	jenis	[dʒʲenis]
idéal (m)	ideal	[ideal]
labyrinthe (m)	labirin	[labirin]
mode (m) (méthode)	cara	[tʃara]
moment (m)	saat, waktu	[saʔat], [waktu]
objet (m)	objek	[obdʒʲeʔ]
obstacle (m)	rintangan	[rintaŋan]
original (m)	orisinal, dokumen asli	[orisinal], [dokumen asli]
part (f)	bagian	[bagian]
particule (f)	partikel, bagian kecil	[partikel], [bagian ketʃil]

pause (f)	istirahat	[istirahat]
position (f)	posisi	[posisi]
principe (m)	prinsip	[prinsip]
problème (m)	masalah	[masalah]
processus (m)	proses	[proses]
progrès (m)	kemajuan	[kemadʒʲuan]
propriété (f) (qualité)	sifat	[sifat]
réaction (f)	reaksi	[reaksi]
risque (m)	risiko	[risiko]
secret (m)	rahasia	[rahasia]
série (f)	rangkaian	[raŋkajan]
situation (f)	situasi	[situasi]
solution (f)	solusi, penyelesaian	[solusi], [penjelesajan]
standard (adj)	standar	[standar]
standard (m)	standar	[standar]
style (m)	gaya	[gaja]
système (m)	sistem	[sistem]
tableau (m) (grille)	tabel	[tabel]
tempo (m)	tempo, laju	[tempo], [ladʒʲu]
terme (m)	istilah	[istilah]
tour (m) (attends ton ~)	giliran	[giliran]
type (m) (~ de sport)	jenis	[dʒʲenis]
urgent (adj)	segera	[segera]
utilité (f)	kegunaan	[keguna'an]
vérité (f)	kebenaran	[kebenaran]
version (f)	varian	[varian]
zone (f)	zona	[zona]

250. Les adjectifs. Partie 1

affamé (adj)	lapar	[lapar]
agréable (la voix)	indah	[indah]
aigre (fruits ~s)	masam	[masam]
amer (adj)	pahit	[pahit]
ancien (adj)	kuno	[kuno]
arrière (roue, feu)	belakang	[belakaŋ]
artificiel (adj)	buatan	[buatan]
attentionné (adj)	penuh perhatian	[penuh perhatian]
aveugle (adj)	buta	[buta]
bas (voix ~se)	lirih	[lirih]
basané (adj)	berkulit hitam	[berkulit hitam]
beau (homme)	cantik	[tʃantiʔ]
beau, magnifique (adj)	cantik	[tʃantiʔ]
bien affilé (adj)	tajam	[tadʒʲam]
bon (~ voyage!)	baik	[baj']
bon (au bon cœur)	baik hati	[baj' hati]

225

bon (savoureux)	enak	[ena']
bon marché (adj)	murah	[murah]
bronzé (adj)	hitam terbakar matahari	[hitam tərbakar matahari]
calme (tranquille)	tenang	[tenaŋ]
central (adj)	sentral	[sentral]
chaud (modérément)	hangat	[haŋat]

cher (adj)	mahal	[mahal]
civil (droit ~)	sipil	[sipil]
clair (couleur)	muda	[muda]
clair (explication ~e)	jelas	[dʒ'elas]
clandestin (adj)	rahasia, diam-diam	[rahasia], [diam-diam]

commun (projet ~)	bersama	[bərsama]
compatible (adj)	serasi, cocok	[serasi], [tʃotʃo']
considérable (adj)	signifikan, luar biasa	[signifikan], [luar biasa]
content (adj)	puas	[puas]

continu (incessant)	kontinu, terus menerus	[kontinu], [tərus menerus]
continu (usage ~)	panjang	[pandʒ'aŋ]
convenu (approprié)	sesuai	[sesuaj]
court (de taille)	pendek	[pende']
court (en durée)	sebentar	[sebentar]

cru (non cuit)	mentah	[məntah]
d'à côté, voisin	dekat	[dekat]
dangereux (adj)	berbahaya	[bərbahaja]
d'enfant (adj)	kanak-kanak	[kana'-kana']
dense (brouillard ~)	pekat	[pekat]

dernier (final)	terakhir	[tərahir]
différent (adj)	berbeda	[bərbeda]
difficile (complexe)	rumit	[rumit]
difficile (décision)	sukar, sulit	[sukar], [sulit]

divers (adj)	berbagai	[bərbagaj]
d'occasion (adj)	bekas	[bekas]
douce (l'eau ~)	tawar	[tawar]
droit (pas courbe)	lurus	[lurus]

droit (situé à droite)	kanan	[kanan]
dur (pas mou)	keras	[keras]
éloigné (adj)	jauh	[dʒ'auh]
ensoleillé (jour ~)	cerah	[tʃerah]

entier (adj)	seluruh	[seluruh]
épais (brouillard ~)	tebal	[tebal]
épais (mur, etc.)	tebal	[tebal]
étranger (adj)	asing	[asiŋ]
étroit (passage, etc.)	sempit	[sempit]

excellent (adj)	sangat baik	[saŋat bai']
excessif (adj)	berlebihan	[bərlebihan]
extérieur (adj)	luar	[luar]
facile (adj)	mudah	[mudah]
faible (lumière)	redup	[redup]

fatiguant (adj)	melelahkan	[melelahkan]
fatigué (adj)	lelah	[lelah]
fermé (adj)	tertutup	[tərtutup]
fertile (le sol ~)	subur	[subur]
fort (homme ~)	kuat	[kuat]
fort (voix ~e)	lantang	[lantaŋ]
fragile (vaisselle, etc.)	rapuh	[rapuh]
frais (adj) (légèrement froid)	sejuk	[sedʒ'uʔ]
frais (du pain ~)	segar	[segar]
froid (boisson ~e)	dingin	[diŋin]
gauche (adj)	kiri	[kiri]
géant (adj)	sangat besar	[saŋat besar]
gentil (adj)	baik	[bajʔ]
grand (dimension)	besar	[besar]
gras (repas ~)	berlemak	[bərlemaʔ]
gratuit (adj)	gratis	[gratis]
heureux (adj)	bahagia	[bahagia]
hostile (adj)	bermusuhan	[bərmusuhan]
humide (adj)	lembap	[lembap]
immobile (adj)	tak bergerak	[taʔ bərgeraʔ]
important (adj)	penting	[pentiŋ]
impossible (adj)	mustahil	[mustahil]
indéchiffrable (adj)	tak dapat dimengerti	[taʔ dapat dimeŋerti]
indispensable (adj)	tak tergantikan	[taʔ tərgantikan]
intelligent (adj)	pandai, pintar	[pandaj], [pintar]
intérieur (adj)	dalam	[dalam]
jeune (adj)	muda	[muda]
joyeux (adj)	riang, gembira	[riaŋ], [gembira]
juste, correct (adj)	benar	[benar]

251. Les adjectifs. Partie 2

large (~ route)	lebar	[lebar]
le même, pareil (adj)	sama, serupa	[sama], [serupa]
le plus important	paling penting	[paliŋ pentiŋ]
le plus proche	terdekat	[tərdekat]
légal (adj)	sah	[sah]
léger (pas lourd)	ringan	[riŋan]
libre (accès, etc.)	bebas	[bebas]
limité (adj)	terbatas	[tərbatas]
liquide (adj)	cair	[tʃair]
lisse (adj)	rata, halus	[rata], [halus]
lointain (adj)	jauh	[dʒ'auh]
long (~ chemin)	panjang	[pandʒ'aŋ]
lourd (adj)	berat	[berat]
maigre (adj)	kurus	[kurus]
malade (adj)	sakit	[sakit]

mat (couleur)	kusam	[kusam]
mauvais (adj)	buruk, jelek	[buruk], [dʒ'ele']
méticuleux (~ travail)	cermat	[tʃermat]

miséreux (adj)	papa, sangat miskin	[papa], [saŋat miskin]
mort (adj)	mati	[mati]
mou (souple)	empuk	[empu']
mûr (fruit ~)	masak	[masa']
myope (adj)	rabun jauh	[rabun dʒ'auh]

mystérieux (adj)	misterius	[misterius]
natal (ville, pays)	asli	[asli]
nécessaire (adj)	perlu	[perlu]
négatif (adj)	negatif	[negatif]
négligent (adj)	ceroboh	[tʃeroboh]

nerveux (adj)	gugup, grogi	[gugup], [grogi]
neuf (adj)	baru	[baru]
normal (adj)	normal	[normal]
obligatoire (adj)	wajib	[wadʒib]
opposé (adj)	bertentangan	[bərtentaŋan]

ordinaire (adj)	biasa	[biasa]
original (peu commun)	orisinal, asli	[orisinal], [asli]
ouvert (adj)	terbuka	[tərbuka]
parfait (adj)	cemerlang	[tʃemerlaŋ]
pas clair (adj)	tidak jelas	[tida' dʒ'elas]

pas difficile (adj)	tidak sukar	[tida' sukar]
pas grand (adj)	tidak besar	[tida' besar]
passé (le mois ~)	lalu	[lalu]
passé (participe ~)	lalu	[lalu]
pauvre (adj)	miskin	[miskin]

permanent (adj)	tetap	[tetap]
personnel (adj)	pribadi	[pribadi]
petit (adj)	kecil	[ketʃil]
peu expérimenté (adj)	tak berpengalaman	[ta' bərpeŋalaman]
peu important (adj)	kecil	[ketʃil]

peu profond (adj)	dangkal	[daŋkal]
plat (l'écran ~)	datar	[datar]
plat (surface ~e)	rata, datar	[rata], [datar]
plein (rempli)	penuh	[penuh]

poli (adj)	sopan	[sopan]
ponctuel (adj)	tepat waktu	[tepat waktu]
possible (adj)	mungkin	[muŋkin]
précédent (adj)	sebelumnya	[sebelumnja]
précis, exact (adj)	tepat	[tepat]

présent (moment ~)	sekarang ini, saat ini	[sekaraŋ ini], [sa'at ini]
principal (adj)	utama	[utama]
principal (idée ~e)	utama	[utama]
privé (réservé)	pribadi	[pribadi]
probable (adj)	mungkin	[muŋkin]

proche (pas lointain)	dekat	[dekat]
propre (chemise ~)	bersih	[bərsih]
public (adj)	umum	[umum]
rapide (adj)	cepat	[ʧepat]

rare (adj)	jarang	[dʒ!araŋ]
reconnaissant (adj)	berterima kasih	[bərterima kasih]
risqué (adj)	riskan	[riskan]
salé (adj)	asin	[asin]
sale (pas propre)	kotor	[kotor]

sans nuages (adj)	tak berawan	[ta' bərawan]
satisfait (client, etc.)	puas	[puas]
sec (adj)	kering	[keriŋ]
serré, étroit (vêtement)	ketat	[ketat]
similaire (adj)	mirip	[mirip]

simple (adj)	mudah, sederhana	[mudah], [sederhana]
solide (bâtiment, etc.)	kuat, kukuh	[kuat], [kukuh]
sombre (paysage ~)	suram	[suram]
sombre (pièce ~)	gelap	[gelap]
spacieux (adj)	lapang, luas	[lapaŋ], [luas]

spécial (adj)	khusus	[husus]
stupide (adj)	bodoh	[bodoh]
sucré (adj)	manis	[manis]
suivant (vol ~)	depan	[depan]
supplémentaire (adj)	tambahan	[tambahan]

suprême (adj)	tertinggi	[tərtiŋgi]
sûr (pas dangereux)	aman	[aman]
surgelé (produits ~s)	beku	[beku]
tendre (affectueux)	lembut	[lembut]
tranquille (adj)	sunyi	[sunji]

transparent (adj)	transparan	[transparan]
trempé (adj)	basah	[basah]
très chaud (adj)	panas	[panas]
triste (adj)	sedih	[sedih]
triste (regard ~)	sedih	[sedih]

trop maigre (émacié)	ramping	[rampiŋ]
unique (exceptionnel)	unik	[uni']
vide (bouteille, etc.)	kosong	[kosoŋ]
vieux (bâtiment, etc.)	tua	[tua]
voisin (maison ~e)	tetangga	[tetaŋga]

LES 500 VERBES LES PLUS UTILISÉS

252. Les verbes les plus courants (de A à C)

abaisser (vt)	menurunkan	[mənurunkan]
accompagner (vt)	menemani	[mənemani]
accoster (vi)	merapat	[merapat]
accrocher (suspendre)	menggantungkan	[məŋgantuŋkan]
accuser (vt)	menuduh	[mənuduh]
acheter (vt)	membeli	[membeli]
admirer (vt)	mengagumi	[məŋagumi]
affirmer (vt)	menegaskan	[mənegaskan]
agir (vi)	bertindak	[bərtindaʔ]
agiter (les bras)	melambaikan	[melambajkan]
aider (vt)	membantu	[membantu]
aimer (apprécier)	suka	[suka]
aimer (qn)	mencintai	[mənʧintaj]
ajouter (vt)	menambah	[mənambah]
aller (à pied)	berjalan	[bərdʒʲalan]
aller (en voiture, etc.)	naik	[naiʔ]
aller bien (robe, etc.)	pas, cocok	[pas], [ʧoʧoʔ]
aller se coucher	tidur	[tidur]
allumer (~ la cheminée)	menyalakan	[mənjalakan]
allumer (la radio, etc.)	menyalakan	[mənjalakan]
amener, apporter (vt)	membawa	[membawa]
amputer (vt)	mengamputasi	[məŋamputasi]
amuser (vt)	menghibur	[məŋhibur]
annoncer (qch a qn)	memberi tahu	[memberi tahu]
annuler (vt)	membatalkan	[membatalkan]
apercevoir (vt)	memperhatikan	[memperhatikan]
apparaître (vi)	muncul	[munʧul]
appartenir à …	kepunyaan …	[kepunjaʔan …]
appeler (au secours)	memanggil	[memaŋgil]
appeler (dénommer)	menamakan	[mənamakan]
appeler (vt)	memanggil	[memaŋgil]
applaudir (vi)	bertepuk tangan	[bərtepuʔ taŋan]
apprendre (qch à qn)	mengajar	[məŋadʒʲar]
arracher (vt)	merobek	[merobeʔ]
arriver (le train)	datang	[dataŋ]
arroser (plantes)	menyiram	[mənjiram]
aspirer à …	bercita-cita …	[bərʧita-ʧita …]
assister (vt)	membantu	[membantu]

attacher à ...	mengikat ke ...	[məŋikat ke ...]
attaquer (mil.)	menyerang	[mənjeraŋ]
atteindre (lieu)	mencapai	[mentʃapaj]
atteindre (objectif)	mencapai	[mentʃapaj]

attendre (vt)	menunggu	[mənuŋgu]
attraper (vt)	menangkap	[mənaŋkap]
attraper ... (maladie)	terinfeksi, tertular ...	[tərinfeksi], [tərtular ...]
augmenter (vi)	bertambah	[bərtambah]

augmenter (vt)	menambah	[mənambah]
autoriser (vt)	mengizinkan	[məŋizinkan]
avertir (du danger)	memperingatkan	[mempəriŋatkan]
aveugler (par les phares)	menyilaukan	[mənjilaukan]

avoir (vt)	mempunyai	[mempunjaj]
avoir confiance	mempercayai	[mempertʃajaj]
avoir peur	takut	[takut]
avouer (vi, vt)	mengaku salah	[məŋaku salah]
baigner (~ les enfants)	memandikan	[memandikan]

battre (frapper)	memukul	[memukul]
boire (vt)	minum	[minum]
briller (vi)	bersinar	[bərsinar]
briser, casser (vt)	memecahkan	[memetʃahkan]

brûler (des papiers)	membakar	[membakar]
cacher (vt)	menyembunyikan	[mənjembunjikan]
calmer (enfant, etc.)	menenangkan	[mənenaŋkan]
caresser (vt)	mengusap	[məŋusap]
céder (vt)	mengalah	[məŋalah]

cesser (vt)	menghentikan	[məŋhentikan]
changer (~ d'avis)	mengubah	[məŋubah]
changer (échanger)	menukar	[mənukar]
charger (arme)	mengisi	[məŋisi]

charger (véhicule, etc.)	memuat	[memuat]
charmer (vt)	memesona	[memesona]
chasser (animaux)	berburu	[bərburu]
chasser (faire partir)	mengusir	[məŋusir]

chauffer (vt)	memanaskan	[memanaskan]
chercher (vt)	mencari ...	[mentʃari ...]
choisir (vt)	memilih	[memilih]
citer (vt)	mengutip	[məŋutip]

combattre (vi)	bertempur	[bərtempur]
commander (~ le menu)	memesan	[memesan]
commencer (vt)	memulai	[memulaj]
comparer (vt)	membandingkan	[membandiŋkan]

compenser (vt)	mengganti rugi	[məŋganti rugi]
compliquer (vt)	memperumit	[memperumit]
composer (musique)	menggubah	[məŋgubah]
comprendre (vt)	mengerti	[məŋerti]

231

compromettre (vt)	mencemarkan	[məntʃemarkan]
compter (l'argent, etc.)	menghitung	[məŋhituŋ]
compter sur …	mengharapkan …	[məŋharapkan …]
concevoir (créer)	mendesain	[məndesajn]
concurrencer (vt)	bersaing	[bərsajŋ]
condamner (vt)	menjatuhkan hukuman	[məndʒ'atuhkan hukuman]

conduire une voiture	menyetir mobil	[mənjetir mobil]
confondre (vt)	bingung membedakan	[biɲuŋ membedakan]
connaître (qn)	kenal	[kenal]
conseiller (vt)	menasihati	[mənasihati]
consulter (docteur, etc.)	berkonsultasi dengan	[bərkonsultasi deŋan]

contaminer (vt)	menulari	[mənulari]
continuer (vt)	meneruskan	[məneruskan]
contrôler (vt)	mengontrol	[məŋontrol]
convaincre (vt)	meyakinkan	[meyakinkan]

coopérer (vi)	bekerja sama	[bekerdʒa sama]
coordonner (vt)	mengoordinasikan	[məŋoordinasikan]
corriger (une erreur)	mengoreksi	[məŋoreksi]
couper (avec une hache)	memotong	[memotoŋ]

couper (un doigt, etc.)	memotong	[memotoŋ]
courir (vi)	berlari	[bərlari]
coûter (vt)	berharga	[bərharga]
cracher (vi)	meludah	[meludah]
créer (vt)	menciptakan	[məntʃiptakan]

creuser (vt)	menggali	[məŋgali]
crier (vi)	berteriak	[bərteria']
croire (vi, vt)	percaya	[pərtʃaja]
cueillir (fleurs, etc.)	memetik	[memeti']
cultiver (plantes)	menanam	[mənanam]

253. Les verbes les plus courants (de D à E)

dater de …	berasal dari tahun …	[bərasal dari tahun …]
décider (vt)	memutuskan	[memutuskan]
décoller (avion)	lepas landas	[lepas landas]
décorer (~ la maison)	menghiasi	[məŋhiasi]

décorer (de la médaille)	menganugerahi	[məŋanugerahi]
découvrir (vt)	menemukan	[mənemukan]
dédier (vt)	mendedikasikan	[məndedikasikan]
défendre (vt)	membela	[membela]
déjeuner (vi)	makan siang	[makan siaŋ]

demander (de faire qch)	meminta	[meminta]
dénoncer (vt)	mengadukan	[məŋadukan]
dépasser (village, etc.)	melewati	[melewati]
dépendre de …	tergantung pada …	[tərgantuŋ pada …]
déplacer (des meubles)	memindahkan	[memindahkan]
déranger (vt)	mengganggu	[məŋgaŋgu]

| descendre (vi) | turun | [turun] |
| désirer (vt) | menghendaki | [məŋhendaki] |

détacher (vt)	membuka ikatan	[membuka ikatan]
détruire (~ des preuves)	menghancurkan	[məŋhantʃurkan]
devenir (vi)	menjadi	[mendʒʲadi]
devenir pensif	termenung	[tərmenuŋ]
deviner (vt)	menerka	[mənerka]

devoir (v aux)	harus	[harus]
diffuser (distribuer)	mengedarkan	[məŋedarkan]
diminuer (vt)	mengurangi	[məŋuraŋi]
dîner (vi)	makan malam	[makan malam]

dire (vt)	berkata	[bərkata]
diriger (~ une usine)	memimpin	[memimpin]
diriger (vers ...)	mengarahkan	[məŋarahkan]
discuter (vt)	membicarakan	[membitʃarakan]

disparaître (vi)	menghilang	[məŋhilaŋ]
distribuer (bonbons, etc.)	membagi-bagikan	[membagi-bagikan]
diviser (~ par 2)	membagi	[membagi]
dominer (château, etc.)	mejulang tinggi ...	[medʒʲulaŋ tiŋgi ...]
donner (qch à qn)	memberi	[memberi]

doubler (la mise, etc.)	menggandakan	[məŋgandakan]
douter (vt)	ragu-ragu	[ragu-ragu]
dresser (~ une liste)	menyusun	[menyusun]
dresser (un chien)	melatih	[melatih]

éclairer (soleil)	menyinari	[mənjinari]
écouter (vt)	mendengarkan	[məndeŋarkan]
écouter aux portes	mencuri dengar	[məntʃuri deŋar]
écraser (cafard, etc.)	menghancurkan	[məŋhantʃurkan]

écrire (vt)	menulis	[mənulis]
effacer (vt)	menghapuskan	[məŋhapuskan]
éliminer (supprimer)	menyingkirkan	[mənjiŋkirkan]
embaucher (vt)	mempekerjakan	[mempekerdʒʲakan]

employer (utiliser)	memakai	[memakaj]
emporter (vt)	membawa pulang	[membawa pulaŋ]
emprunter (vt)	meminjam	[memindʒʲam]
enlever (~ des taches)	menghapuskan	[məŋhapuskan]

enlever (un objet)	mengangkat	[məŋaŋkat]
enlever la boue	membersihkan	[membersihkan]
entendre (bruit, etc.)	mendengar	[məndeŋar]
entraîner (vt)	melatih	[melatih]
entreprendre (vt)	mengusahakan	[məŋusahakan]

entrer (vi)	masuk, memasuki	[masuk], [memasuki]
envelopper (vt)	membungkus	[membuŋkus]
envier (vt)	iri	[iri]
envoyer (vt)	mengirim	[məŋirim]
épier (vt)	mencuri lihat	[məntʃuri lihat]

équiper (vt)	memperlengkapi	[memperleŋkapi]
espérer (vi)	berharap	[bərharap]
essayer (de faire qch)	mencoba	[məntʃoba]
éteindre (~ la lumière)	mematikan	[mematikan]

éteindre (incendie)	memadamkan	[memadamkan]
étonner (vt)	mengherankan	[məŋherankan]
être (~ fatigué)	sedang	[sedaŋ]
être (~ médecin)	ialah, adalah	[ialah], [adalah]

être allongé (personne)	berbaring	[bərbariŋ]
être assez (suffire)	cukup	[tʃukup]
être assis	duduk	[dudu']

être basé (sur ...)	berdasarkan ...	[bərdasarkan ...]
être convaincu de ...	yakin	[yakin]
être d'accord	setuju	[setudʒiu]
être différent	berbeza	[bərbeza]

être en tête (de ...)	memimpin	[memimpin]
être fatigué	lelah	[lelah]
être indispensable	dibutuhkan	[dibutuhkan]
être la cause de ...	menyebabkan ...	[mənebabkan ...]

être nécessaire	dibutuhkan	[dibutuhkan]
être perplexe	bingung	[biŋuŋ]
être pressé	tergesa-gesa	[tərgesa-gesa]
étudier (vt)	mempelajari	[mempeladʒiari]

éviter (~ la foule)	mengelak	[məŋela']
examiner (une question)	mempertimbangkan	[mempertimbaŋkan]
exclure, expulser (vt)	memecat	[memetʃat]
excuser (vt)	memaafkan	[mema'afkan]

exiger (vt)	menuntut	[mənuntut]
exister (vi)	ada	[ada]
expliquer (vt)	menjelaskan	[məndʒielaskan]
exprimer (vt)	mengungkapkan	[məŋuŋkapkan]

254. Les verbes les plus courants (de F à N)

fâcher (vt)	membuat marah	[membuat marah]
faciliter (vt)	meringankan	[meriŋankan]
faire (vt)	membuat	[membuat]
faire allusion	mengisyaratkan	[məŋiʃaratkan]

faire connaissance	berkenalan	[bərkenalan]
faire de la publicité	mengiklankan	[məŋiklankan]
faire des copies	memperbanyak	[memperbanja']
faire la guerre	berperang	[bərperaŋ]

faire la lessive	mencuci	[məntʃutʃi]
faire le ménage	membereskan	[membereskan]
faire surface (sous-marin)	timbul ke permukaan air	[timbul ke pərmuka'an air]

faire tomber	menjatuhkan	[mənʤatuhkan]
faire un rapport	melaporkan	[melaporkan]
fatiguer (vt)	melelahkan	[melelahkan]
féliciter (vt)	mengucapkan selamat	[məŋutʃapkan selamat]
fermer (vt)	menutup	[mənutup]

finir (vt)	mengakhiri	[məŋahiri]
flatter (vt)	menyanjung	[mənjanʤuŋ]
forcer (obliger)	memaksa	[memaksa]
former (composer)	membentuk	[membentuʔ]

frapper (~ à la porte)	mengetuk	[məŋetuʔ]
garantir (vt)	menjamin	[mənʤamin]
garder (lettres, etc.)	menyimpan	[mənjimpan]
garder le silence	diam	[diam]

griffer (vt)	mencakar	[məntʃakar]
gronder (qn)	memarahi, menegur	[memarahi], [menegur]
habiter (vt)	tinggal	[tiŋgal]
hériter (vt)	mewarisi	[mewarisi]

imaginer (vt)	membayangkan	[membajaŋkan]
imiter (vt)	meniru	[məniru]
importer (vt)	mengimpor	[məŋimpor]
indiquer (le chemin)	menunjuk	[mənunʤuʔ]

influer (vt)	memengaruhi	[memeŋaruhi]
informer (vt)	menginformasikan	[məŋinformasikan]
inquiéter (vt)	membuat khawatir	[membuat hawatir]
inscrire (sur la liste)	mendaftarkan	[məndaftarkan]
insérer (~ la clé)	menyisipkan	[mənjisipkan]

insister (vi)	mendesak	[məndesaʔ]
inspirer (vt)	mengilhami	[məŋilhami]
instruire (vt)	mengajari	[mənaʤari]
insulter (vt)	menghina	[mənhina]

interdire (vt)	melarang	[melaraŋ]
intéresser (vt)	menimbulkan minat	[mənimbulkan minat]
intervenir (vi)	campur tangan	[tʃampur taŋan]
inventer (machine, etc.)	menemukan	[mənemukan]

inviter (vt)	mengundang	[məŋundaŋ]
irriter (vt)	menjengkelkan	[mənʤeŋkelkan]
isoler (vt)	mengisolasi	[məŋisolasi]
jeter (une pierre)	melemparkan	[melemparkan]

jouer (acteur)	berperan	[bərperan]
jouer (s'amuser)	bermain	[bərmajn]
laisser (oublier)	meninggalkan	[məniŋgalkan]
lancer (un projet)	meluncurkan	[meluntʃurkan]
larguer les amarres	bertolak	[bərtolaʔ]

laver (vt)	mencuci	[məntʃutʃi]
libérer (ville, etc.)	membebaskan	[membebaskan]
ligoter (vt)	mengikat	[məŋikat]

limiter (vt)	membatasi	[membatasi]
lire (vi, vt)	membaca	[membatʃa]
louer (barque, etc.)	menyewa	[mənjewa]
louer (prendre en location)	menyewa	[mənjewa]
lutter (contre …)	berjuang	[bərdʒʲuaŋ]
lutter (sport)	bergulat	[bərgulat]
manger (vi, vt)	makan	[makan]
manquer (l'école)	absen	[absen]
marquer (sur la carte)	menandai	[mənandaj]
mélanger (vt)	mencampur	[məntʃampur]
mémoriser (vt)	menghafalkan	[məŋhafalkan]
menacer (vt)	mengancam	[mənantʃam]
mentionner (vt)	menyebut	[mənjebut]
mentir (vi)	berbohong	[bərbohoŋ]
mépriser (vt)	benci, membenci	[bentʃi], [membentʃi]
mériter (vt)	patut	[patut]
mettre (placer)	meletakkan	[meletaʔkan]
montrer (vt)	menunjukkan	[mənundʒʲuʔkan]
multiplier (math)	mengalikan	[məŋalikan]
nager (vi)	berenang	[bərenaŋ]
négocier (vi)	bernegosiasi	[bərnegosiasi]
nettoyer (vt)	membersihkan	[membersihkan]
nier (vt)	memungkiri	[memuŋkiri]
nommer (à une fonction)	melantik	[melantiʔ]
noter (prendre en note)	mencatat	[məntʃatat]
nourrir (vt)	memberi makan	[memberi makan]

255. Les verbes les plus courants (de O à R)

obéir (vt)	mematuhi	[mematuhi]
objecter (vt)	berkeberatan	[bərkeberatan]
observer (vt)	mengamati	[məŋamati]
offenser (vt)	menyinggung	[mənjiŋguŋ]
omettre (vt)	menghilangkan	[məniŋalkan]
ordonner (mil.)	memerintahkan	[memerintahkan]
organiser (concert, etc.)	mengatur	[mənatur]
oser (vt)	berani	[bərani]
oublier (vt)	melupakan	[melupakan]
ouvrir (vt)	membuka	[membuka]
paraître (livre)	terbit	[terbit]
pardonner (vt)	memaafkan	[memaʔafkan]
parler avec …	bebicara dengan …	[bebitʃara deŋan …]
participer à …	turut serta	[turut serta]
partir (~ en voiture)	pergi	[pergi]
payer (régler)	membayar	[membajar]
pécher (vi)	berdosa	[bərdosa]

pêcher (vi)	memancing	[memantʃiŋ]
pénétrer (vt)	menyusup	[mənyusup]
penser (croire)	yakin	[yakin]
penser (vi, vt)	berpikir	[bərpikir]
perdre (les clefs, etc.)	kehilangan	[kehilaŋan]

permettre (vt)	membenarkan	[membenarkan]
peser (~ 100 kilos)	berbobot	[bərbobot]
photographier (vt)	memotret	[memotret]
placer (mettre)	menempatkan	[mənempatkan]

plaire (être apprécié)	suka	[suka]
plaisanter (vi)	bergurau	[bərgurau]
planifier (vt)	merencanakan	[merentʃanakan]
pleurer (vi)	menangis	[mənaŋis]

plonger (vi)	menyelam	[mənjelam]
posséder (vt)	memiliki	[memiliki]
pousser (les gens)	mendorong	[məndoroŋ]
pouvoir (v aux)	bisa	[bisa]

prédominer (vi)	mendominasi	[məndominasi]
préférer (vt)	lebih suka	[lebih suka]
prendre (vt)	mengambil	[məŋambil]
prendre en note	mencatat	[məntʃatat]

prendre le petit déjeuner	sarapan	[sarapan]
prendre un risque	merisikokan	[merisikokan]
préparer (le dîner)	memasak	[memasaʔ]
préparer (vt)	menyiapkan	[mənjiapkan]

présenter (faire connaître)	memperkenalkan	[memperkenalkan]
présenter (qn)	memperkenalkan	[memperkenalkan]
préserver (~ la paix)	melestarikan	[melestarikan]
pressentir (le danger)	merasa	[merasa]
presser (qn)	menggesa-gesakan	[məŋgesa-gesakan]

prévoir (vt)	menduga	[mənduga]
prier (~ Dieu)	bersembahyang, berdoa	[bərsembahjaŋ], [bərdoa]
priver (vt)	merampas	[merampas]
progresser (vi)	maju	[madʒˈu]

promettre (vt)	berjanji	[bərdʒˈandʒi]
prononcer (vt)	melafalkan	[melafalkan]
proposer (vt)	mengusulkan	[məŋusulkan]
protéger (la nature)	melindungi	[melinduŋi]
protester (vi, vt)	memprotes	[memprotes]

prouver (une théorie, etc.)	membuktikan	[membuktikan]
provoquer (vt)	memicu	[memitʃu]
punir (vt)	menghukum	[məŋhukum]
quitter (famille, etc.)	meninggalkan	[meniŋgalkan]
raconter (une histoire)	menceritakan	[məntʃeritakan]
ranger (jouets, etc.)	membenahi	[membenahi]
rappeler (évoquer un souvenir)	mengingatkan ...	[məŋiŋatkan ...]

237

réaliser (vt)	melaksanakan	[melaksanakan]
recommander (vt)	merekomendasi	[merekomendasi]
reconnaître (erreurs)	mengakui	[məŋakui]
reconnaître (qn)	mengenali	[məŋenali]
refaire (vt)	mengulangi	[məŋulaŋi]

refuser (vt)	menolak	[mənolaʔ]
regarder (vi, vt)	melihat	[melihat]
régler (~ un conflit)	menyelesaikan	[mənjelesajkan]
regretter (vt)	menyesal	[mənjesal]

remarquer (qn)	memperhatikan	[memperhatikan]
remercier (vt)	mengucapkan terima kasih	[məŋutʃapkan tərima kasih]
remettre en ordre	membereskan	[membereskan]
remplir (une bouteille)	memenuhi	[memenuhi]

renforcer (vt)	mengukuhkan	[məŋukuhkan]
renverser (liquide)	menumpahkan	[mənumpahkan]
renvoyer (colis, etc.)	mengirim kembali	[məŋirim kembali]
répandre (odeur)	memancarkan	[memantʃarkan]

réparer (vt)	memperbaiki	[memperbajki]
repasser (vêtement)	menyeterika	[mənjeterika]
répéter (dire encore)	mengulangi	[məŋulaŋi]
répondre (vi, vt)	menjawab	[məndʒˈawab]
reprocher (qch à qn)	menegur	[mənegur]

réserver (une chambre)	memesan	[memesan]
résoudre (le problème)	menyelesaikan	[mənjelesajkan]
respirer (vi)	bernapas	[bərnapas]
ressembler à …	menyerupai, mirip	[mənerupaj], [mirip]
retenir (empêcher)	menahan	[mənahan]

retourner (pierre, etc.)	membalikkan	[membaliʔkan]
réunir (regrouper)	menyatukan	[mənjatukan]
réveiller (vt)	membangunkan	[membaŋunkan]
revenir (vi)	kembali	[kembali]

rêver (en dormant)	bermimpi	[bərmimpi]
rêver (faut pas ~!)	bermimpi	[bərmimpi]
rire (vi)	tertawa	[tərtawa]
rougir (vi)	tersipu	[tərsipu]

256. Les verbes les plus courants (de S à V)

s'adresser (vp)	memanggil	[memaŋgil]
saluer (vt)	menyambut	[mənjambut]
s'amuser (vp)	bersukaria	[bərsukaria]
s'approcher (vp)	mendekati	[məndekati]

s'arrêter (vp)	berhenti	[bərhenti]
s'asseoir (vp)	duduk	[duduʔ]
satisfaire (vt)	memuaskan	[memuaskan]
s'attendre (vp)	mengharapkan	[məŋharapkan]

sauver (la vie à qn)	menyelamatkan	[mənjelamatkan]
savoir (qch)	tahu	[tahu]
se baigner (vp)	berenang	[bərenaŋ]
se battre (vp)	berkelahi	[bərkelahi]
se concentrer (vp)	berkonsentrasi	[bərkonsentrasi]
se conduire (vp)	berkelakuan	[bərkelakuan]
se conserver (vp)	diawetkan	[diawetkan]
se débarrasser de …	terhindar dari …	[tərhindar dari …]
se défendre (vp)	membela diri	[membela diri]
se détourner (vp)	berpaling	[berpaliŋ]
se fâcher (contre …)	marah (dengan …)	[marah (deŋan …)]
se fendre (mur, sol)	retak	[retaʔ]
se joindre (vp)	ikut, bergabung	[ikut], [bərgabuŋ]
se laver (vp)	mandi	[mandi]
se lever (tôt, tard)	bangun	[baŋun]
se marier (prendre pour épouse)	menikah, beristri	[mənikah], [bəristri]
se moquer (vp)	mencemooh	[məntʃemooh]
se noyer (vp)	tenggelam	[teŋgelam]
se peigner (vp)	bersisir, menyisir	[bərsisir], [menjisir]
se plaindre (vp)	mengeluh	[məŋeluh]
se préoccuper (vp)	khawatir	[hawatir]
se rappeler (vp)	ingat	[iŋat]
se raser (vp)	bercukur	[bərtʃukur]
se renseigner (sur …)	menanyakan	[mənanjakan]
se renverser (du sucre)	tercecer	[tərtʃetʃer]
se reposer (vp)	beristirahat	[bəristirahat]
se rétablir (vp)	sembuh	[sembuh]
se rompre (la corde)	putus	[putus]
se salir (vp)	kena kotor	[kena kotor]
se servir de …	menggunakan …	[məŋgunakan …]
se souvenir (vp)	mengingat	[məŋiŋat]
se taire (vp)	berhenti berbicara	[bərhenti bərbitʃara]
se tromper (vp)	salah	[salah]
se trouver (sur …)	terletak	[tərletaʔ]
se vanter (vp)	membual	[membual]
se venger (vp)	membalas dendam	[membalas dendam]
s'échanger (des …)	bertukar	[bərtukar]
sécher (vt)	mengeringkan	[məŋeriŋkan]
secouer (vt)	mengguncang	[məŋguntʃaŋ]
sélectionner (vt)	memilih	[memilih]
semer (des graines)	menanam	[mənanam]
s'ennuyer (vp)	bosan	[bosan]
sentir (~ les fleurs)	mencium	[məntʃium]
sentir (avoir une odeur)	berbau	[berbau]
s'entraîner (vp)	berlatih	[bərlatih]

| serrer dans ses bras | memeluk | [memelu'] |
| servir (au restaurant) | melayani | [melajani] |

s'étonner (vp)	heran	[heran]
s'excuser (vp)	meminta maaf	[meminta ma'af]
signer (vt)	menandatangani	[mənandataŋani]
signifier (avoir tel sens)	berarti	[bərarti]

signifier (vt)	berarti	[bərarti]
simplifier (vt)	menyederhanakan	[mənjederhanakan]
s'indigner (vp)	marah	[marah]
s'inquiéter (vp)	khawatir	[hawatir]

s'intéresser (vp)	menaruh minat pada ...	[mənaruh minat pada ...]
s'irriter (vp)	jengkel	[dʒ'eŋkel]
soigner (traiter)	merawat	[merawat]
sortir (aller dehors)	keluar	[keluar]

souffler (vent)	meniup	[məniup]
souffrir (vi)	menderita	[mənderita]
souligner (vt)	menggaris bawahi	[məŋgaris bawahi]
soupirer (vi)	mendesah	[məndesah]

sourire (vi)	tersenyum	[tərsenyum]
sous-estimer (vt)	meremehkan	[meremehkan]
soutenir (vt)	mendukung	[məndukuŋ]
suivre ... (suivez-moi)	mengikuti ...	[məŋikuti ...]
supplier (vt)	memohon	[memohon]

supporter (la douleur)	menahan	[mənahan]
supposer (vt)	menduga	[mənduga]
surestimer (vt)	menilai terlalu tinggi	[mənilaj tərlalu tiŋgi]
suspecter (vt)	mencurigai	[məntʃurigaj]

tenter (vt)	mencoba	[məntʃoba]
tirer (~ un coup de feu)	menembak	[mənemba']
tirer (corde)	menarik	[mənari']
tirer une conclusion	menarik kesimpulan	[mənari' kesimpulan]

tomber amoureux	jatuh cinta (dengan ...)	[dʒ'atuh tʃinta (deŋan ...)]
toucher (de la main)	menyentuh	[mənjentuh]
tourner (~ à gauche)	membelok, berbelok	[membelok], [bərbelo']
traduire (vt)	menerjemahkan	[mənerdʒ'emahkan]

transformer (vt)	mengubah	[məŋubah]
travailler (vi)	bekerja	[bekerdʒ'a]
trembler (de froid)	menggigil	[məŋgigil]
tressaillir (vi)	tersentak	[tərsenta']

tromper (vt)	menipu	[mənipu]
trouver (vt)	menemukan	[mənemukan]
tuer (vt)	membunuh	[membunuh]
vacciner (vt)	memvaksinasi	[memvaksinasi]

| vendre (vt) | menjual | [məndʒ'ual] |
| verser (à boire) | menuangkan | [mənuaŋkan] |

| viser ... (cible) | membidik | [membidiʔ] |
| vivre (vi) | hidup | [hidup] |

voler (avion, oiseau)	terbang	[tərbaŋ]
voler (qch à qn)	mencuri	[məntʃuri]
voter (vi)	memberikan suara	[memberikan suara]
vouloir (vt)	mau, ingin	[mau], [iŋin]